AUTHENTIC CHRISTIANITY

진정한 기독교

루터교가 현대 사회에 던지는 제안

진 에드워드 비스 주니어 Gene Edward Veith, Jr. 트레버 서턴 A. Trevor Sutton 공저
엄진섭 역

컨콜디아사

Authentic Christianity

Copyright © 2017 Gene Edward Veith Jr and A. Trevor Sutton

Published by Concordia Publishing House

3558 S. Jefferson, St. Louis, Missouri 63118

USA

www.cph.org

저자/ 진 에드워드 비스 주니어, A. 트레버 서턴

옮긴이/ 엄진섭

컨콜디아 출판사

이 책의 한국어판 저작권은 CPH(Concordia Publishing House)와 독점계약으로 '도서출판 컨콜디아사'가 소유합니다. 저작권법에 의하여 한국 내에서 보호를 받는 저작물이므로 무단전재 및 복제를 금합니다.

목 차

표지 설명 ··· 4

머리말 ·· 5

옮긴이 서문 ······································· 9

프롤로그: 포스트모던의 다른 방식 ················ 11

1장 서론: 메가처치 또는 메타처치? ··············· 33

2장 하나님 다시 생각하기 ························ 59

3장 자기 정당화를 멈추라 ························ 79

4장 십자가 위의 하나님 ·························· 99

5장 실제 현존 ··································· 123

6장 당신 삶의 목적 ······························ 151

7장 교회와 세상 ································· 175

8장 성화와 그리스도인의 삶 ····················· 199

9장 결론 ·· 221

표지 설명

에드바르 뭉크Edvard Munch는 모던 상황과 포스트모던 상황을 잘 포착했다고 호평 받은 그림 "절규The Scream"로 가장 잘 알려진 노르웨이 화가다. 뭉크는 반항적 기질과 정신 질환이 있었지만 경건한 루터교 가정에서 성장한 사람이다. 표지의 "골고다Golgotha"에서, 몇몇 구경꾼들은 시선을 돌리고 다른 이들은 십자가로 이끌려갈 때 뭉크는 그리스도를 "절규"의 세상 속으로 모셔온다.

머리말

이머징 교회 운동Emerging Church Movement의 중심인물인 브라이언 매클라렌Brian McLaren은 몇 년 전《관대한 정통주의A Generous Orthodox》라는 제목의 책을 썼다. 책에는 놀라운 부제가 달려 있었다: "왜 나는 선교적, 복음주의적, 후기/개신교적, 자유주의적/보수주의적, 신비적/시적, 성경적, 카리스마적/묵상적, 근본주의적/칼빈주의적, 재세례파적/성공회적, 감리주의적, 가톨릭적, 녹색의, 성육신적, 우울하지만-여전히-희망적인, 이머징의, 미완성의 그리스도인인가."[1] 매클라렌은 이런 구분과 이분법을 지양하고 이 모든 전통을 초월하는 더 관계적인 기독교를 원했다. 그러나 매클라렌의 책 제목과 장 제목에서 특이하게도 무언가 빠진 것이 있으니 곧 "루터교적"이란 단어다. 그가 이끌어 내고 또한 나름 관련지으려 하는 전통의 리스트에 "복음주의적, 가톨릭적, 감리주의적, 칼빈주의적, 성공회적"이란 단어는 있지만 루터교적이란 단어는 등장하지 않는다.

이 책《진정한 기독교》는 매클라렌이 희망하는 것이 참으로 루터교 전통에 있다고 주장한다. 루터교 전통은 다른 모든 기독교 전통 안의 최상의 것을 통합할 수 있는 틀을 제공한다. 또한 이 전통은 매클라렌이 도달하길 원하는, 포스트모던 상황에 독창적으로 대응할 수 있는 기독교의 한 표현을 구체화한다. 그러나 루터교 전통은 이머징 교회처럼 되거나, 교회에 대한 또는 크리스쳔 삶에 대

---

1) Brian D. McLaren, *A Generous Orthodoxy: Why I am a missional, evangelical, post/protestant, liberal/conservative, mystical/poetic, biblical, charismatic/contemplative, fundamentalist/calvinist, anabaptist/anglican, methodist, catholic, green, incarnational, depressed-yet-hopeful, emergent, unfinished Christian* (Grand Rapids, MI: Zondervan, 2004).

한 새로운 접근 방식을 통해 그렇게 하지 않는다. 오히려 이 전통은 예상치 못한 방식으로, 곧 신앙고백적이 되고 성례전적이 되며 소명 교리에 핵심을 둠으로써 그렇게 한다.

이 책은 노년의 학자와 젊은 목사간의 공동작업물이다. 앞사람은 자유주의적 개신교에서 시작해 "이름뿐인 기독교"를 거쳐 1960년대에는 혼합주의, 이후 복음주의(칼빈주의를 기웃거린 것도 포함)로 갔다가 마침내 루터교인이 된 사람이다. 뒷사람은 루터교 신앙으로 성장한 밀레니얼millennial 세대로서 교회 목회를 하면서 세속 대학에서 연구 중인 사람이다. 매우 다른 배경(다른 세대, 다른 직업, 다른 루터교 입문 방식)을 지닌 두 저자는 루터교 신학이 어떻게 현재의 삶에도 통할 수 있는지에 대해 독특한 관점을 갖고 있다.

진은 기나긴 여정 끝에 루터교에 이르렀다. 그는 포스트모더니즘, 사상과 문학과 예술의 역사, 기독교와 문화의 관계를 연구하면서 루터파 기독교가 삶의 미로를 통과하는 데 신뢰할 만한 가이드임을 발견했다.

트레버는 루터교회에서 유아 세례를 받았고 어려서부터 루터교회에 출석했으며 루터교회에서 운영하는 대학교와 신학대학원을 다녔다. 레이크 워비건Lake Wobegon(루터파가 강한 미네소타주 지역-옮긴이) 안에서 성장했다. 이런 배경은 트레버에게 유익하면서도 성가신 질문을 던졌다. "나는 단지 루터교인으로 자랐기 때문에 루터교인인 것인가? 칼빈주의, 가톨릭, 정통주의, 또는 이머징 교회가 더 나은 신앙의 표현을 제공할 수 있지 않을까?"

트레버는 이 질문들에 대한 답을 얻었다. 그는 다른 어떤 소명도 전적인 만족을 주지 못할 것을 느끼고서 신학대학원에 진학했고 결국 목회의 길로 들어섰다. 목사가 된 지 5년 밖에 되지 않았지만 루터교 신학이 어떻게 현대 문화에 통할 수 있는지에 대한 개인적 경험을 갖고 있다. 그는 그리스도의 죄 사하심의 내적 감정을 기다리는 데 지친 사람들에게 사죄 선언("나는 나의 주 예수 그리스도를 대신하여 그의 명령을 따라 당신의 모든 죄를 사하노라")을 할 때 괴로워하는 영혼들이 평안을 누리는 것을 보았다. 그는 병원에서 단순한 수돗물로 고통 중에서 하나님의 임재를 갈구하는 사람들에게 거룩한 세례의 영원한 약속을 전했다. 그는 하나님의 임재에 목말라 하는 사람들에게 예수님의 몸과 피를 나누어 주었다. 그는 혼란스러운 상태에 있는 밀레니얼 세대가 그들의 소명에서 영원한 목적을 찾는 것을 보았다. 그는 교회에서 목사로 사역하는 한편 종합대학의 박사학위 과정에서 포스트모더니스트, 세속주의자, "영적이지만 종교적이지 않은" 사람들과 함께 한 팀이 되어 연구하고 있다. 그는 개인적 경험을 통해 루터교 신학이 불만이 있는 복음주의자, 환멸을 느끼는 세속주의자, 탈진한 신자들에게 해 줄 말이 있으며 실제로 해 준다는 것을 확신한다. 이 책에서 다루는 주제들은 단지 관념이 아니다. 이것들은 개인적 경험에서 얻어진 것이다.

이 책은 루터교 영성이 오늘날의 영적 투쟁을 다루는 방식에 있어 현대 기독교에 어떠한 답을 줄 수 있는가를 다룬다. 우리는 루터파 기독교가 그 자체의 삶을 가지면서도 모든 기독교 전통을 포괄하고 담아내는 일종의 "메타처치"를 제공한다고 믿는다. 루터파 기독교는 500년 전 교회 개혁의 불을 지폈던 것처럼 오늘날에도 동일한 일을 할 수 있다.

이 책이 나오는 데 도움을 주신 여러분께 감사하고 싶다. 이 프로젝트를 도와준 컨콜디아 출판사의 로라 레인과 팀원들에게 감사한다. 진은 바쁜 은퇴 생활 중에 시간을 내어 이 책을 쓸 수 있도록 동의해 준 아내 재클린에게 감사한다. 덴마크의 토니 서렌센에게도 감사드린다. 서렌센은 세속화된 스칸디나비아 나라들에 루터주의를 회복시키려는 목적으로 진을 초대했다. 이 목적을 어떻게 수행할 수 있을지 생각하고 거기에서 강의한 것이 이 책이 나오게 된 중요한 역할을 했다. 트레버는 끝없이 지지하고 격려를 아끼지 않은 아내 엘리자베스와 두 딸 그레이스, 해나에게 감사한다. 그리고 미시간주립대학의 "글쓰기, 수사학, 미국 문화 학과"의 동료 학생들이 지적인 도전을 주고 루터교 설교자를 그들 가운데 받아 준 것에 감사한다. 마지막으로, 진이 젊은 목사이며 작가인 자신과 기꺼이 공동 프로젝트를 해 준 것에 대해 감사드린다.

하나님께 영광!

옮긴이 서문

역자는 본서의 공저자 중 한 명인 비스의 《십자가의 영성》(컨콜디아사, 2004)을 번역하고 대학에서 교재로 채택한 적이 있다. 신학과만 아니라 일반 학과 학생들도 그 책에 좋은 호응을 보였는데, 그들이 저자가 목사나 신학자가 아니라 평신도라는 점에 일차적 관심을 갖는 것이 흥미로웠다. 물론 복음, 소명, 일상의 영성에 관한 내용을 읽고 자유로움을 느끼는 학생도 많았다.

상당히 깊은 신학적 소양을 갖춘 문학자인 비스는 문학에서부터 현대 사조와 문화 및 성경과 기독교 신앙의 주제에 이르기까지 20여 권의 책을 썼는데, 국내에서는 《십자가의 영성》 외에 본서의 전신이라 할 《포스트모더니즘의 세계: 도전받는 크리스챤》(아가페출판사, 2004)이 출간되었다. 밀레니얼 세대의 젊은 공저자인 트레버는 루터교 목사로 목회하면서 종합대학에서 연구하고 경험한 것들을 저술에 녹여 내고 있다.

공저자는 루터파 기독교가 포스트모던 상황에 특히 더 잘 대응할 수 있다는 것을 명제로 삼는다. 루터교의 특징이면서 타 교파(가톨릭, 성공회, 개혁교회, 오순절교회 등)와 구별되는 가르침—그리스도 안 하나님의 성육을 통해서만 가능한 하나님으로의 접근, 말씀과 성례전 속 물질적 피조물을 수단으로 한 하나님의 자기 계시, 인간 이성의 한계와 하나님 말씀의 필요성, 율법과 복음으로서의 하나님 말씀, 신앙의 중심성, 십자가의 신학 대 영광의 신학, 그리스도의 두 속성 간의 교류, 물질과 영혼의 이원론을 타파하는 통전성, 피조세계에 대한 높은 견해, "두 왕국" 교리, 세속 영역 안 하나님의 현존, 소명관, 그리스도인의 자유,

복음적 의식 예배 등―이 탈진한 복음주의자, 어느 교파나 교회에도 소속하지 않은 신자, 영적으로 갈급한 비기독교인에게 해답을 줄 수 있는 진정한 기독교 가르침이라고 설득력 있게 주장한다.

이 책을 읽는 독자는 모더니즘 이후 현대인의 사고를 지배하는 포스트모더니즘 세계관에 관한 시각을 기독교적 관점에서 바로 정립할 수 있을 것이며, 루터교 신학이 어떻게 해서 포스트모던 세상의 도전에 대한 기독교적 응답이 될 수 있는지 이해할 수 있을 것이다. 따라서 이 책은 루터교인만 아니라 모든 교파의 신자들이 읽고 유익을 얻을 수 있을 것이다.

각 장 뒤에 있는 〈토론을 위한 질문〉은 그룹 스터디에 활용하기에 유용하다.

책의 번역을 격려해주신 기독교한국루터회 김은섭 총회장님과 출판을 허락해주신 박일영 출판위원장님을 비롯한 위원들 그리고 실무로 수고하신 최태훈 컨콜디아사 국장님과 스탭에게 감사드린다.

프롤로그

포스트모던의 다른 방식

이 책의 명제는 루터파 기독교가 특히 포스트모던 상황에 대응할 수 있는 요건을 잘 갖추고 있다는 것이다. 루터교 신학과 영성, 실천에는 현대 문화와 연결되고 21세기 세속주의자들에게 다가갈 수 있는 잠재력이 있다.

그러나 이 말은 액면 그대로는 어처구니없는 주장처럼 들릴 수 있다. 왜냐하면 포스트모더니스트는 진리란 개인적이거나 문화적인 구축물construction이라고 믿는 상대주의자들이기 때문이다. 저들은 주관주의자들이다. 반면 루터교인은 철저히 객관적이다. 그들은 자신들이 진리라고 간주하는 매우 많은 교리를 갖고 있다. 그들은 객관적인 칭의 교리 그리고 성찬의 객관적이고 물질적인 떡과 포도주 속에 있는 그리스도의 객관적 현존과 같은 것을 믿는다. 또한 그들은 교회에 매우 충실하여 지역 교회와 교회력과 의식 예배를 중시한다. 그들은 포스트모던 종교의 특징인 자유분방하고 반反제도적이며, 영적이지만 종교적이지 않은 혼합주의와 아주 다르다. 오히려 루터교는 포스트모더니즘과 정반대인 것처럼 보인다. 그러나 포스트모던할 수 있는 다른 방식들이 있다.[2]

---

2) 이어지는 모더니티와 포스트모더니티에 관한 설명은 본서 공저자 중 한 사람의 책을 참조하라. Gene Edward Veith, *Postmodern Times: A Christian Guide to Contemporary Thought and Culture* (Wheaton, IL: Crossway Books, 1994).

모던 이전, 모던, 포스트모던

토머스 오든^{Thomas Oden}은 모던 시대가 1789년 7월 14일 바스티유 감옥의 붕괴와 함께 시작됐다고 말한다.[3] 프랑스 혁명은 옛 질서를 무너뜨리고 그것을 표면상으로는 이성, 오직 이성에만 근거한 새 체제로 대체했다. 왕조의 귀족들은 단두대에서 목이 잘렸고 고대의 전통들은 지워졌다. 미터법에 근거한 새로운 캘린더가 오래된 기독교 성일들을 제거했고 공화정 선언을 원년으로 하는 역사를 새롭게 시작했다. 노트르담 사원의 스테인드글라스, 십자가, 그 외의 종교 예술품들이 박살났다. 전통 의상으로 차려입은 여성에게 대관식을 거행함으로써 사원과 국가를 이성의 여신에게 재봉헌했다.

저 몸짓이 모던 시대를 정의했다. 이성이 통치할 것이었다. 또한 이성에 종교적 믿음과 헌신이 부여될 것이었다. 18세기는 이른바 이성의 시기인 계몽주의로 알려질 것이었다. 물론 보수적 이성주의자도 있었고 혁명적 이성주의자도 있었다. 또한 전통주의자와 "모던 이전의" 사고방식의 옹호자도 아직 있었다. 그러나 모든 자연과 모든 삶이 자율적인 인간 마음에 의해 완전히 이해되고 제어될 수 있다는 느낌이 만연해 있었다. 계몽주의의 기준에 따르면 기독교는 그 초자연성과, 계시와 기적에 대한 의존성이 문제였다. 어떤 신학자들은 기독교에서 이 "비이성적" 요소를 제거하고 기독교를 개인과 사회 개선의 세속적 규범으로 바꾸려고 시도했다. 다른 사람들은 기독교를 이신론의 "이성적 종교"로

---

3) Thomas Oden, *Two Worlds: Notes on the Death of Modernity in America and Russia* (Downers Grove, IL: InterVarsity Press, 1992), 32. Oden의 다음 책도 보라. *After Modernity … What? Agenda for Theology* (Grand Rapids, MI: Zondervan, 1990). 이 책은 포스트모더니티가 정통 기독교의 회복을 가능하게 한다고 주장한다.

대체하려고 시도했다. 이신론은 자신의 피조물에 자신의 이성적 정신을 부여하는 신성을 등장시켜 어디서나 발견될 수 있는 이성적 질서를 설명한다. 그러나 이 이성적 신성은 그가 작동시킨 질서 정연한 시스템에 간섭하지 않는다. 그는 인간들을 그들의 자율성에 맡긴다.

19세기는 계몽주의의 분석적 이성이 과학 혁명의 경험적 이성주의로 보완되면서 훨씬 더 모던해졌다. 계몽주의는 피조물을 설명하기 위해 신이 필요하다는 믿음을 가져왔다. 물론 신은 이 역할 이후에는 불필요했다. 찰스 다윈^{Charles} $_{Darwin(1809-82)}$과 함께 피조물은 자연적 과정만으로도 설명될 수 있었다. 따라서 신은 전혀 필요 없어졌다. 다윈주의는 사회를 탈바꿈시키는 산업 혁명의 경제적 법칙(적자생존과 경쟁에 의한 개량)을 자연에 적용함으로써 진보의 믿음도 고취했다. 인간은 점점 더 개량될 것이었다.

이런 "모던한" 사고들은 21세기에 가속화되었다. 진보적 교육 이론은 아이들 교육이 화학과 같은 과학으로 축소될 수 있다고 여겼다. 이런 식으로 새로운 세대들을 근대적 삶으로 인도할 수 있을 것이었다. 진보적 정치는 각양각색의 형태들을 취했고 각양각색의 이념들(포퓰리즘, 사회주의, 사회민주주의, 공산주의 등등)을 발전시켰다. 그러나 이것들은 모두 이성적 철학, 이성적 계획의 실행, 인간의 전문 지식에 기초해 유토피아적 사회 질서가 세워질 수 있다는 가설을 공통분모로 하고 있었다.

오래지 않아 삶의 모든 영역이 모던화에 종속되었다. 이것은 과거—그 전통들, 발견들, 성취들—를 내던지고 새 원칙들에 근거해 처음부터 다시 시작하는 것을 의미했다. 그리하여 사회는 모던 예술, 모던 시, 모던 건축, 모던 디자인, 그리고 무엇보다 중요하게 모던 신학을 만들어 냈다. 모던 신학은 성경에 대한 과학적 접근을 통해 성경의 초자연적 요소들을 합리화할 뿐만 아니라 기독교를 다양한 "모던" 사상들(정신 요법, 실존주의, 마르크스주의 등)에 따라 재구성했다.

하지만 20세기의 모던 시대는 진보에 대한 그 모든 확신과, 자율적 인간들이 과거의 족쇄를 벗어던지기만 하면 이룰 것 같은 성취에 대한 강한 신뢰에도 불구하고 유토피아와 거리가 멀었다. 20세기는 제1차 세계 대전으로 시작됐고 제2차 세계 대전이 뒤를 이었다. 이후 냉전이 뒤따랐으며 전 세계에 베트남 전쟁 같은 전쟁들이 발발했다. 인간의 전문 지식과 중앙 통제를 수단으로 사회 문제를 해결하려 한 모더니스트적 이념들은 전체주의적 거대 단일 사회들을 이루었다. 모더니스트들은 진보적 이상의 이름으로 강제 수용소를 세웠고 집단 학살을 자행했다. 근대 기술은 진정 삶을 더 편하게 만들었지만 유독 가스와 장거리 폭탄과 핵무기도 가져다주었다. 근대 경제는 부의 증가를 보았고 삶의 수준을 높였지만 빈곤을 제거하는 데 실패했고 창조적인 노동자를 기계 관리자로 바꾸었으며 궁극적으로 물질주의와 탐욕을 조장했다.

오든은 근대가 1989년 11월 9일 베를린 장벽이 무너졌을 때 끝났다고 말한다.[4] 당시 마르크스주의는 경제와 계급투쟁과 포괄적인 철학 체계의 관점에서 *모든 것*에 이성주의적 설명을 제공한 최고의 모더니스트적 이념이었다. 그러나 공산주의 국가 러시아라는 현실 세계에서 그 이념의 적용은 끔찍한 것으로 증명이 되었으니, 곧 수백만 명의 죽음과 경찰국가의 수립과 대규모 사상 통제를 야기했다. 1989년이 되면 소비에트 연방이나 그 광범위한 제국의 시민 중에 공산주의를 신봉하는 사람은 거의 없었다. 그러자 그 군사력과 비밀경찰에도 불구하고 소비에트 시스템 전체가 붕괴했다. 남녀노소 불문하고 시민들이 들고일어났고 군인들은 동포에 대한 발포 명령을 거부했으며 정부 기관원들은 사무실을 뛰쳐나와 거리 시위에 동참했다. 베를린에서는 동독과 서독의 시민들이 그들 사이를 나눈 장벽을 함께 헐었다. 공산주의 압제의 상징이었던 장벽과 그것이 대표한 이념이 붕괴되었다.

---

4) Oden, *Two Worlds*, 32.

그러므로 오든의 이정표에 의하면 모더니스트 시기는 1789년 바스티유 감옥 습격으로부터 1989년 베를린 장벽 붕괴까지 꼭 200년간 계속되었다. 즉, 전적으로 이성에 기초해 사회를 개조하려 했던 급진적 반전통주의 혁명의 최초 승리로부터 동일한 혁명적 프로젝트의 실패와 내파內破까지 말이다. 공산주의에 일어난 일은 놀랄 것이 아니었는데, 유사한 일이 프랑스 혁명 초기에도 일어났기 때문이다. "자유! 평등! 박애!"는 곧 공포 정치와 나폴레옹의 독재로 바뀌었다. (이와 대조적으로, 학자들이 주목했듯이 미국 혁명은 기독교, 영국법, 전통적 공화주의의 원리를 보존한 점에서 본질적으로 보수적이었다. 그럼에도 미국은 철저히 "모던" 국가가 될 것이었다.)

오든이 이 기간을 200년으로 딱 맞추다 보니 종료 시점을 늦게 잡은 것 같다. 찰스 젱크스Charles Jencks는 1972년 7월 15일 오후 3시 32분에 또 다른 파괴 행위로 모더니즘이 끝나고 포스트모더니즘이 시작됐다고 제안한다. 곧 미조리주 세인트루이스에 있는 "프루잇 이고Pruitt Igoe" 하우징 프로젝트를 폭발물로 완전히 파괴한 사건이다.[5] 1950년대의 자신감 속에 건축된 이 성냥갑 같은 고층 건물들은 빈민의 주거 문제 해결과 빈곤 타파를 위해 계획되었다. 그러나 기대와 달리 이 건물들은 거의 즉시 범죄와 마약과 절망의 중심지가 되었다. 주민들이 건물을 소유하지 않았기 때문에 구조물들이 신속히 방치되고 황폐해졌다. 도시 하우징 프로젝트는 빈곤 문제를 종식시키기는커녕 오히려 악화시켰다. 마침내 정부 관료들은 전체 프로젝트를 포기하기로 결정했다. 프루잇 이고 빌딩들은 폭발물에 의해 붕괴되고 잔해만 남았다.

그러나 이 상징적인 폭파는 베를린 장벽의 붕괴처럼 과거의 미몽에서 깨어났기 때문에 일어난 일이다. 이미 일반 대중은 모던 도시 재생 프로젝트들이 아름답고 오래된 건물들을 허물고 이웃 공동체를 파괴하고 이를 콘크리트와 강철로 만든 추하고 비인격적인 상자들로 대체하고 인구를 교외로 분산시키기 위해 고

---

5) Charles Jencks, *The Language of Post-Modern Architecture* (London: Rizzoli, 1984), 9.

속도로를 건설한 방식에 주목했다. 모더니티의 인공물들은 혼이 없고 공허하며 생기를 앗아 가는 것처럼 보이기 시작했던 것이다.

"모던"의 대안인 "포스트모던"의 기원은 1960년대에 있다. 베트남 전쟁과 테크노크라시 사회에 대한 반동은 "반문화counter culture"로 구체화됐으며 대학 캠퍼스에 둥지를 틀었다. 객관적 이성주의는 주관적 비이성주의, 환각제 생산, 심리학적 탐구, 성의 혁명에 자리를 내주었다. 아프리칸 아메리칸(흑인)을 위한 시민 평등권 운동은 다른 소수자 그룹들, 여성들, 동성애자들을 위한 해방 운동으로 복제되었다. 이것은 모더니스트들이 육성한 자율적 개인의 정체성보다는 그룹 정체성 증진에 기여했다. 이민의 증가와 미국적 다양성이 촉발한 다양한 문화에 대한 새로운 의식은 다문화주의로, 그다음에는 문화 상대주의로 나타났다. 급성장하는 테크놀로지는 새로운 방식으로 사회에 영향을 끼쳤다. 미국 경제에서 유형 상품의 제조는 정보의 생산과 소비에 자리를 내주었다. 개인 컴퓨터, 인터넷, 스마트폰, 비디오 게임은 우리에게 가상현실—가상 정체성, 가상 사회적 네트워크, 가상 관계들을 포함하여—을 제공해 모든 진리가 상상의 구축물이라는 느낌을 주었다. 대중문화, 연예 산업, 음악, 텔레비전, 기타 많은 문화적 요인이 "모던"(그 이성주의와 이상주의와 진지함을 포함하여)에서 "포스트모더니즘"으로 알려진 더 열린, 더 경험적인, 더 다면적인 새로운 문화로 이행하는 데 기여했다.

이 모든 것이 문화 안에서 발생할 때 새로운 사상가들과 학자들은 "모던"적 사고에 살벌한 비판을 가했다. 모더니스트들은 객관적 실재를 이성적으로 분석하여 절대적 확실성을 얻고자 공정한 관찰자를 내세웠었다. 새로운 학자들은 그러한 모델이 착각이라고 폭로했다. 관찰자는 공정할 수 없고 편향돼 있으며 문화적 제약을 받는다. 확실성은 결코 얻어질 수 없다. 진실 주장은 발견물이 아니라 구축물constructions이다. 도덕적 원칙, 정치적 이념, 종교적 확신도 마찬가지다.

프랑스인 비평가 자크 데리다Jacques Derrida는 모던과 서구 문화의 본질적 의미를 구성하는 텍스트들만이 아니라 언어 자체도 해체했다. 그가 말했듯이 "초월적 로고스란 없"기 때문에 문학이든 법률 모음집이든 말 자체든 객관적 의미 같은 것은 있을 수 없기 때문이다. 미셸 푸코Michel Foucault는 텍스트만 아니라 위대한 사상과 유서 깊은 기관들도 문화 속 권력관계를 표현하거나 숨기기 위해—그럼으로써 압제자가 통제를 유지하기 위해—디자인된 "가면들"이라는 것을 보여 주었다.

학문 세계에서 이러한 사고는 거의 모든 영역(문학, 역사, 철학, 법률, 사회 과학, 교육, 신학)에서 찾을 수 있으며 때로는 두드러지게 나타난다. 모더니즘의 보루인 과학과 수학만 예외일 뿐이다. 객관성을 비판하고 문화를 권력 정치로 축소하는 것은 수많은 대학 캠퍼스의 지적인 삶을 마비시킨 "정치적 올바름political correctness"(사회적 약자와 소수자를 배제, 차별하는 것을 지양하는 언어 사용이나 정책 실행 등을 일컬음—옮긴이)의 원천이다.

토머스 오든은 이 포스트모더니즘이 "과도한 모더니즘hypermodernism"에 불과하다고 본다.6) 모더니스트들은 자신의 이성을 사용하여 모든 것을 의심했다. 그런 다음 그들은 자신의 회의론을 이성 자체에 돌렸다. 아무튼 이런 종류의 사고는 막다른 길에 이를 것 같았다. 진리가 없다면 어떻게 무언가를 연구할 수 있는가? 옳고 그름은 없고 단지 권력의 강요만 있다면 어떻게 정치적 올바름에 의거한 도덕적 의분이 있을 수 있는가? 만일 포스트모더니스트들이 옳다면 사람이 할 일은 단지 자신이나 자신의 그룹을 위해 권력을 장악하고 반대자들을 압제하면서 대중을 줄 세우기 위해 언어를 사용하는 것이다.

이 막다른 상황에서, 어떤 사람들은 포스트모더니즘이 끝났다고 말한다.

---

6) Oden, *Two Worlds*, 79.

9.11 세계무역센터 붕괴는 그 좋은 표지가 될 수 있다. 빌딩에 부딪친 항공기는 단순한 구축물이 아닌 실재의 예일 수 있고, 이슬람 테러리즘의 잔인함은 모든 문화, 도덕 시스템, 종교가 동일하게 타당하다는 포스트모던적 관념에 의구심을 제기할 것 같았다. 왜냐하면 그 참사 이후 얼마 안 있어 미국은 포스트모더니즘을 파기한 듯했기 때문이다. 상대론적인 진부한 언어보다 선과 악 같은 절대적인 것을 들먹이면서 말이다. 그러나 포스트모더니즘은 다시 맹렬히 효력을 발휘했다. 9.11의 새로운 교훈은 모든 문화, 도덕 시스템, 종교가 동일하게 유효하지 않다는 것이다. 그러므로 절대적인 것을 지켜야 한다고 주장하는 사람들은 테러범에 맞먹는다.

오든은 만일 모더니즘이 포스트모더니스트들의 과도한 모더니즘과 함께 실패했다면, 실제적으로 포스트모던할 수 있는 길은 모더니즘 이전을 동시대화하는 것이라고 말한다. 즉, 모더니즘 이전의 사고방식들을 탐구하고 그것들을, 가능한 대로, 현재의 삶 속으로 가져오는 것이다. 이는 마치 현재의 테크놀로지를 폐기 처분하고 봉건주의 시스템으로 되돌아가듯이 모더니즘 이전 삶의 방식을 복제하자는 게 아니다. 각 시기에는 특정한 맹점들과 결점들과 악들이 있다. 오히려 오든은 우리가 과거로부터 배우고 그 통찰력을 우리의 현재 삶에 적용할 것을 권고한다. 여기에는 특히 역사적으로 정통 기독교를 재발견하는 것이 포함된다.[7]

참으로 모더니스트들은 모든 것이 "새로워"야 한다고 주장했다. 건축에서 장식적인 요소들과 그 외 예술 분야에서 구식 스타일을 제거할 정도로 말이다. 반면 포스트모던의 취향은 과거에 대해 매우 열려 있다. 포스트모던 건축은 과거의 고전적, 고딕, 빅토리아 양식을 빌려와 현대적으로 보이는 빌딩을 만든다. 오늘날의 영화는 흔히 이전 시대의 번역들이다. 모더니즘의 피해를 본 공

---

7) Oden, *After Modernity*를 보라.

동체 의식을 활성화하고 싶어 하는 도시 계획자들은 사람들이 매우 가까이 살고 일하고 놀았던 시골 마을과 자동차가 등장하기 전 도시 동네와 같은 과거의 예들에 눈을 돌린다. 현재의 환경 운동가들, 지역에서 생산된 식품만 먹는 사람들locavores, 지역주의자들은 땅을 재발견하면서 그들 조상들이 그랬던 것처럼 장소감sense of place을 기르고 있다. 오든은 종교와 관련해서도 동일한 것, 곧 현재의 문제를 처리하는 데 과거를 이용할 것을 권면한다. 옛것과 새것 사이의 르네상스 이행기에 기원을 둔 루터교회는 이것이 어떻게 가능할지 보여줄 수 있다.

이성주의자들, 허무주의자들, 루터교인들

계몽주의 시대에 이미 반反계몽주의의 목소리들이 있었다. 19세기에 낭만주의 운동이 지배적인 때가 잠시 있었는데 이 운동은 이성보다 감정을, 자연에 대한 분석적 이해보다 자연의 아름다움을 높였다. 19세기와 20세기 초 계몽주의 비판자들은 오늘날 포스트모더니스트들의 선조이다. 데리다의 언어 해체는 마틴 하이데거의 실존주의와 그 이전의 실존주의자들에 기초하는데, 이들은 삶의 객관적 의미란 없기 때문에 우리 스스로 의미를 창조해야 한다고 가르쳤다. 이와 유사하게, 이념들과 기관들을 그 권력관계로 축소하는 푸코의 견해는 프리드리히 니체의 "권력에의 의지" 개념과 철학적 허무주의에 근거한다.

비록 우리가 계몽주의 시대나 모더니티 같은 시기에 대해 말하지만(마치 당시 모든 사람들이 시대의 트렌드를 따른 것처럼 말이다), 반反모더니스트들은 고양된 비이성주의와 주관주의로 그들 나름의 커다란 영향력을 끼쳤다. 예를 들어 1930-40년대의 파시스트들은 사회를 밑바닥에서부터 재건하려 한 점에서 모더니스트였지만 그들의 니체식 권력관, 부족 중심주의, 도덕에 대한 구성주의적 견해, 서구 성경적 유산에 대한 신新이교적 거부(그들은 이 유산을 "유대교적"이라고 낙인찍었다)는 비이성주의자들과 실존주의자들에게서 이끌어 낸 것이며, 참으로 포스트모던적이라고 불릴 만하다.[8]

그러나 계몽주의의 또 다른, 아마도 가장 날카로운, 비판자는 비이성주의자도 허무주의자도 아닌 독실한 신앙고백적 루터교인이었다. 요한 게오르그 하만

---

8) 다음을 보라. Gene Edward Veith Jr., *Modern Fascism: Liquidating the Judeo-Christian Worldview* (St. Louis: Concordia, 1993).

Johann Georg Hamann(1730-88)은 최근 재발견될 때까지 대체로 잊혔었지만 그가 살던 당시에는 뛰어난 인물이었다. 요한 볼프강 폰 괴테는 그를 "그의 시대에 가장 뛰어난 지성인들" 중 하나로 보았다. 헤겔은 그의 꿰뚫어 보는 천재성을 찬양했다. 키르케고르는 그를 소크라테스와 같은 반열에 올리며 "전대미문의 뛰어난 정신," "기독교세계에서 가장 위대한 해학가"라고 불렀다.[9] 또 다른 팬이며 미조리 시노드 루터교회 설립자 중 한 명인 C. F. W. 월터Walther는 자신의 저술에서 하만을 자주 인용했다.

하만은 독일 계몽주의 무리의 젊은 일원으로서 이성, 오직 이성의 이름으로 과거의 사슬을 벗어던지는 데 열심이었다. 그는 실패한 런던 출장길에서 무일푼이 된 채 실의에 빠져 있었다. 그는 충동적으로 성경을 읽기 시작했다. 그는 압도되었다. 율법과 복음이 기능했다. 그는 하나님 말씀이 자신에게 개인적으로 말하고 있음을 깨닫기 시작했다. 가인이 아벨을 살인한 이야기를 읽고 "나 역시 가인"이라고 깨달았다. "나는 내가 내 형제의 살인자인 것, 내가 하나님의 독생자의 살인자인 것을 더 이상 하나님에게 숨길 수 없었다." 그런 다음 그는 땅에서 울부짖는 동생의 피에 대해 읽었다(창 4:10). 그는 다음과 같이 썼다. "우리가 우리 마음속에서 울부짖는 구속자의 피에 대해 읽자마자 그 땅에 이미 피가 뿌려졌다는 것, 동일한 복수의 피가 우리에게 은총을 외치는 것을 느낀다." 그는 하나님 말씀을 읽을 때 성령이 그를 그리스도 신앙 안으로 점점 더 깊이 이끌어 가시는 것을 느꼈다. "하나님의 영은 나의 큰 약함에도 불구하고, 내가 이전에 그의 증거와 감화에 맞섰던 긴 저항에도 불구하고, 내게 점점 더 신적 사랑의 신비와 자비하시고 유일하신 구세주 신앙의 유익을 계시하셨다."[10]

---

9) John Betz, *After Enlightenment: The Post-Secular Vision of J. G. Hamann* (Chichester, UK: Wiley-Blackwell, 2012), 2-3, 14.
10) Betz, *After Enlightenment*, "The London Writings," 31-32에 인용됨.

하만의 회심은 압도적이었다. 쾨닉스베르그의 이웃인 임마누엘 칸트를 비롯한 계몽주의 친구들은 그의 변화에 놀랐으며 그의 새로운 종교적 확신을 염려했다. 그들은 그를 만나 비이성적 신앙에서 벗어나도록 설득을 시도했다. 하만의 응답은 그가 주고받은 편지들에 보존되었으며 이는 매우 다양한 주제에 대한 단행본 시리즈로 발전했다. 재기가 넘치고 수수께끼 같은 스타일로 쓰인 그의 응답은 계몽주의의 가장 기본적인 가정들을 무너뜨리는 것이었다.

"신앙은 이성의 일이 아니며 따라서 이성에 의한 어떠한 공격에도 굴복할 수 없다. *신앙*은 *맛보고 보는 것*이 그렇듯이 이성에서 나오지 않기 때문이다."[11] 그는 이성주의 친구들에게 이런 취지로 말했다. "여러분 자신은 이성이 당신들을 인도할 수 없는 많은 믿음을 붙잡고 있다. 또한 이성은 여러분이 꼭 믿는다고 할 수 없는 결론들로 인도할 수 있다." 하만은 공정하며 초연한 개인이 세계를 전적으로 객관적인 판단에 종속시키는 계몽주의 모델을 통렬히 비판했다. 그는 이 모델이 그 누구도 피할 수 없는 참으로 인간적인 편견과 선입견과 이전의 신념들을 간과하기 때문에 이러한 객관성은 불가능하다는 것을 보여 주었다.

이성주의 사상가들은 사실상 모든 것을 설명할 수 있으리라는 정교한 체계들을 제안했다. 하만은 이 체계 중 어떤 것도, 아무리 이성적 분석에 기초했다고 해도 지속 불가능하다고 주장했다. "여러분의 전제들의 증거를 제공하는 오늘의 체계는 내일의 동화fairytale가 될 것이다."[12] 여기서 그는 예언자였다. 철학사에 잇따라 등장하는 사상가들을 보라. 이들은 각자 논리적 형이상학을 구축하지만 다시금 새로운 철학자와 새로운 논리적 형이상학에 의해 대체된다. 포괄적인, 그러나 지금은 신빙성을 잃은 헤겔과 프로이드와 마르크스의 "메타내러티브들metanarratives"과 다양한 유토피아적 이념을 보라. 저 역사가 다윈주의와 심지어 포스트모더니즘의 다양한 학파처럼 오늘날에도 대단하게 여겨지는

---

11) Betz, *After Enlightenment*, 83에 인용됨.
12) Betz, *After Enlightenment*, "The Magi of the East," 96에 인용됨.

만물—설명all-explaining 시스템들에 주는 시사점이 무엇인지 눈여겨보라.

하만은 또한 절대적 확실성에 대한 이성주의자들의 주장을 캤다. 이성주의자는 이렇게 말한다. "당신이 논리적이고 과학적인 증거를 사용해 한 점의 의혹 없이 어떠한 진술을 증명할 수 있지 않은 이상 나는 그것을 믿지 않겠다." 르네 데카르트는 급진적 회의론을 갖고 실험했는데 의심할 여지가 없는 진리—그에게는 "나는 생각한다, 고로 나는 존재한다"였다—를 발견하려는 노력에서 의심할 수 있는 모든 것을 체계적으로 의심했다. 그는 오직 자신의 존재만 확신할 수 있었다. 데카르트는 이 토대 위에서 세상 밖의 존재, 심지어 하나님의 존재를 믿을 이유를 찾으려 했지만 오히려 전적인 확실성에 대한 그의 탐구가 역설적이게도 전적인 의심으로 이끌어, 자아self를 홀로 놔두고, 아무것도 모르며, 실재로부터 고립된다는 것을 보여 주었다. 하만은 이성적 확실성에 대한 강박이 어떻게 객관적 실재를 철저히 용해시켜 완전한 허무주의로 가게 되는지 보여 주면서 모더니즘 비판을 넘어선다. 그는 이후에 올 것을 예고하고 그것을 비판하는데, 그것은 바로 포스트모더니즘이다.

하만은 사상사에 이바지한 아마도 그의 가장 영향력 있는 공헌, 곧 "인간사고 속 언어의 역할"로써 더욱 이 일을 한다. 언어를 떠나서는 어떤 철학도, 어떤 사상도, 어떤 사고도 있을 수 없다. 나아가 그가 말하듯 "이성은 언어다."[13] 모든 전통과 문화적 편향을 제외한 채 오직 이성에 근거해 절대적으로 확실한 결론에 다다르려는 시도는 헛수고다. 왜냐하면 그러한 결론을 표현하는 데 사용된 언어는 전통과 문화에 물들어 있기 때문이다. 하만은 이 인식을 칸트 철학에 대한 그의 《메타크리틱Metacritique》에서 발전시켰으며 이를 이후 작품들에 두루 적용했다.

따라서 하만이 21세기 철학 내 "언어적 전회言語的轉回linguistic turn"에 책임

---

13) Betz, *After Enlightenment*, 130에 인용됨. J. G. Herder에게 보낸 편지.

이 있다고 해도 무방하겠다. 이 강조는 여러 다른 형태들을 취했다. "언어 분석 linguistic analysis"이라고 알려진 운동은 오래된 철학적 개념들을 조사하고 그것들이 "단지 언어일 뿐"이라고 한다. 그러한 소위 분석 철학자들은 주로 논리실증주의자들로서, 모더니스트의 방식으로 물질세계가 존재하는 전부라고 확신한다. 포스트모더니스트들 역시 사고 내 언어의 역할을 강조한다. 그들은 흔히 니체의 "언어의 감옥" 은유를 채용한다. 즉, 우리의 사고 자체가 우리가 사용하는 단어들(모두 문화적으로 결정된다)에 의해 제약받으므로 우리는 우리의 언어를 벗어날 수 없다. 자크 데리다는 "초월적 로고스"란 없으므로 언어 자체에 객관적 의미가 결여돼 있음을 보여 주려고 했다. 우리는 언어의 감옥에 갇혀 있으므로 절대 그 밖으로 나갈 수 없다. 그리하여 우리는 결코 어떠한 종류의 객관적 진리도 완전히 알 수 없다. 이것이 포스트모더니스트적 상대주의의 제1 기초다. 서로 다른 문화는 서로 다른 언어를 가지며 각 언어는 실재의 다른 구성 construction을 대표한다. 그러나 언어 자체는 단지 의미의 착각만 제공하기 때문에 실제로는 어디에도 의미란 없고 우리에게는 허무주의만 남는다.

그러나 하만에게는 "초월적 로고스," 곧 요한복음 1장의 로고스가 있다.

> 태초에 말씀이 계시니라 이 말씀이 하나님과 함께 계셨으니 이 말씀은 곧 하나님이시니라 그가 태초에 하나님과 함께 계셨고 만물이 그로 말미암아 지은 바 되었으니 지은 것이 하나도 그가 없이는 된 것이 없느니라 그 안에 생명이 있었으니 이 생명은 사람들의 빛이라 …
>
> 참 빛 곧 세상에 와서 각 사람에게 비추는 빛이 있었나니 그가 세상에 계셨으며 세상은 그로 말미암아 지은 바 되었으되 세상이 그를 알지 못하였고 자기 땅에 오매 자기 백성이 영접하지 아니하였으나 영접하

는 자 곧 그 이름을 믿는 자들에게는 하나님의 자녀가 되는 권세를 주셨으니 이는 혈통으로나 육정으로나 사람의 뜻으로 나지 아니하고 오직 하나님께로부터 난 자들이니라

말씀이 육신이 되어 우리 가운데 거하시매 우리가 그의 영광을 보니 아버지의 독생자의 영광이요 은혜와 진리가 충만하더라 (요 1:1-4, 9-14)

하나님 말씀인 *로고스*가 만물의 밑바탕이 된다. 전체 피조물은 하나님의 언어를 "통해" 존재하게 되었다. 하나님 말씀(성경)은 의미를 *참*으로 갖는 인간 언어를 수단으로 전달된다. 하나님 말씀은 우리에게 이성으로서가 아니라 *계시*로서 온다. 기독교는 무너져 버리는 저 체계들이나 이념들이나 메타내러티브들 중 하나가 아니다. 왜냐하면 *기독교는 인간 이성의 구축물이 아니라 하나님 자신의 계시*이기 때문이다. 그러나 이성은 결코 "홀로" 있을 수 없다. 이성 역시 믿음을 요구하기 때문이다. 먼저는 외적인 세계에는 이성이 인식할 수 있는 질서와 의미가 있다는 믿음이고, 다음은 세상에 이해가능성intelligibility을 부여하는 그 배후의 정신mind에 대한 믿음 곧 하나님에 대한 믿음이고, 궁극적으로는 육신이 되신 말씀인 예수 그리스도에 대한 믿음이다. 언어는 하나님 말씀을 거부하는 사람, 자신이 이해하지 못하는 진리를 부정하는 자율적 자아에게 감옥이 될 수 있다. 그러나 하나님 말씀은 감옥에 침입해 그곳에 갇힌 자들의 객관적 칭의를 위해 실제로 십자가에서 죽기까지 자신을 낮추신 그리스도를 전달함으로써 그들에게 자유를 가져다줄 수 있다. 하만에게 계몽은 이성의 이름으로 전통을 거부하는 데서 오지 않고 "모든 이에게 빛을 주시는 참된 빛"(요 1:9)을 아는 데서 온다.

하만은 철학만 아니라 역사, 언어학, 정치학, 미학에 관해서도 썼다. 그는 "모든 것을 그리스도를 통해 보기를" 추구했다.[14] 하만은 신학 분야에 관해서도 저술했는데, 하나님의 자기 비우심 *kenosis*, 곧 그가 그 모든 제한과 죄 가운데 있는 인간에게 내려오시기 위해 어떻게 자기 위엄을 비우시는지—성부 하나님의 창조와 그가 만드신 모든 것에 대한 섭리적 돌보심, 세상 죄를 대속하기 위한 성자 하나님의 성육신과 십자가에서 죽으심, 성령 하나님이 성경의 일상적 단어들 속에 현존하심—에 대해 놀라워했다. 베츠[Betz]는 "하만의 가장 기본적인 요점"을 이렇게 표현한다.

> 초월적 하나님은 케노시스적으로 언어 *안에* 숨어 계신다. 그분이 피조물 안에 케노시스적으로 숨어 계시듯이, 인간 역사 안에 케노시스적으로 숨어 계시듯이, 그리스도의 인성 안에 케노시스적으로 숨어 계시듯이, 또한 성령이 케노시스적으로 성경의 종잇조각 안에 숨어 계시듯이. 요약하면, 하만은 이 세상 속 하나님 사랑의 다양한 형태 아래에서 *초월적인* 그분을 발견할 수 있다는 초월적인 케노시스의 비전에 기초해 자연, 역사, 언어, 예술의 신학적 재발견에 이르는 길을 가리킨다.[15]

모더니스트들은 자연, 역사, 언어, 예술을 단순한 이성적 원칙으로 축소하려고 했다. 포스트모더니스트들은 이것들을 모조리 잃어버렸다. 그러나 베츠의 생각에, 하만의 기독교적 관점은 이것들의 기초를 성부와 성자와 성령 안에서 재발견함으로써 모두 되살릴 수 있다.

---

14) Betz, *After Enlightenment*, 133.
15) Betz, *After Enlightenment*, 340.

베츠는 하만이 계몽주의에 대해, 또 그 연장선에서 모더니즘에 대해 최상의 비판을 가했다고 믿는다. 하만은 또한 오늘날 포스트모더니스트들의 많은 사상들을 예고하는 동시에 그것들의 대안을 제공한다. 베츠는 세도를 부리는 니체, 하이데거, 데리다의 "포스트모던 삼두 체제"와 함께 하만이 언급되어야 한다고 믿는다. 이들의 차이점이란, 이 셋은 허무주의의 막다른 골목으로 이끄는 반면 하만은 앞으로 나아가는 길을 제시한다는 것이다. 베츠에 의하면 우리의 유일한 선택은 하만(곧, 기독교 신앙)이냐 허무주의냐 둘 중 하나다.

> 하만은 세속 이성의 붕괴를 예상하면서 우리를 명백한 포스트모던의 교차로로 데려간다. 이 지점에서 사람은 신앙의 길을 택할 수 있는데, 이 길은 영감받은 전통이 증거 하듯 훨씬 더 위대한 계몽으로 이끈다. 아니면 사람은 포스트모던적인 불신앙의 길을 택할 수 있는데, 이 길은 허무주의로 이끈다. 요약하면, 하만과 포스트모너니티 둘 중 하나다.[16]

베츠는 다른 곳에서 하만의 대안을 "세속-이후post-secular"라고 지칭한다.[17]

---

16) Betz, *After Enlightenment*, 319.
17) Betz, *After Enlightenment*, 312, 337-40.

포스트모더니티와 보통의 루터주의

하만이 계몽주의의 가장 정교한 비판자로 불려오긴 했지만[18] 그의 가르침은 앞으로 이 책에서 설명할 보통의 루터교—인간 이성의 한계와 하나님 말씀의 필요성, 신앙의 중심성, 율법과 복음의 구별, 그리스도 안 하나님의 성육을 통해서만 가능한 하나님에의 접근, 십자가의 신학 대 영광의 신학, 말씀과 성례전 속 물질적 피조물을 수단으로 한 하나님의 자기 계시, 세속 영역 안에서의 하나님의 현존 등등의 요소를 지닌—에 지나지 않는다.

하만의 계몽주의적 이성주의의 비판은 루터의 기독교적 이성주의 비판과 크게 다르지 않다. 중세의 스콜라주의는 기독교를 논리적 삼단논법 체계로 바꾸었다. 우리는 이를 아리스토텔레스 철학에 기초한 토마스 아퀴나스의 《신학대전 Summa》에서 볼 수 있다. 루터는 이것이 그 은총과 죄 사함이 도덕주의와 제도적 권력과 세계 부정적world-denying 경건에 의해 흐려진, 멀리 떨어진 하나님으로 귀결되었다고 믿었다. 루터의 치유책—인간 이성의 한계와 하나님 말씀의 필요성, 신앙의 중심성, 율법과 복음의 구별, 그리스도 안 하나님의 성육을 통해서만 가능한 하나님에 대한 접근, 십자가의 신학 대 영광의 신학, 말씀과 성례전 속 물질적 피조물을 수단으로 한 하나님의 자기 계시, 세속 영역 안에서의 하나님의 현존 등등을 중시하는—은 하만과 동일했다.

물론 허무주의에 대한 하만의 "세속 이후"의 대안은 기독교 신앙이다. 이 신앙은 많은 신학 전통에 나타나는바 모두 다 허무주의에 대한 대안들이다. 그러

---

18) 다음을 보라. http://www.iep.utm.edu/hamann/.

나 하만은 계몽주의 회의론자들과 계몽주의 이후의 허무주의자들 모두에 맞서기 위해 특히 *루터교* 가르침—예컨대 루터의 십자가 신학의 자기 비움, 성경의 성례전적 특성, 심지어 복잡한 뉘앙스의 루터교 기독론[19]—을 이용했다. 이 독특한 루터교적 가르침들은 모더니스트와 포스트모더니스트에게 특별한 반향을 일으킬 것이다.

모더니즘과 포스트모더니즘은 추상적인 철학들 그 이상이다. 대부분의 모더니스트들과 포스트모더니스트들은 아마 이 운동들의 핵심 인물들에 대해 전혀 들어보지 않았을 것이다. 대부분의 사람들은 아마 *모더니즘과 포스트모더니즘*에 대해 전혀 들어본 적도 없을 것이다. 모더니즘과 포스트모더니즘은 *상황들*이다. 그것들은 태도, 마음의 프레임, 추정들이다. 곧, 세계관들이다.

현대 문화는 주로 진리가 상대적이라고 믿는 사람들로 구성되어 있다. 그들은 자신의 도덕을 선택할 수 있다고, 삶은 특별한 의미를 갖고 있지 않다고 믿는다. 물질세계가 존재하는 전부이며, 과학이 증명할 수 있는 것만 유일한 실재라고 믿는 모더니스트들이 아직도 있다. 그들의 숫자는 줄어들었지만 새로운 무신론자들이 그들에게 활력을 불어넣었는지 모른다. 우리는 여전히 불확실성으로부터의 논법, 곧 의심의 여지없이 증명될 수 없는 이상 하나님의 존재를 믿을 수 없다고 주장하는 이들의 말을 듣는다. 한편, 포스트모더니스트들은 "영적이지만 종교적이지는 않다." 그들은 모든 종교가 동등하게 유효하다고 믿으며, 그들 자신의 개인적 종교 곧 "내게 딱 맞는" 종교를 구축한다. 모더니스트들과 포스트모더니스트들 모두 근본적으로 신을 믿지 않는다. 계몽주의의 이신론은 도덕주의적-치료적 이신론으로 변형되었다. 하나님은 멀리 계시며 그의 피조물로부터 초연해 계신다. 그러나 오늘날의 버전에서 그는 여전히 보살핌을 주며 인

---

[19] Betz, *After Enlightenment*, 255를 보라. 베츠는 *communicatio idiomatum*(속성 간의 교류) 개념으로 "언어의 신비"에 대한 하만의 설명을 인용하고 토의한다. *communicatio idiomatum*은 그리스도의 두 본성 사이의 교류를 다루는 루터교 기독론이다.

간 문제의 해결에 도움이 되는 치료를 제공한다.

베츠의 말마따나 만일 하만의 방법이 허무주의에 대한 유일한 대안이라면, 또 그것이 보통의 루터교라면, 이는 보통의 루터교가 보통의 모더니스트들과 포스트모더니스트들에게 특별히 연관성을 가질 수 있음을 시사한다.

이 책에 대해

　모더니티는 외부 세계에게서 그것의 의미를 빼내어 버렸다. 포스트모더니티는 사람들을 내면으로 향하게 했다. 그러나 외부 세계는 여전히 영향을 미치며, 심지어 자기 자신만의 실재를 구축할 수 있다고 생각하는 사람들에게도 그렇게 한다. 예컨대 죽음은 개인적이거나 문화적인 구축물이 아니다. 그것은 인간 자신 밖의 실재이다. 고난, 질병, 실패도 마찬가지다. 이것들은 밖에서 우리에게 오며 우리의 의지나 힘과는 무관하다. 사랑, 아이의 출생, 산 위의 노을 같은 좋은 것들도 밖에서 우리에게 온다. 이것들은 모두 객관적이고 물질적인 실재이다. 우리의 철학이 아무리 이것들—사랑, 어린이, 저녁노을—이 의미 없는 것이라고 우길지라도 우리는 그렇지 않다는 것을 안다. 아무리 우리의 철학이 도덕은 우리가 선택하는 것이며 도덕적 절대라는 것은 없다고 우길지라도 우리는 그 말을 진심으로 믿지는 않는다. 그렇지 않다면 왜 우리가 여전히 죄의식과 수치심과 분개를 느끼겠는가? 왜 항상 자신을 정당화하려고 애쓰겠는가?

　모더니티의 환원주의와 포스트모더니티의 소외된 주관성으로부터 우리를 구하기 위해 필요한 한 가지는 객관적 실재의 영적 의미를 재발견하는 것이다. 창조, 성육신, 성례전, 소명을 강조하는 루터교는 이를 도울 수 있다. 다른 종교들은 세상을 환영幻影으로 묵살해 버리고, 다른 신학들은 우리가 물질세계를 뒤로하고 더 영적이 되는데 도움을 준다고 약속한다. 그러나 루터교는 어떻게 물질 영역과 우리 삶의 가장 일상적 영역—우리의 일, 우리의 가정 그리고 세속성으로 가득 찬 우리 사회—이 하나님의 현존에 둘러싸여 있는지를 보여 준다.

루터교는 자기 정당화―타인과 우리 자신에게 우리가 옳다는 것을 증명하는 것―를 위한 끊임없는 시도들이 불필요하다는 것을 보여 준다. 이는 우리가 그리스도에 의해 의롭게 되었기 때문이다. 루터교는 오늘날 사람들이 하나님 관념을 되찾을 수 있도록, 고난을 받아들이는 법을 배울 수 있도록, 삶은 의미가 있다는 것을 인식할 수 있도록 돕는다.

루터교는 상대주의자, 세속주의자, 영적이지만 종교적이지 않은 이들, 하나님에 대한 개념조차 가지지 못한 이들, 자신을 하나님으로 변모시키려는 이들, 그리고 현대 문화의 다른 산물들과 그것의 피해자들에게 다가갈 수 있는 기독교의 한 표현이라고 해도 무방할 것이다.

1장

서론: 메가처치 또는 메타처치?

개신교 종교개혁 발발 이후 500년이 지난 지금 21세기 기독교가 또 다른 종교개혁을 필요로 한다는 느낌이 퍼져 있다. 현대 교회는 표류 중이고 혼란 속에 있으며 기능 장애에다 세속주의, 포스트모더니즘, 문화적 변화의 도전들에 대처할 준비가 제대로 되어 있지 않다. 스스로를 "영적이지만 종교적이지 않다"고 말하는 이들을 포함하여 많은 신자들이 교회가 증가일로에 있는 "교회 없는 그리스도인들"에게 다가가기 위해서는 변화해야 한다고 믿는다.

그러나 500년 전 종교개혁의 불을 붙인 동일한 신학이 21세기 교회에도 개혁을 가져올 수 있을까? 또는, 훨씬 더 어려운 일로, 포스트모더니스트들, 세속주의자들, "영적이지만 종교적이지 않은" 이들이 공감할 수 있는 기독교의 명확한 표현을 제공할 수 있을까?

번아웃된 신자들과 영적 세속주의자들

불신자들과 번아웃된 신자들에게 호소할 수 있는 진정한 기독교적 영성을 발견해야 할 필요성이 커지고 있다. 수많은 사람이 교회에 대한 기대를 접었다. 그들은 더 이상 알고 싶지 않다는 것을 알 만큼은 알고 있다. 어떤 이들은 교회가 매주 모여 이웃을 정죄하는 옹졸한 위선자들의 모임이라고 생각한다. 어떤 이들은 교회를 공짜 도넛과 여흥으로 순진한 사람들을 꾀어 주머니를 터는 콘도 회원권 설명회에 견준다. 어떤 이들은 교회를 할머니들이 피너클(pinochle, 2-4명이 48장의 패를 갖고 하는 놀이의 일종-옮긴이) 게임을 하러 가는 칙칙한 사교 클럽이라고 여긴다. 어떤 이들은 대형 교회megachurches 신자이지만 "이게 다인가?"라고 생각하는 지점까지 갔다. 어떤 이들은 한 교회나 여러 교회를 열심히 섬겼지만 지금은 기진맥진하고 영적 탈진 상태에 있으며 환멸감을 느끼고 있다.

번아웃되고 불만 있는 신자들은 아직 신자 명부에 올라 있지만, 많은 사람들은 자신을 특정 종교 집단과 동일시하지 않는 증가일로의 사람들 중에 속해 있다. "무소속자들nones"이라고 알려진 이 그룹은 미국인의 1/5을 차지한다.[20] 불만이 있는 이 신자들은 20세기와 21세기의 전환기에 성장한 젊은 성인들인 밀레니얼 세대에 더 많이 집중되어 있다. 30세 미만 성인 중 1/3이 어떤 종교에도 소속되어 있지 않다.[21] 이 현상은 분명 북아메리카에만 국한되지 않는다. 유럽의 많은 지역은 세계의 다른 지역을 앞지른다. 어찌 됐든 점점 더 많은 사람들이 점점 덜 교회에 출석하고 있다.

---

20) Pew Research Center, "'Nones' on the Rise," October 9, 2012, www.pewforum.org/2012/10/09/nones-on-the-rise.
21) Pew Research Center, "'Nones' on the Rise."

그러나 이들 대부분은 무신론자나 불가지론자가 아니다. 미국에서 1,300만 명은 자신을 무신론자나 불가지론자로 간주하는 반면, 놀랍게도 3,300만 명은 어떤 종교 단체에도 가입돼 있지 않다.[22] 이들은 자신을 특정 종교 단체와 동일시하지 않지만, 하나님을 믿으며 자주 기도하고 풍부한 영성의 삶을 마음 깊이 갈구한다. 이 그룹은 흔히 자신이 "영적이지만 종교적지 않다"고 생각한다. 이들은 영적인 이슈에 자주 관심을 가지며 초자연적인 것의 가능성에 열려 있지만, 조직화된 종교에 저항하고 자신을 특정 신앙의 일원으로 보기를 거부한다.

번아웃된 신자들과 영적 세속주의자들은 매력 있고 의미 있는 영성을 특정 기독교 교파에서 발견할 수 있으리라는 어떠한 희망도 포기한 상태다. 그들은 지역 교회 예배에 참석하는 대신 다른 곳에서 자신의 영적 필요를 채우고 싶어 한다. 성경을 탐구하기보다는 동네 서점의 형이상학 코너를 뒤진다. 단일 교파에서 영양 공급을 받기보다는 영적 신앙들의 뷔페에서 먹기를 선호한다. 반면 오늘날 교회가 제공해야 한다고 그들이 생각하는 것은 무엇이 됐든 강하게 거부한다.

물론 교회는 "교회 나가지 않는" 이들과 관계를 맺으려 애서 왔다. 교회 성장 운동은 상술과 현란함에 지나치게 의존하는 "구도자에게 민감한" 방식을 옹호한다. 목표는 아웃사이더들에게 장애가 되고 생소한 교회 전통들을 제거하여 교회를 세속주의자들에게 더 매력적으로 보이게 하는 것이다. 그러나 이것은 교회를 더 세속적으로 만든다. 초현대적 건물 안에서 약한 신학에 이어 강한 커피가 제공된다. 예배는 다섯 곡의 경배와 찬양으로 구성되고 설교는 테드TED 강연과 유사하며 모든 기도에는 배경 음악이 깔린다. 이와 달리 이머징 교회는 동일한 사람들에게 다가가기 위해 매우 다른 방식을 시도했다. 이 운동은 제도적 교회를 해체하고 전통적인 예배당에서 예배하기, 율법과 복음 설교, 닫힌 성

---

22) Pew Research Center, "'Nones' on the Rise."

찬식과 같은 시대에 뒤떨어진 실천으로부터 교회를 자유롭게 하려고 시도했다. 교단들마저 시대에 뒤떨어진 것처럼 보인다. 퍼브와 거실이 새로운 제단이다. 설교는 보편적 진리 주장은 가볍게 터치하고 열린 대화에는 열정적이다. "관대한 정통주의," 곧 매우 다양한 가르침에 대한 열린 태도와 급진적 포용은 불만 있는 신자들에게 다가갈 수 있는 가장 효과적인 방법으로 간주된다. 파트럭(potluck, 각자 음식을 조금씩 가져와 나눠 먹는 식사-옮긴이)이 "공동의 식사"로 탈바꿈한다.

이러한 노력은 어느 정도 효과를 거뒀다. 교회 성장 운동과 이머징 교회 운동은 수많은 사람이 예수 그리스도의 복음에 사로잡히게 했다. 그러나 이 운동들이 풍성하고 깊이 있는 기독교를 전하는 데 정확히 얼마나 효과적이었으며 또 앞으로도 그러할 것인지에 대해서는 심각한 의문이 든다.[23]

또 이러한 노력이 번아웃되고 불만 있는 30세 이하의 신자들에게 얼마나 효율적으로 다가갈 수 있는지도 상당한 의심이 든다. 이들 중 많은 이가 젊은 세대의 유행과 편의에 맞춘 대형 교회들의 피해자다. 밀레니얼 세대는 가식이나 겉치레의 냄새를 잘 맡는다. 그들은 1마일 밖에서도 관객의 웃음소리를 담은 효과음을 들을 수 있다. 그들은 누가 스키니 진을 입기에는 나이가 너무 들었는지 곧바로 알아챈다. 또한 그들은 교회가 연극을 꾸밀 때 알아챈다. 교회 문화를 끊임없이 업데이트하며 비非교회 문화에 맞추는 것이 진정한 기독교 영성을 재발견하는 최상의 틀인가? 이에 대한 우리의 주장은 "아니다"이다.

가장 실용적인 수준에서, 더 효과적이기 위해 스타일상의 작은 "개선들"을 끊임없이 꾀하는 전략은 어느 정도까지만 효력이 있고 이후에는 그 효력이 사라

---

[23] 예컨대 다음을 보라. Gary L. Macintosh, ed., *Evaluating the Church Growth Movement: Five Views* (Grand Rapids, MI: Zondervan, 2010); Gregory A. Pritchard, *Willow Creek Seeker Services: Evaluating a New Way of Doing Church* (Grand Rapids, MI: Baker, 1996); Lucas V. Woodford, *Great Commission, Great Confusion, or Great Confession? The Mission of the Holy Christian Church* (Eugene, OR: Wipf & Stock, 2012).

진다. 이는 "극댓값local maximum" 문제를 갖는 컴퓨터 프로그래밍에서 볼 수 있다.[24]

비록 단순한 과제이긴 하지만 숫자들을 분리하는 것이 컴퓨터 프로그래밍 영역에서의 검증 시험이다. 프로그래밍 언어는 100개의 숫자를 조직하는 데 얼마나 많은 단계를 거치는가에 기초해 평가된다. 프로그래머들은 컴퓨터 안에 무작위로 숫자 100개를 한 세트로 로딩하고는 프로그래밍 언어가 얼마나 효과적으로 이 숫자들을 정돈하는지를 본다.

컴퓨터 과학자 대니 할리스Danny Hallis는 이 검증 시험의 기록을 깨는 독특한 플랜을 고안했다. 그가 연구를 시작할 때 세계 기록은 66단계에 놓여 있었다. 그는 수천 개의 알고리즘 미니프로그램을 만들어 내는 소프트웨어 프로그램을 하나 개발했다. 그런 다음 이 미니프로그램들을 테스트해 그것들이 숫자를 분류하는 데 어떤 능력을 보이는지 보았다. 만일 미니프로그램들이 숫자를 분류할 수 있다면 그것들은 다음 세대까지 생존할 것이며 미니프로그램들 중 또 다른 하나와 교배될 수 있을 것이었다. 이 과정은 숫자를 75단계에서 분류할 수 있는 프로그램을 만들 때까지 수천 번 반복되었다. 첫 번째 시도 치고 매우 훌륭한 결과였다. 그러나 할리스가 아무리 여러 번 실험을 돌려도 계속 75단계 범위에서 멈춰 버렸다.

문제가 있었다. 곧 시스템이 극댓값에 도달한 것이다.

이 모든 프로그램을 풍경 위에 놓는다고 생각해 보라. 가장 비효율적인 프로그램들(99-80단계)은 낮은 계곡들에 있고 가장 효율적인 프로그램들(79-75단계)은 높은 산등성이들에 있다. 이 시스템은 이전 세대보다 개선된 프로그램만 보상하므로 어떤 프로그램이 뒷걸음질해 죽음의 위험을 무릅쓸 인센티브가 없다.

---

[24] 이 원칙의 또 다른 설명과 적용에 대해서는 Seth Godin의 블로그 포스트를 보라. "Understanding Local Max," *Seth's Blog*, November 9, 2005, https://seths.blog/2005/11/understanding_l/

하나의 프로그램은 높은 산등성이 꼭대기에 계속 머물기 위해 틀림없이 동일한 배열을 계속할 것이다. 이는 프로그램들이 일단 산등성이의 꼭대기에 도달한 다음에는 좀처럼 더 이상의 개선을 하지 않는다는 것을 의미한다. 이 시스템이 다른 모든 프로그램보다 더 효율적인 프로그램을 만들었기에, 자신이 할 수 있는 가장 효율적인 프로그램을 만든 것처럼 멈춰 버린 것이다. 다시 말해 이 시스템은 산등성이를 마치 에베레스트산인 양 여겼던 것이다.

할리스는 이 극댓값을 극복하기 위해 해결책을 마련했다. 그는 "포식자들"을 시스템 안에 넣었다. 어떤 미니프로그램이 산등성이에 계속 머물러 있다가는 이 포식자 중 하나에 파괴될 위협을 받을 수밖에 없었다. 미니프로그램들은 계속 살아 있기 위해 지속적으로 개선을 추구해야 했다. 할리스는 극댓값 이슈를 해결한 다음 실험을 다시 돌렸다. 이번에는 그 결과가 놀랍게도 62단계였다.

이 예가 오늘날의 교회와 무슨 관련이 있는가? 오늘날의 교회가 교회에 나오지 않는 이들에게 다가가기 위해 한 노력은 극댓값에 도달했다는 것이다.

이를 좀 더 풀어서 설명해 보자.

어떤 교회가 인쇄된 찬송가집 대신 디지털 스크린으로 바꾸기 시작했다고 생각해 보라. 그들은 이 변화가 지역 내의 교회 나오지 않는 사람들을 끌어들이는 데 효과적이라고 생각한다. 실제로 몇몇 젊은이가 주일 예배에 참석한다. 그러면 교회는 본당 입구에 커피숍을 만들기로 결정한다. 이러한 추가 조치는 불만을 품었던 얼마간의 사람을 참여시키는 데 효과가 있다. 교회는 이 두 가지 시도가 매우 효과적인 것을 보고서 커피숍을 예배 공간 안에까지 들여오고 스크린을 더 자주 사용한다. 그들은 이 프로그램을 조금씩 향상시킨다. 더 많은 커피 기계를 들여오고 우유 거품을 커피위에 더 올리고 경배와 찬양 곡을 더 폭넓게 고르고 화소가 더 높은 대형 스크린을 사용한다. 스크린이 최대로 커지고 커피숍이 지역 내 어느 커피 전문점과도 겨룰 수 있을 때까지 교회는 이 패러다임을 계속한다. 드디어 극댓값에 다다른다. 이제 이 교회는 최상의 커피와 최대 스크린을 가진 교회가 된다.

이것이 그들이 교회에 오지 않는 이들에게 다가갈 가장 효율적 수단을 발견했음을 의미하는가? 그렇지 않다. 사람들은 지역의 커피 전문점에 가서, 찬양 밴드팀의 시끄러운 소리를 듣지 않고도 공정무역 원두로 내린 푸어 오버 커피(pour-over coffee, 타이머와 저울 등을 이용해 정확히 계산한 원두와 물로 추출한 커피-옮긴이)를 쉽게 즐길 수 있다. 영화관에 가서 더 안락한 의자에 앉아 고해상도 스크린을 볼 수 있다. 이 교회가 운영하는 프로그램은 거기까지만 갈 수 있었다. 분명 그 나름대로 효과는 있었다. 그럼에도, 그들은 언덕 정상까지 올라가 새로운 사람들을 일부 끌어들였지만, 문화 전반에 걸쳐 기독교를 퍼뜨리는 데는 별로 한 일이 없다.

이머징 교회 운동도 상황은 마찬가지다. 과거의 권위주의적 교의로부터 자유로운 예배 공동체를 만드는 것이 포스트모던 세대를 끌어들이는 데 효과적일 수 있다. 열린 대화와 뜨거운 환대는 불만 있는 신자들에게 매력적이다. 곤드레만드레 취할 수 있는 퍼브 교회들은 분명 영적 대화를 위한 안전한 장소를 제공할 수 있을 것이다.

그러나 이 프로그램은 필연적으로 극댓값에 도달할 것이다. 제3의 장소는 어디에나 있으며, 사람들은 미용실에서도 쉽게 진정한 교제를 발견할 수 있다. 과거의 권위주의적 교의를 거부하는 것에 관한 한 공립 대학과 경쟁할 수 없다. 문신한 팔뚝과 근사한 수염을 기른 이들은 동네 선술집에 더 많이 있다. 이머징 교회는 교회 다니지 않는 사람들이나 교회에 등 돌린 일부 신자의 주의를 끄는 데 효과적이었다. 그러나 산등성이에 이르기까지만 효과가 있었다.

"교회 성장"을 위해 제안된 다양한 기술이 인정받은 이유는 그것들이 이전 노력들보다 더 효과적으로 보였기 때문이다. 그것들은 이전 방식들을 "향상시켰고" 더 많은 사람을 교회로 데려오는 방법을 찾아냈다. 그러나 컴퓨터 프로그램처럼 거기까지만 해낼 수 있었다. 각자의 미션을 달성하기 위해 컴퓨터 프로그램과 교회는 "포식자들"을 대면할 필요가 있다. 기독교에 있어서 포식자는 죄와 사망, 달리 말하면 세상, 육신, 마귀다. 교회는 어설프게 스타일을 고치는 대신 좋든 싫든 가르침의 내용을 심각하게 다룰 필요가 있다. 특히 교회는 생사가 달린 영적 문제, 특히 우리 시대 특유의 문제들로부터 사람들을 구해 내야 한다.

우리는 다른 틀이 필요하다. 우리는 더 나은 틀이 필요하다. 우리는 과거 이 운동들이 그들의 효율성을 극대화했다고 인정할 필요가 있다. 우리는 이 극댓값을 넘어서서 영적이지만 종교적이지 않은 미국의 3,300만 명에게 다가갈 틀이 필요하다. 우리는 오늘날의 교회가 더 큰 스크린과 더 스키니한 청바지를 추구하는 대신 사람들이 진정한 기독교 영성을 찾게 해 줄 틀이 필요하다고 믿는다. "구도자에게 민감한" 사회학적 연구나, 본질적인 것을 주장하기를 거부하는 김빠진 대화나, 새로운 블렌드 커피나 신도석마다 배치된 무료 태블릿 PC가 필요한 게 아니다. 우리는 오로지 진정한 기독교 영성을 회복할 방법을 찾을 필요가 있다.

오늘날의 교회가 새로운 기교와 문화적 순응과 교리의 경시에 기대지 않으면서 참되고 강력한 기독교로 사람들을 참여시키는 게 가능할지 생각해 보라. 교회가 폭은 1마일이고 깊이는 1인치가 아닌 탄탄한 영성을 제공할 수 있다면 어떨까? 교회가 아직 믿음이 있지만 번아웃되고 불만 있는 신자들을 참여시킬 틀을 갖고 있다면 그것은 어떤 모습일까?

이 틀은 진정한 기독교여야 할 것이다. 예수 그리스도의 성육신을 통한 하나님의 임재하심이 진정한 기독교다. 하나님이 인정하시는 존재로 이끄는 신적 칭의가 진정한 기독교다. 세속 영역과 영적 영역을 묶는 소명이 진정한 기독교다. 이런 개념들은 사회학자들이나 시애틀에 본부를 둔 바리스타들이 지어낸 것들이 아니다. 이것들은 역사적 뿌리가 있는 기독교 신앙의 진리이다. 이것들은 예수 그리스도의 복음에 기초하며 거기서 흘러나온다. 이 틀은 문화에 따라 변화무쌍하게 바뀌는 거품이 아니라 독특한 기독교적 표현일 것이다. 이 틀은 늘 변화하는 시대정신의 산물이 되는 대신 그 핵심에 있어 진정한 기독교여야 한다.

기독교들의 기독교를 생각해 보라. 단지 침례교 영성, 로마 가톨릭 영성이 아니라 모든 기독교 전통의 진수genius에 의지하는 영성을 생각해 보라. 그러면 각기 다른 기독교 유산의 최상의 강점들은 강조되는 한편 그 약점들은 피할 수 있을 것이다. 이 접근 방식은 20세기 에큐메니컬 운동처럼 기독교의 다양성을 흐릿하고 희미한 덩어리로 희석시키는 대신, 긴장을 유지하며 각자의 온전함을 보존할 것이다. 체스터턴G. K. Chesterton이 《정통Orthodoxy》에서 묘사한 방식을 따라 이 틀은 "양쪽 다 격한 대립을 유지하고 계속 격하게 함으로써 양쪽을 결합하는"데에 적합할 것이다.[25] 이것은 각양각색의 기독교 전통들로부터 다양하고 수많은 모순들을 한데 모아 "훌륭한 것들이 마음껏 움직일 수 있는 공간을 마련해 줄 것이다."[26] 그런데 이것은 에큐메니컬적 최소공통분모가 되기보다, 우리 시대의 필요와 이슈를 직접 다루는 자신만의 독특한 특징을 가질 것이다.

이 틀은 교회 성장 운동이나 이머징 교회 운동보다 현저히 더 나을 것이다. 이 틀은 에스프레소 더블 샷보다 더 강하여 여러 다른 기독교 전통들의 강점들을 결합할 것이다. 이 틀은 어떤 고화질 스크린보다 더 분명하여 기독교 신앙의 영원한 진리를 전달할 것이다. 이 다른 접근 방식은 세속 세상과 포스트모던 세상을 이해하려는 탈진하고 불만 있는 신자들에게 어떤 경배와 찬양 밴드보다 더

---

25) G. K. Chesterton, *Orthodoxy* (New York: SnowBall Classics Publishing, 2015), 60.
26) Chesterton, *Orthodoxy*, 61.

큰 소리로 말할 수 있을 것이다.

  우리가 이 틀을 세우는 데 도움을 줄 수 있는 신학이 실제로 가까이에 있다. 그것은 루터파 기독교라고 불린다.

메타처치

  마르틴 루터가 1517년 10월 31일 비텐베르그 교회 문에 면벌부(면죄부) 판매에 반대하는 〈95개 논제〉를 못 박은 사건은 역사상 매우 중요한 순간, 곧 모던 시대 이전과 모던 시대 사이의 전환점이었다. 그러나 마지막 중세인이자 첫 번째 근대인으로 다양하게 묘사되는 루터는 두 시대에 다리를 놓는다.

  루터의 목표는 하나의 참된 교회로부터의 분리가 아니라 교회의 개혁이었다. 그는 그리스도께서 죄인을 구원하기 위해 죽으셨다는 교회의 본질적 메시지가 제도권의 권력 집착, 도덕적 부패 그리고 복음을 희미하게 만드는 신학적 첨가물 아래 파묻혔다고 생각했다. 1517년 루터의 즉각적인 반대는 연옥에서 벗어날 방법으로 신자들에게 돈 지불을 권한 참회 제도를 겨눈 것이었다. 기본적으로 이 제도는 이렇게 말했다. "여러분은 둘 중 하나를 택할 수 있습니다. 하나는 연옥 불 속에서 수천 년을 보내는 것인데 이로써 여러분은 여러분의 죄들, 심지어 대속받고 사함 받았으며, 자백하고 무죄선언을 받은 죄들에 대한 '현세적' 벌을 받습니다. 아니면, 여러분은 교회에 돈을 내고 면벌부를 구입할 수 있습니다. 이 면벌부는 (그리스도가 아닌) 성인들의 공적을 여러분의 구좌에 올려 줍니다." 이 주제에 관한 뒤이은 논쟁들에서 면벌부 방어자들은 그러한 제도를 부과할 수 있는 교황의 권위를 옹호했다. 루터는 성경의 더 큰 권위를 주장하면서 반박했다. 면벌부에 관한 논쟁이 계속되면서 점점 더 많은 이슈가 추가되었는데, 여기에는 오랫동안 신실한 신자들을 분개하게 만든 것들(세속 통치에 대한 교황의 권리 주장과 교황 군대를 통한 이 권리의 행사, 로마의 도덕적 퇴폐, 몇몇 교황이 자신의 사생아를 대주교로 만든 것, 교회 요직의 매관매직 등)도 포함되었다. 그러나 교황은 요지부동했고 지극히 정당한 개혁조차 거부했다. 그는 루터와 추종자들을 파면했지만 그들은 계속해서 예배 모임을 가졌다. 기독교는 이미 동과 서로 나뉘어 있었는데 서방 교회가 다시 나뉘게 된 것이다.

그러나 루터는 로마 교회를 개혁하는 데 있어서 어느 정도 성공을 거두었다. 트렌트 공의회는 개신교도들을 막을 목적으로 그간 그들에게 수많은 탄약을 제공했던 로마 교회의 재정적 부패와 도덕적 타락 문제를 다루었다. 공의회는 가톨릭 신자들의 개인 경건을 고양하기 위한 대책을 수립했다. 이러한 개혁들에 대해 로마 가톨릭교인들은 루터에게 감사해야 한다. 그러나 트렌트 공의회는 신학적 이슈에 대한 논의를 두 배로 늘리면서 교황의 권위, 구원에 있어서 선행의 역할, 참회 제도의 필요성을 주장했다. 공의회는 면벌부 *판매*는 중단했지만 대사大赦는 계속 유지했다. 교회는 공인된 순례를 떠나거나 특정한 헌신의 행위들을 하는 등 경건 행위들을 보이면 연옥에서의 시간을 줄여 주었다. 다만 이를 상업적 매매를 통해서 하지는 않았다.

한편, 루터가 속한 개신교의 다른 진영으로부터도 비판이 제기되었다. 그 내용은 그가 교회에서 조금이라도 "가톨릭적"으로 보일 수 있는 것을 제거하지 않았다는 의미에서 "충분히 나가지 않았다"는 것이었다. 이후의 개신교도들은 종교개혁을 혁명으로 바꾸었다. 루터를 비판한 새로운 개신교도들은 성례전을 최소화했고 예배 의식을 내버렸으며 십자가상을 불태웠고 자신들의 성경 해석에 근거한 신학을 발전시켰다. 그리스도인이 되는 새 방식들이 급증했으며 이로 인해 오늘날 개신교를 특징짓는 수많은 교파들이 생겨났다.

그러나 500년 전의 루터 종교개혁은 곧이어 등장한 개신교 혁명들과 달랐다.

그의 목표는 교회 개혁이었지 교회를 파괴하고 폐허 위에 더 나은 것을 세우는 것이 아니었다. 그는 새로운 교회를 시작하려고 한 것이 아니라 이미 존재하는 유일한 교회의 개혁을 원했다. 그는 생각 있는 신자들이 중세 내내 비판했던 악습을 바로잡길 원했다. (단테와 초서도 얼마나 면벌부 판매를 공격했는지 주목하라). 루터는 교회가 다시금 그 본질적 메시지, 곧 하나님이 예수 그리스도 안에서 육신이 되셨으며 그리스도가 세상 죄를 없애기 위해 죽으시고 우리 구원을 위해 다시 사신 것에 집중하기를 원했다.

루터는 사실상 교회 내의 모든 것을 이 복된 소식의 빛 안에서 해석했다. 복음은 하나님 말씀의 메시지로서 성령은 우리 죄를 깨닫게 하시고 우리에게 구세주를 드러내기 위해 이 말씀을 사용하신다. 이것이 성례전—성찬과 세례—의 의미인바, 성례전은 우리가 행하는 공적 있는 행위가 아니라 그리스도께서 우리를 자신에게 연결하시는 수단이다. 이 복된 소식, 이 복음은 역사적 예배 의식 안에서, 회중 찬송 안에서, 죄 고백과 사면 의식 안에서, 거룩한 사역의 직무 안에서 전달된다. 이 복음이 신앙을 창조하며, 신앙은 일상—가정, 일터, 사회—의 소명에서 우리의 이웃에 대한 사랑과 섬김의 열매를 맺는다.

루터는 전체 교회를 염두에 두고 말했다. 그는 "전체와 관련하여"라는 뜻의 그리스 단어에서 온 *가톨릭catholic*적 이상을 갖고 있었다. 로마 가톨릭이 개신교도와 정교회 신자를 배제하는 방식으로 이 개념을 주장했기에 우리는 다른 낱말, 곧 메타신학metatheology을 채택할 수 있겠다.

이 단어의 접두어인 *메타meta*는 소설을 쓰는 작가에 관한 소설이나 영화 제작에 관한 영화에서처럼, "자기-준거self-reference"를 가리키는 포스트모더니스트의 전문용어가 되었다. 더 유용하게는, 메타는 전체 범주를 고려한다는 의미에서 "~에 대한about"을 뜻한다. *메타데이터Metadata*는 데이터에 대한 데이터(그것의 소스, 어떻게 데이터가 수집되었는가 등)를 의미한다. *메타역사Metahistory*는 역사들의 역사(사실의 연대기들로부터, "위대한" 인간들의 이야기들을 통해, 비인격적인 사회적 힘을 분석함으로써 이루어지는 다양한 역사 이론의 전개)를 의미한다. *메타*를 이런 식으로 처음 사용한 사람은 서론에서 소개한 우리의 영웅 하만$^{\text{J. G. Hamann}}$으로 보인다![27) 칸트의 《순수 이성 비판*Critique of Pure Reason*》에 대한 응답으로 하만은 《이성의 순수주의의 메타비판*Metacritique of the Purism of Reason*》을 썼다.[28) 하만은 이 "비판의 비판"에서 경험, 역사, 언어, 계시로부터 단절시킨 추상적 이성을 추어올리는 칸트의 "물질에 대한 영지주의적 증오"를 고발했다.[29) 이처럼 루터교 전통은 이르게는 1784년에, 자신의 가장 뛰어난 사상가 중 한 사람의 사고로 구체화되었듯, *메타meta*가 되고 있었다.

이렇듯 루터교는 "메타신학" 곧 신학의 신학을 수반한다. 모든 신학은 교회의 인간적 리더십이나 인간 이성이 아니라 하나님 말씀에서 비롯되어야 한다. 이것이 "형식적 원리formal principle," 곧 신학의 근원과 권위이다. "내용적 원리material principle"는 저 신학의 중심 내용이다. 그 내용은 예수 그리스도 사역의 믿음을 통하고, 하나님의 은총에 의한, 우리의 칭의이다. 루터의 종교개혁 교회는 "메타교회metachurch," 곧 교회들의 교회를 수반한다.

로마 가톨릭과 동방 정교회처럼 루터교회는 *성례전적*이다. 루터교회는, 다른 주요 기독교 전통들처럼, 세례의 물을 통한 중생과 성찬에서의 그리스도의 몸과 피의 실제 현존을 가르치면서 영적인 것과 물질적인 것 사이의 긴밀한 연결을 본다. 로마 가톨릭과 동방 정교회처럼, 루터파 교회는 예배Divine Service 안에서 발견되는 객관적 거룩함과 은총을 증언하는 역사적 의식을 사용

---

27) Oxford Dictionaries-https://en.oxforddictionaries.com/definition/metacritique-는 하만을 "metacritique" 단어를 처음 사용한 인물로 인정한다. 이 단어가 칸트에 대한 하만의 책에 등장한 때는 1784년으로 보인다. 이 날짜는 Oxford English Dictionary의 (이런 의미로 쓰이는) 접두사 *meta* 표제어 아래의 어떤 인용문들보다 이르다.
28) 다음을 보라. Hoon Lee, "Metacritique: Hamann on Kant's Three Purisms," *Exploring Church History: Reflections on History and Theology*, December 4, 2014. 2017년 2월 8일에 접속함. exploringchurchhistory.com/metacritique-hamann-kants-three-purisms.
29) Lee, "Metacritique: Hamann on Kant's Three Purisms"에 인용됨.

하여 *의식 예배*를 드린다.

 그러나 개신교처럼 루터교는 *성경적*이고 복음적이다. 우리가 앞서 보았듯이, 성경과 복음은 루터교 신학과 실천에서 우선적이다. 그러나 루터파 메타교회에서 성례전과 예배 의식은 가톨릭교회와 개신교 전통에서 흔히 그렇듯 결코 성경적인 것과 복음적인 것에 반대되는 것이 아니다. 즉, 루터교 성례전 신학은 성경을 문자 그대로 읽는 데서 나온다. 눈에 보이는 요소에 결합된 하나님의 말씀이 성례전을 만든다. 성경 자체가 사실상 성례전이고, 성경 안에 성령이 참으로 현존하셔서 신앙을 창조하신다. 예배 의식은 주로 하나님 말씀을 낭송하고 노래하고 듣는 것으로 구성된다. 루터교 예배는 의식 예배지만 개신교의 특징적 예배 요소, 곧 설교와 회중 찬송을 강력하게 이용한다.

 루터의 종교개혁 이후 개신교 신학들이 확산되었지만 루터의 신학을 따르고 발전시킨 교회는 나머지를 포함하는 더 큰 관점을 제시한다는 의미에서 그 *메타meta*적 특성을 이어 갔다. 루터교회에 대한 최초의 주된 개신교적 대안은 이른바 개혁교회들이었다. 이들은 이내 서로 다투고 부정하는 칼빈주의와 아르미니우스주의의 두 진영으로 나뉘었다. 루터교의 관점에서 볼 때 이 둘은 구원에서 하나님의 작용을 말하는 성경 본문과 인간의 작용을 말하는 본문을 제각기 취해 그것을 중심으로 신학을 수립했다. 이것은 내용이 반대되는 성경 본문을 불가피하게 일축하게 했다. 이와 대조적으로 루터교 신학은 성경 텍스트를, 심지어 모순이 있는 것과 인간의 이해를 당황하게 만드는 것마저 바싹 고수한다. 이처럼 루터파 메타교회는 (다른 신학들도 포함하여) 칼빈주의와 아르미니우스주의의 양극성을 정지 상태에 둘 수 있다.

 칼빈주의자들처럼 루터교인들은 하나님의 은총을 강조하고 믿음과 구원이 하나님의 순전한 선물로 온다는 것을 강조한다. 루터교인들은 선택과 예정에 대해서도 말한다. 그러나 루터교는 이중예정(double predestination, 멸망당할 자들의 선택)과 예정의 불확실성(uncertainty over election, 그리스도가 나를 위해 죽지 않으셨을 수 있다는 제한 속죄)과 같은 칼빈주의 가르침의 어두운 면을 피한다. 아르미니우스주의처럼 루터교는 그리스도의 속죄가 보편적이며 그가 선택받은 자들만 위해서가 아니라 세상 죄를 위해 죽으셨다고 강조한다. 루터교인들은 구원이 상실될 수 있다는 것, 회개하지 않은 채 죄 가운데 계속 있으면 믿음을 죽게 할 수 있다는 아르미니우스주의자들의 의견에도 동의한다. 그러나 루터교인들은 아르미니우스주의자들이 하듯, 그리스도를 위해 "결단하는" 데 있어 또한 죄 없이 살 수 있는 개종자의 능력에 있어 의지의 능력에 초점을 맞추는 대신 그리스도인이 복음 안에서 역동적인 하나님 은총을 지속적으로 필요로 함을 쉬지 않고 강조한다.

외견상의 이 모순들을 조화시키는 것은 루터교의 성례전 중시주의 sacramentalism이다. 그리스도는 만인을 위해 죽으셨고, 만인은 말씀과 성례전을 받음으로써 그리스도의 구원 사역에 참여할 수 있다. 칼빈주의자들은, 역설적으로, 영원한 견인을 믿으면서도 자주 불안함을 느끼는데, 이는 자신이 구원받은 무리에 속해 있는지 알 수 없기 때문이다. 루터교인들은 구원이 상실될 수 있다고 믿는다. 곧, 세례받은 사람들과 회심한 사람들 모두가 믿음 안에서 인내하는 것은 아니다. 그러나 루터교인들은 말씀과 성례전을 받음에서 오는 구원의 확실성을 강조한다.

이 메타교회적 특질은 기독교의 다른 특성과 주제들motifs에 대한 루터교의 관계에서도 볼 수 있다. 루터교는 기독교의 지적 전통을 긍정하여 교육 사업에, 또한 예술과 문화에 역사적으로 기여하는 것에 높은 가치를 둔다. 그럼에도 루터교는 이성주의를 거부하고 개인 경건을 장려한다. 오늘날 카리스마파 신자들이 다양한 "영적 은사들"을 통한 개인의 초자연적 경험을 강조하듯이, 루터교인들은 성례전에서 주어지는 은사들 참여를 통한 개인의 초자연적 경험을 강조한다. 루터교인들은 교회가 세상으로부터 분리되어야 한다는 재세례파에 동의하는 만큼이나 그리스도인은 세상을 더 나은 곳으로 만들어야 한다고 말하는 사회 운동가들에 동의한다. 루터교는 발생 초기부터 혁명적인 동시에 보수적이었으며, 개인적인 동시에 공동체적이었다. 루터교 영성의 유산은 루터교를 낳은 초대와 중세의 전통뿐만 아니라, 어떤 의미에서 그것이 낳은 다른 모든 전통에 영향을 주고 그것들을 서로 조화시킬 수 있다.

그러나 이러한 메타교회는 20세기의 모더니스트적 에큐메니컬 운동의 의미에서, 또는 다양성 자체를 위해 다양성을 포용하는 포스트모던적 상대주의 차원에서, "에큐메니컬"한 것은 아니다. 루터파 기독교는 다양한 기독교 전통의 특성들을 최소화함으로써 기독교 일치를 이루려고 하는 대신, 그 특성들을 강조한다.

성례전적이고 의식적인, 개신교의 또 다른 분파인 성공회와 루터교회의 접근 방식의 차이를 보라. 루터교회와 역사적으로 많은 연관이 있는 성공회는 가톨릭과 개신교의 "중간 길"을 택했다. 그들은 가톨릭이나 칼빈주의나 복음주의 배경을 지닌 사람들이 양심에 거리낌 없이 합의점을 찾고 교제할 수 있도록, 예컨대, 광범위한 신조를 수용하고 성례전에 대한 교리적 진술을 폭넓게 표현한다. 그러나 루터교인들은 자신의 가르침을 매우 정밀하게 정의한다. 그들은 성공회교도처럼 공동의 예배에서가 아니라—물론 루터교인들은 의식 예배를 드리며 다양한 실천을 허용하지만—교리적 동의에서 일치를 추구한다.[30]

메타교회로서 루터파 기독교에는 그 포괄적 성격에서 나오는 자신만의 독특함이 있다.

루터교 관점에서 가톨릭교회는 *충분히* 가톨릭적이지 않다. 그들은 트렌트 공

---

30) "교회의 참된 일치를 위해서는 복음의 교리와 성례전의 집행에 관하여 동의하는 것으로 충분하다. 인간의 전통들 곧 인간이 제정한 의식들rites과 예식들ceremonies이 어디서나 같아야 할 필요는 없다. 바울이 말하듯 '주도 한 분이시요 믿음도 하나요 세례도 하나요 하나님도 한 분이시니 곧 만유의 아버지시라'(엡 4:5-6)" (Augsburg Confession, Art VII, paragraphs 2-4).

의회 이후 줄곧 모든 개신교도를 보편교회에서 배제했다. 현대 가톨릭은 개신교도가 그리스도인이 될 수 있다고 인정하기 시작했지만, 교황의 권위 아래로 돌아오지 않는 이상 그들은 여전히 보편교회 밖에 있다.

마찬가지로 카리스마파는 *충분히* 카리스마적이지 않다. *카리스마*는 "은사"라는 의미의 그리스어이다. 기독교는 참으로 은혜로우신 하나님의 은사들에 관한 것이다. 그러나 카리스마파는 그들 속으로 들어가 무아경의 방언과 계시와 기적의 능력들을 주실 성령을 본다. 그러나 루터교인에게 하나님이 주시는 믿음, 구원, 성령의 초자연적 은사들은 하나님 말씀과 그리스도의 성례전이라는 객관적 은사들을 통해 바깥으로부터 온다.

마찬가지로, 복음주의자들은 *충분히* 복음주의적이지 않다. *복음주의적*이란 말은 "복음"을 뜻하는 그리스어에서 왔다. 칼빈주의자들이 *개혁주의*라는 이름으로 불리듯 유럽에서 루터교인들은 *복음주의*라는 이름으로 불린다. 이것은 이 메타교회에 훨씬 적합한 표현이다. 왜냐하면 특정인(마르틴 루터)의 사상보다 복음이 가르침의 중심에 있기 때문이다. 그러나 현재, 특히 영어권에서 복음주의자는 개인의 회심과 성경을 믿는 모든 신자를 가리킨다. 그러나 그들은 자주 복음을 저 회심의 순간에 유보한다. 그런 다음 그들은 다시 율법 아래 놓이는 경향이 있다. 그러나 루터교 복음주의자들에게 그리스도의 죄 사함의 복음은 신자들이 계속해서 되돌아가야 하는 원점이다.

그러므로 루터교인은 메타가톨릭이고 메타카리스마파이며 메타복음주의자이다.

새 종교개혁의 이슈들

그러면 어떻게 이 메타교회가 500년 전 그랬던 것처럼 21세기에도 개혁의 불을 지필 수 있을 까? 교회와 사회 내 개혁이 필요한 이슈들은 무엇일까? 이것이 이제부터 다룰 주제이다. 몇 가지를 언급해 보자.

첫째, 다른 모든 세기처럼 21세기의 근본 문제는 죄이다. 그리고 해결책은 그리스도의 십자가이다. 그러나 오늘날 서구 사회에는 사람들이 자신의 죄성을 깨닫는 것을 어렵게 하는 세계관, 문화적 유행, 사각지대가 있다. 교회 자체에도 그리스도 십자가의 효력 있는 선포를 방해하는 자신만의 세계관, 문화적 유행, 사각지대가 있다.

하나님을 왜곡하기. 하나님에 대한 생각 자체가 21세기에 왜곡되었다. 앞으로 논의할 여러 이유로 인해 하나님은 객관적이고 일상적인 실재의 영역에서 추방되었다. 세속주의자들은 자신들이 전적으로 하나님을 배제한 채 잘 살 수 있다고 상상한다. 그런데 하나님을 믿는 이들조차 하나님에 대해 다음 두 가지 중 하나로 생각한다. 하나는, 하나님을 전적으로 초월적인 존재로—추상화와 무관련성의 지점까지—생각한다. 십대와 젊은 성인들 사이에 만연한 도덕적, 테라피적 이신론이 대표적 예다. 또 하나는, 많은 그리스도교인이 그렇듯 하나님을 인간 속에 내주하시는 분으로—간혹 하나님을 자기 자신들과 혼동할 정도로—생각한다.

많은 교회의 가르침에서조차 하나님이 예수 그리스도 안에서 성육신하셨다는 독특한 기독교적 인식이 대체로 부재한다. 하나님은 인간의 육신을 취하셨다. 하나님은 실제적, 객관적, 물질적 세계에서 인간의 삶을 사셨다. 성육하신 하나님의 아들은 여전히 그의 백성과 함께 계신다. 모든 그리스도인이 성육신과 그리스도의 신성을 인정하지만 오늘날 이 가르침이 자주 뒤로 밀려나거나 더 높은 우선순위의 가르침들 아래 묻힌다는 것은 확실하다. 그러나 루터파 기독교는 전 기독교의 이 본질적 가르침을 절대 중심으로 삼는다. 또한 물질적 요소 안의 그리스도의 참된 실재를 강조하는 루터교의 성례전 중시주의는 하나님의 객관적 현존의 진리를 지속적으로 상기시키고 강화한다.

영지주의 이단. 상상에 의한 하나님 추방—물론 하나님은 실제로 추방되시지 않고 늘 계시던 곳에 계시지만—과 연관된 것은 객관적, 물질적 영역에 대한 전반적인 폄하다. 이것은 역설적인데, 오늘날 많은 세속주의자는 물질 영역이 존재하는 전부라고 믿기 때문이다. 그러나 그들은 물질 영역이 우리가 부여하는 주관적 의미와는 별개로 어떠한 의미를 갖는 것을 부정한다. 포스트모더니스트는 객관적 진리의 가능성을 전적으로 부정하며 진리처럼 보이는 것은 단지 개인적이거나 문화적인 구축물이라고 주장한다. 더욱이 포스트모더니스트는 객관적인 도덕 기준의 가능성도 거부한다. 도덕은 사회적 조합으로서 권력의 속임수에 불과하다. 그러나 개인은 자신의 규칙을 "선택"할 수 있고 "자신"에게 무엇이 옳은지 결정할 수 있다.

이 모든 것은 영지주의 이단의 부활에 해당한다. 영지주의자들은 하나님이 아니라 마귀가 우주를 창조했다고 가르쳤으며 예수 그리스도가 "육체로 오신 것"을 부정하면서(요일 4:1-3) 몸을 포함한 물질세계의 영적 의미를 거부했다. 간혹 육체에 대한 이 거부가 하나님의 선물을 금욕적으로 부정하는 것으로 나타났지만(딤전 4:1-5), 전적인 도덕적 방종으로도 나타났다. 영지주의자들에 따르면 우리가 육체로 행하는 것은 우리의 영적 상태와 아무 관련이 없기 때문이다(고전 6:12-20). 그 초영성hyperspirituality에서 영지주의는 구원이 숨겨진 엘리트 지식gnosis(영지)을 얻는 것과 관련 있으며 예수는 많은 영적 지도자 중 하나라고 가르쳤다.

학자들은 미국 종교 안에 내포된 영지주의적 요소들을 연구했지만, 많은 자유주의 신학자는 정통 기독교에 대한 대안으로 "억압받았던" 영지주의를 대놓고 받아들이고 있다. 특히 페미니스트 신학자들이 이에 해당한다.[31] 그들은 영지주의가 몸의 영적 의미를 거부함으로써 여성 안수, 여성과 남성의 완전한 동등

---

31) Elaine Pagels의 글을 보라. 특히, *The Gnostic Gospels* (New York: Vintage Books, 1979).

성, 성과 젠더의 전적인 무관함을 지지한다고 느낀다. 오늘날 유행하는 영지주의는 성적 부도덕, 출산거부, 테크놀로지로 몸을 대체하는 "트랜스휴머니스트 transhumanist" 프로젝트, 자연과 자연법에 대한 무관심뿐만 아니라 트랜스젠더리즘(transgenderism. 개인 성별의 정체성은 몸과 구별되어 있다는 견해)에서도 명백하다.

《미국 종교 The American Religion》에서 해럴드 블룸은 미국에서 시작된 모든 종교(모르몬교, 크리스천 사이언스, 뉴에이지 영성)와 기독교의 미국 버전(제칠일안식일예수재림교회, 여호와의 증인, 오순절교회, 남침례교, 근본주의)이 본질적으로 영지주의적이라고 주장한다.[32] 자신을 영지주의자라고 간주하는 블룸은 영지주의에 반대하는 세 그룹으로 유대교인, 가톨릭 신자, 루터교 신자를 꼽는다.

오늘날도 마찬가지다. 창조, 성육신, 성례전 속 하나님의 현존, 하나님의 세계 통치, 인간 소명 속 하나님의 참여를 중시하는 루터교는 하나님에 대한 믿음만 아니라 실재에 대한 믿음도 되살릴 수 있다.

율법과 복음의 혼동과 거부. 포스트모더니즘의 영지주의적 전제들은 어떠한 종류의 객관적 도덕 질서도 약화시킨다. 그래서 오늘날 많은 사람이 도덕적 절대를 상상하는 것조차 어렵게 되었다. 그들은 자신의 도덕을 창조한다고 참으로 믿는다. 그들은 낙태 찬성파로서, 어떤 여성이 아기를 낳든 낳지 않든 그 결과를 자유롭게 선택하는 한 그 선택은 "그녀에게" 옳다. 이러한 선택의 윤리는 오늘날 안락사에서 인간관계에 이르기까지 여타의 도덕적 쟁점들에서도 분명하다. 사람에게는 여전히 도덕적 감수성—하나님의 율법이 그들 마음에 새겨졌다(롬 2:15)—이 있다. 그러나 그들은 자기 명분을 위해 이것을 하나님의 계명과 무관한 것으로 만든다. 무엇보다 그들은 자신이 더 쉽게 지킬 수

---

32) Harold Bloom, *The American Religion* (New York: Chu Hartley Publishers, 2006). 그는 이 미국 종교들 각각이 물질세계를 경시하고 더 높은 "영적인" 상태를 중시하는 것을 보여 준다. 그것들은 또한 이전에는 숨겨졌던 어떤 지식을 밝힌다고 주장한다. 그리고 어떤 경우에는, 모르몬교와 뉴에이지 운동처럼 고대의 영지주의 신화와 유사한 이야기들을 사용한다.

있는 개인적 도덕을 작성한다. 이 도덕은 태도, 정치적 신념, 자애로운 감정에 근거할 것이다. 이 도덕이 말하는 선행은 재활용하기와 바르게 투표하기 그리고 관용의 행동으로 이루어질 것이다. 역설적이게도, 오늘날 사람들은 성적으로 난잡하고 "전통적 도덕"의 다른 원리들을 어기면서도 여전히 "나는 좋은 사람이야"라고 주장한다. 그들은 의롭지 않으면서 스스로 의롭다고 생각한다. 이런 식으로 그들은 기껏 도덕적 율법주의자가 된다. 만일 그들이 이런 식으로 사고한다면 그들은 자신의 선함 때문에 천국에 갈 자격이 있다고 믿을 것이다.

오늘날 교회가 이 비도덕적 도덕주의자들을 다루기는 어렵다. 교회 역시 율법과 복음을 자주 혼동하기 때문이다. 오늘날 많은 교회가 율법만 설교하고 기독교를 개인적 행동의 문제로 만든다. 그러나 그들은 복음을 율법으로 만듦으로써, 곧 그리스도 신앙을 개인이 *행*해야 하는 어떤 것으로, 또는 포스트모더니즘 식으로 하자면 개인이 *선택*해야 하는 어떤 것으로 만듦으로써 그렇게 한다. 다른 교회들은 복음을 설교하긴 하지만 회심을 위해서만 하며, 그런 다음 그리스도인이 결국 율법에 신뢰를 두도록 북돋운다. 또 다른 교회들은 율법이 그리스도인의 삶에 아무 관련 *없다*는 식으로 복음을 설교하면서 그리스도 신앙을 고백하는 이들의 모든 부도덕을 눈감아 준다. 또 다른 교회들은 율법이든 복음이든 설교하지 않고 "인생 상담"류의 감화나 정치나 번영의 복음으로 대체한다.

"전통적 도덕"에 대한 눈곱만큼의 이해도 없는 포스트모던 세속주의자들은 도덕이 교회가 가르치는 전부가 될 때 전혀 관심 갖지 않는다. 또한 그들은 어차피 마음 내키는 대로 할 수 있는 것을 덮을 덮개로서 복음을 필요로 하지 않는다. 한편, 율법과 복음을 혼동하는 교회들은 세속주의자들을 회개로 이끌 수 없으며 삶을 변화시키는 그리스도의 메시지를 효과적으로 적용할 수 없다.

루터교회는 항상 하나님의 율법을 적용하여 죄의 가책을 받게 하는 방법을 개발했다. 율법의 이 "신학적 사용"은 자기 의의 모든 조각을 파괴하면서 회개를 유발하고 죄인들에게 복음의 필요성을 일깨운다. 이 복음에서 루터교회는 사람들의 죄와 그들이 받아야 할 벌을 담당하신 그리스도를 선포한다. 그리스도는 죄인들을 의롭게 하시고 사랑과 선행 안에서 활동적인 믿음을 창조하신다. 그러나 그리스도인은 죄와 싸우고 거룩하게 자라면서 지속적으로 율법과 복음 모두를 필요로 한다.

세속 세상에 대한 혼란스러운 대응

리처드 니부어 H. Richard Niebuhr가 보여 주었듯이 그리스도인들은 기독교와 문화 사이의 바른 관계 설정을 위해 오랫동안 노력했다.[33] 우리가 문화로부터 분리돼야 할 것인가, 문화에 맞출 것인가, 문화를 지배할 것인가, 문화를 변혁할 것인가? 오늘 이 선택지들은 다양한 신학적 전통에 따라, 그러나 이상하게도 혼란스러운 방식으로 계속된다. 어떤 그리스도인은 문화로부터 구별되지만, 자신이 반대하는 문화와 거의 다르지 않은 하부 문화를 세울 뿐이다. 자유주의자들은 독특한 기독교 신앙을 제거하는 지점까지 세속주의 문화에 맞춘다. 보수주의자들 역시 세속주의자들을 자신의 교회에 데려오려고 세속 문화에 맞춘다. 자유주의자들과 보수주의자들은 문화를 지배하거나 변혁하는 꿈을 꾼다. 따라서 현재 좌파의 사회 복음과 우파의 사회 복음이 있다. 교회는 이처럼 고도로 정치화되었으며 그 정체성이 그리스도의 십자가를 통한 영생의 선포보다 권력 추구에 의해 정해진다.

루터교는 문화의 문제를 풀었다. 두 왕국 교리를 통해서 말이다. 그 가르침은 다음과 같다. 하늘의 왕국과 세상의 왕국은 서로 혼동되어서는 안 되는 두 개

---

33) H. Richard Niebuhr, *Christ and Culture* (New York: Harper & Row, 1951).

의 독특한 영역이다. 그리스도인은 두 영역의 시민이며, 하나님은 다른 방식으로 통치하시지만 두 영역의 왕이시다. 세속 영역은 그 모든 세속성에도 불구하고 그것을 그분의 섭리적 돌보심, 창조 질서, 율법으로 통치하시는 하나님께 속한다. 영적 영역 역시 하나님의 영역으로서 하나님은 그분의 말씀, 구속, 복음으로 이 영역을 통치하신다. 그리스도인은 세상 속에서 자신의 믿음을 살아 내야하며, 이웃의 삶을 개선하고 자신의 소명을 신실하게 수행함으로써 하나님의 도덕법을 실천해야 한다. 한편, 그리스도인은 말씀과 성례전을 통해 믿음 안에서 자라며 결코 끝나지 않을 하늘 왕국의 삶을 위해 준비된다. 문화에 대한 루터교의 가르침은 그리스도인이 어떻게 "세상에 속하지" 않았지만 "세상 속에" (요 17:14-18) 있을 수 있는지 보여 준다.

이와 관련된 소명 교리는 일상의 관계와 삶의 임무가 어떻게 의미로 가득 채워져 있는지 보여 준다. 하나님은 우리의 가정, 일터, 교회, 문화 속의 다양한 소명 안에서 또한 그 소명들을 통해 일하신다. 소명 교리는 하나님이 우리의 삶을 의미와 가치와 그분의 현존으로 변화시키시기에, 우리가 일상의 삶을 지겨워하는 대신 어떻게 우리의 삶을 적극적으로 받아들일 수 있는지를 가르친다.

첫 번째 종교개혁은 하나님을 바르게 아는 것 그리고 세상을 평가 절하한 영성에 대한 혼란, 율법과 복음의 혼동, 교회의 정치 집중, 문화와 기독교의 관계, 일상의 삶 속 그리스도인의 소명관을 바로잡는 것과 관련 있었다. 그런데 이 이슈들은 500년 전보다 오늘날 더 고조되었다고 할 수 있다.

이 책은 오늘의 교회가 당면한 중요한 이 이슈들을 탐구할 것이다. 우리는 이것들을 좀 더 개인적인 관점에서 다룰 것인데, 그 이유는 이것들이 영적 투쟁 중에 있는 개개인—그리스도인과 비그리스도인 모두—에게 영향을 미치기 때문이다. 다음 열거한 오늘날의 종교적 난제들과 이에 대한 루터파 기독교의 대응을 고찰해보라.

❖ 종교적 추상화를 이해하는 데 어려움이 있는 이들에게 루터파 기독교는 인간 육체 속에 성육하신 하나님께 초점을 맞춘다. 이 하나님은 유형의 수단을 통해 자신을 알리시며 말씀, 물, 떡, 포도주 안에 참으로 임재하신다.

❖ 모든 종교, 제도, 가치가 권력의 주장에 불과하다고 믿는 이들에게 루터파 기독교는 자신의 전능을 내려놓으셨고, 말구유에서 태어나시고 십자가에서 죽으셨으며, 약함 가운데 있는 인간에게 약함 가운데에서 자신을 알리신 하나님을 강조한다.

❖ 자신의 삶이 의미 없다고 믿는 이들에게 루터파 기독교는 소명 교리를 제공하면서 하나님이 숨어 계시지만 일상의 일과 관계 속에 현존하신다는 것을 가르친다.

❖ 성취할 능력도 없고 그럴 마음도 없는 율법주의적 명령과 도덕적 요구를 내세우는 기독교를 멀리하게 된 이들에게 루터파 기독교는 하나님이 구원에 필요한 것을 성취하신다는, 도덕주의와 거리가 먼 신앙을 제공한다. 그 결과 도덕적 삶은 규정들의 외적 준수로부터 소명 안에서의 이웃사랑과 섬김으로 향하도록 재구성된다.

❖ 정치에 집착하는 교회에 정나미가 떨어진 이들에게 루터파 기독교는 영적 왕국(교회의 주된 일)과 지상의 왕국(거기서 우리가 시민으로서 소명을 갖는다)을 구별하며, 따라서 우리의 시민적 책임들을, 우리의 궁극적 관심사로 만들지 않으면서도, 긍정한다.

❖ 종교를 짐으로 느끼는 이들에게 루터파 기독교는 그리스도인의 자유를 선포한다.

❖ 영성을 추구하지만 이를 합리주의적 도그마와 관료주의적 제도에서 찾지 못하는 이들에게 루터파 기독교는 신비, 역설, 성례전 속 그리스도의 실제 임재에 중심을 둔 예배, 역사적 교회의 영적 유산을 제공한다.

❖ 교회 분열에 혼란스러워하고 분개하며 어떤 전통이 바른 것인지 모르는 이들에게 루터파 기독교는 독특하게 포괄적이어서, 복음적인 데다 가톨릭적이고, 말씀과 성례전을 모두 고수하여, 칼빈주의, 아르미니우스주의, 침례교, 오순절교회와 같은 개신교 분열들도 해결한다.

❖ 가정 문제로 인해, 또한 만연한 이혼과 외도 때문에 이런 이슈들에 대해 말할 자격을 상실한 교회로 인해 고심하는 이들에게 루터파 그리스도인은 소명 교리를 통해 결혼 제도에 활력을 불어넣은 증거를 제시할 수 있다.

❖ 고난당하는 이들과 관련해 루터파 기독교는 번영 신학과 고통받는 피조물을 하늘에서 내려다보며 아무것도 하지 않는 이신론적 신 모두 물리친다. 그 대신, 십자가 신학의 루터파 기독교는 온 세상의 슬픔을 스스로 담당하시고 고통받는 이들에게 당신 자신의 고통 안에서 다가오시는 하나님을 선포한다.

❖ 상대주의자들에게 루터파 기독교는 창조하시는 그분과 칭의하시는 그분을 가리키면서 이념적 구축과 자기 정당화의 틀을 깬다.

토론을 위한 질문

1. 당신은 번아웃된 신자나 영적 세속주의자들의 입장이 되어 볼 수 있는가? 예배 양식의 변화가 그런 당신을 움직일 수 있을까? 왜 그런가? 아니라면 왜 아닌가?

2. 가톨릭에서 개신교에 이르는 기독교의 전체 범위를 아우르는 교회는 어떤 모습일까? 그 교회는 다양한 부분적 관점들로부터 어떤 비판을 받을까?

3. 500년 전 종교개혁 시대와 오늘날 사이에는 어떤 유사점이 있는가?

2장

하나님 다시 생각하기

오늘날 세속 세상에는 "하나님이 없다." 이를테면 세상은 하나님 없이도 잘 지낼 수 있거나 하나님을 사고에서 배제하거나 하나님과 아무 관련 없이 지낸다. 이것이 바로 "세속적"이란 단어가 뜻하는 바다. 그러나 비록 세상에는 하나님이 없을 수 있지만 그 안에 사는 사람들에게도 꼭 그런 것은 아니다. 최근 갤럽 조사에 따르면 미국인의 89퍼센트가 하나님을 믿는다.[34] 유럽인들은 훨씬 더 비종교적이지만 51퍼센트는 하나님을 믿는다고 말하고 26퍼센트는 일종의 영 또는 생명의 힘을 느낀다고 말한다.[35] 문제는 신자나 불신자를 막론하고 오

---

[34] Frank Newport, "Most Americans Still Believe in God," *Gallup Polls*, June 29, 2016, www.gallup.com/poll/193271/americans-believe-god.aspx.
[35] TNS Opinion & Social, *Special Eurobarometer 73.1: Biotechnology* (Brussels, Belgium: European Commission, 2010), 203. 2017년 6월 16일에 접속함. web.archive.org/web/20101215001129/http://ec.europa.eu/public_opinion/archives/ebs/ebs_341_en.pdf.

늘날 사람들이 하나님을 생각하는 데 어려움을 느낀다는 것이다. 그들의 하나님관은 혼란스럽고 극도로 단순하며 성경에 드러난 것과 매우 다르다. 그들은 세상과 연결된 하나님을 생각하는 데에 어려움을 느낀다.

오늘날 하나님을 믿는 사람이나 믿지 않는 사람이나 모두 하나님을 우주 저 높이 계신 전적으로 초월적인 존재 또는 그들 속에 있는 영적 존재로 상상하는 경향이 있다. 둘 중 무엇이 됐든 이 세상과 일상생활의 평범한 현실은 대체로 하나님의 현존을 빼앗겼다.

하나님의 성경적 계시는 인간이 스스로 파악할 수 있는 부분적 진리들보다 더 복잡하다. 하나님은 전적으로 초월적인 분인데 이는 이신론자와 추상적 철학자가 이해하는 것보다 더 그렇다. 동시에 하나님은 그의 자녀들 마음속에 참으로 내주하신다. 그러나 오늘날 사람들이 자주 잊고 사는 또 다른 진리가 있는데 루터교는 특히 이를 강조한다. 곧 하나님이 육체 안에서 인간이 되셨다는 것이다. 또한 그는 물질적 수단―거룩한 세례의 물, 성찬식의 떡과 포도주―을 통해 세상과 일상사의 가장 평범한 영역들을 채우심으로써 계속해서 자신을 드러내신다.

이뿐만 아니라 그는 *행동하신다*. 하나님은 우리가 생각해 내야 하는 단순히 철학적 관념이거나, 우리의 노력으로 달래야만 하는 초연한 신성이거나, 우리가 올라가서 만나야 하는 신비로운 영적 실체가 아니다. 루터파 기독교는 하나님이 우리에게 내려오신다고, 우리를 구원하신다고, 스스로를 알려 주신다고 강조한다.

구름 속에 계신 하나님

우리는 보통 구름cloud이 하늘에서 응축된 수증기가 부풀어 오른 덩어리에 불과하다고 생각한다. 더 이상 그렇지 않다. 클라우드 컴퓨팅cloud computing이 이 단어에 전적으로 새로운 의미를 추가했다. 오늘날 클라우드는 인터넷상으로 데이터와 프로그램을 저장하고 접속할 수 있는 장소다. 사람들은 컴퓨터에 파일을 저장하는 대신 클라우드에 저장한다. 사진을 물리적 디스크에 저장하는 대신 클라우드에 저장한다.

클라우드는 어디에 있는가? 말하기 어렵다. 아마 저 밖 어딘가에 있다. 아마 저 위 어딘가에 있다. 빅푸트(Bigfoot. 미국과 캐나다 민화에 나오는, 거대한 발자국을 남기는 털북숭이 직립 원숭이-옮긴이)나 네스호 괴물 옆에 있을 수 있다. 어쨌든 우리가 알 수 있는 것은 그것이 우리 가까이 있지 않다는 것이다. 바로 이 때문에 클라우드라고 불린다. 하늘의 구름이 멀어 우리 손이 미치지 못하는 것처럼 클라우드 컴퓨팅은 모든 것을 먼 곳에 저장한다.

클라우드에 저장할 때 파일은 어디로 가는가? 답하기 어렵다. 컴퓨터의 하드 드라이브에 있지 않다. 휴대용 저장 장치나 이동 가능한 하드 디스크에 있지 않다. 파일은 물리적으로 존재하지 않는다. 그것은 인터넷상의 멀리 떨어진 어딘가로 간다. 파일은 다시 필요할 때까지 구름에 둥둥 떠다니는 것 같다.

물론 파일이 클라우드에 저장될 때 그것이 어디로 가는지 실제로 이해하는 사람들이 있다. 컴퓨터 과학자, IT 기술자, 그 밖의 디지털 예언자들은 파일이 실제로 어디에 있는지 안다. 그들은 파일이 그들 컴퓨터에서 흔히 수천 마일 떨어진 서버에 저장돼 있는 것을 안다. 원거리에 있는 이 서버는 인터넷을 통해 데이터를 보내고 받는다. 예컨대 페이스북은 스웨덴 북쪽 북극권에 위치한 거대한 서버군(서버 농장이라 불린다)에 의존한다. 파일들이 존재하는 물리적 장소가 있지만 보통의 사용자는 그것이 어디에 있는지 짐작하지 못한다. 우리 대부분에게 그것은 구름 어딘가에 있는 것처럼 보인다.

이신론

현대 영성은 하나님이 꼭 *클라우드*는 아니더라도 구름 속 어딘가에 계신다고 상상한다. 우리는 파일들이 클라우드에 저장될 때 어디에 있는지 알 수 없는 것처럼 하나님이 어디에 계신지 참으로 알지 못한다. 하나님은 저 밖 어딘가에 계신다. 우리 손이 미치지 않는 어딘가에 계신다. 저 멀리 떨어져 계신다. 관념과 수수께끼 속에 머무신다. 아마 하나님은 하늘 위 구름 저 너머에 계실지 모른다. 하나님은 북극권 바로 너머에 계실지 모른다. 하나님이 어디 계시든 그곳은 분명 여기가 아니다.

멀리 떨어져 있는 신의 개념은 이신론의 중심 교리이다. 이신론은 그 기원이 고대로 올라가지만 17세기와 18세기 계몽주의시기에 유럽 전역에서 대유행을 했다. 이 시기에 영향력 있는 많은 사상가—존 로크, 매튜 틴달, 볼테르, 벤저민 프랭클린, 토마스 제퍼슨 등—이 이런저런 형태의 이신론을 신봉했다. 이신론적 신학은 신에 대한 애매한 신앙을 유지하는 한편 많은 기독교의 핵심 가르침—삼위일체 교리, 예수님의 신성과 기적들, 성경의 무오성—은 버렸다. 이런 가르침은 신적 계시에서 온 것인데, 이신론은 계몽주의의 교의를 따라 오직 이성에만 근거한 종교가 되려고 애썼다. 이신론은 신이 존재하되 세상일에 간섭하지 않는다는 믿음을 고수한다. 신은 세상을 창조하고 그것에 합리성을 부여한 다음 떠났다.

날카로운 재치와 더 날카로운 풍자로 유명한 프랑스 작가 볼테르는 이신론적인 하나님 신앙을 이렇게 요약했다. "전하께서 이집트에 배를 보내실 때 그 배 안에 쥐들이 잘 있는지 못 있는지 염려하시는가?"[36] 왕이 배 밑창에 있는 짐승을 염려하지 않듯이 하나님은 개별 인간의 안녕에는 관심이 없으시다. 우주의

---

36) *Candide*, chapter 30.

위대한 건축가는 인간의 고난과 고통, 희망과 두려움 같은 데 시간을 허비하지 않으신다. 이신론은 멀리 있고 무정하며 창조 세계에서 아득히 떨어져 있는 하나님을 그린다.

현대적 형태의 이신론

현대 영성은 이신론의 여러 핵심 신념들 위에 세워져 있는 한편, 자주 도덕적 테라피적 이신론이라는 평가를 받는다.[37] 오늘날 사람들 사이에서는 하나님이 어떤 식으로든 존재하며 우주 안에서 숨겨진 활동을 계속한다는 믿음이 널리 퍼져 있다. 그러나 볼테르 신학의 더 친밀하고 점잖은 버전에서는 이 신성이 사람들이 서로 선하게 대하며 각자 최선을 다하고 대체로 행복한 삶을 누리길 원한다. 그러나 그는 "도덕적 비판"은 하지 않는다. 그의 추종자들은 십계명이 아니라 관용과 친절을 내세우는 도덕주의자들이다. 매일의 인간 삶에 특별히 관여하는 하나님은 필요하지 않다. 하나님은 세상으로부터 초연히 떨어져 있고 저 바깥 어딘가에 거주하며 인간의 삶에 크게 간섭하지 않는다.

이러한 현대 영성에 의하면 하나님의 냉담한 태도에는 한 가지 예외가 있는데 바로 어떤 문제가 발생할 때다. 어떤 문제가 쉽게 해결되지 못할 때 하나님이 팔을 걷어붙이고 일하도록 호출된다. 하지만 이처럼 하나님을 필요로 하는 경우는 드물다. 이처럼 하나님이 세상 안에 실제로 가까이 있을 때는 드물고 또한 순식간에 지나간다. 문제가 해결되고 나면 하나님은 다시 구름 속으로 퇴각하여 그가 필요해지는 다음 시간을 기다린다. 그 한 예를 9.11 테러 이후 미국인의 예배 참석률이 단기간에 치솟은 것에서 볼 수 있다. 비록 이 공격 이후 교회 출석률이 상당히 증가했지만 이 증가는 일시적이었고 미국 내 종교 상황을 바

---

37) Christian Smith and Melinda Lundquist Denton, *Soul Searching: The Religious and Spiritual Lives of American Teenagers* (New York: Oxford Universtiy Press, 2005), 118-70.

꾸는 데도 별로 한 일이 없다.[38] 더 흔히는, 하나님의 도움이 테라피적 관점에서 이해된다. 만일 우리가 그의 원칙을 따르는 법을 배울 수 있다면 또는 그처럼 관용하며 선해지는 법을 배울 수 있다면 우리는 실수를 극복하고 개인적 문제를 해결하며 행복에 이르는 일을 더 훌륭히 해낼 것이다.

이러한 현대적 형태의 이신론에는 몇 가지 심각한 문제가 있다. 그것은 영적인 빈혈 상태라서 사람들이 더 많은 것을 끝없이 추구하도록 내버려 둔다. 이 현대적 형태의 이신론은 기껏해야 더 강하고 더 진하며 카페인이 듬뿍 든 커피를 마시고 싶게 만들 뿐인 연한 디카페인 커피와 같다. 최악의 경우, 이러한 이신론은 사람들이 하나님을 어디서 발견할 수 있을지 궁금해 하며 공허한 우주를 쳐다볼 때 처절한 절망 속에 내버려 둔다.

멀리 있고 초연한 신성에 의존하는 현대 영성은 우리에게 만족을 주기가 불가능하다. 만일 하나님이 구름 속에 머문다면 그는 당신의 삶에 대해 아무것도 모른다. 만일 하나님이 먼 곳에 거주한다면 그는 인간의 상처와 고통에 대해 아무것도 모른다. 그는 당신을 대기실에 몇 시간 동안 기다리게 했다가 진료실에 불러들여 진통제 처방전을 써 주고 신속히 떠나는 의사와 같다. 이런 테라피적 신성은 당신이 계속 만나러 가는 정신과 의사와 같은데, 사실 계속 이야기를 늘어놓는 쪽은 당신이다.

만일 하나님이 구름 속 어딘가에 있다면 그는 인간 삶의 깊이와 넓이에 대해 아무것도 모른다. 만일 하나님이 문제가 생길 때만 등장한다면 그는 인간됨의 모든 풍부함을 알지 못한다. 인간 기쁨의 복잡성은 백만 마일 떨어진 곳에서 볼 수 없다. 이 삶의 다채로운 아름다움은 멀리서 바라볼 때 놓친다. 먼 곳에 거하는 하나님은 음식 맛을 보고 땅의 내음을 맡고 밤하늘의 반짝이는 아름다움을

---

38) Jeremy E. Uecker, "Religious and Spiritual Responses to 9/11: Evidence from the Add Health Study," *Sociological Spectrum: The Official Journal of the Mid-South Sociological Association* 28, no. 5 (2008): 477-509, www.ncbi.nlm.nih.gov/pmc/articles/PMC3118577.

쳐다보는 것이 무엇인지 알지 못한다. 현대 이신론의 영성은 인간 경험에 관한 하나님을 꽤 무지한 존재로 그린다. 그는 너무 멀리 떨어져 있기 때문에 인간이 된다는 것이 어떠한 것인지 알 길이 없다.

구름 어딘가에 머물러 있는 하나님의 이미지는 그가 항상 멀리 있으며 우리 이해를 넘어선다는 것을 의미한다. 이는 거꾸로, 인간이 하나님에게서 멀리 떨어져 있고 하나님의 이해를 넘어선다는 것을 의미한다. 우리는 그를 파악할 수 없고 그 역시 우리를 충분히 파악할 수 없다. *하나님과의 참으로 의미 있는 관계가 존재하려면 그는 인간과 가까이 있어야 한다.* 하나님은 인간이 된다는 것이 어떤 것인지 충분히 또한 완전히 알아야 한다. 우리와 하나님을 나누는 넓고 깊은 틈 위로 다리가 놓여야 한다. 현대 영성은 하나님의 위치를 재배치해야 하며 재형상화re-image해야 한다. 우리는 가까이 현존하시고 세상사에 전적으로 개입하시며 인간이 된다는 것이 어떤 의미인지를 완전히 아시는 하나님을 갖는다는 것의 의미를 되찾아야 한다. 루터교는 이러한 하나님을 바로 알 수 있게 해 준다.

안에 계신 하나님

계몽주의는 물리 법칙부터 유기체의 설계에 이르기까지 초기 과학자들이 발견한 우주와 우주의 질서 정연함을 설명하기 위해 신—계시보다 이성을 통해서만 알 수 있는 신—이 필요했다. 그러자 다윈이 하나님을 전적으로 배제한 종들의 기원에 관한 설명을 제시했다. 그러므로 많은 사람은 우주의 기원 역시 하나님 없이 설명될 수 있다고 생각하게 되었다. 자연법칙은 법칙의 수여자 없이 있게 된 것이다. 우주를 이해할 수 있게 만든 그 안의 분명한 디자인은 배제되고 비인격적이고 무작위적인 물리적 과정이 들어섰다. 이처럼, 19세기 이성의 시기는 물질주의의 시기로 변이되었다. 이 세계관에 따르면 물질 영역이 존재하는 전부다. 나아가 과학적 경험주의에 의해 드러난 것만이 유일한 종류의 진리다. 이처럼 많은 사상가에게 이신론은 무신론으로 대체되었다.

그러나 만일 물질적 우주 뒤에, 심지어 원거리에서조차, 하나님이 부재한다면 또한 우주에 아무런 설계가 없다면 우주는 아무런 의미를 갖지 못한다. 그렇다. 자연은 물리와 수학 법칙에 따라 움직이는 것 같다. 그러나 이런 외관상의 질서에는 아무런 목적이나 내적 가치나 중요성이 없다. 자연법칙은 무한대의 프로그래밍 루프(컴퓨터 프로그래밍에서, 어떤 조건에 도달할 때까지 계속 반복되는 일련의 명령문들을 말함-옮긴이)처럼 의미 없는 반복일 뿐이다.

이 세계관에 따르면, 의미는 오직 인간의 주관성 영역에서만 찾을 수 있다. 곧 인간은 오직 그들 안에서만 의미를 찾는다. 이런 사고는 개인이 자신의 의미를 창조해야 한다는 실존주의 철학을 우리에게 주었다. "의미"가 주관적 구축물이라는 이해는 회의주의와 상대주의를 특징으로 하는 포스트모더니즘의 핵심 전제다. 이것은 하나님에 대한 다른 이해에도 일조했다.

계몽주의의 뒤를 이은 경건주의는 성경이 묘사하듯 하나님을 만물을 채우시는 분으로(엡 1:15-23), 또는 세상 너머에 계신 초월적 존재로 생각하는 대신, 내부에 존재하는 하나님에게 초점을 맞추었다. 이처럼 기독교는 경험과 내적 느낌과 내부의 영적 상태의 관점에서 이해되기 시작했다.

산업 혁명이 영국 전역에 퍼지자 존 웨슬리의 감리교회는 인간 의지가 촉발한 개인 회심의 중요성을 강조했다. 그 결과 그리스도는 인간 내부에 거하실 것이었다. 미국에서는 20세기 모더니즘의 등장과 함께 성령의 내주를 강조하는 오순절운동이 등장했다. 이 신학들은 루터 당시의, 그 문자적 의미가 "안에en 있는 신theos"이라는 "열광주의자들enthusiasts"을 떠올리게 한다. 기독교에 대한 의도적으로 비이성적인 이 접근이 "이성의 시대"에 두각을 나타낸 것은 아이러니다. 하나님이 피조물을 초월하시는 것과 똑같이 인간 마음에 내주하신다는 것은 사실이지만, 또 이런 운동에서 많은 이가 그리스도에 대한 진실된 믿음을 보였지만, 기독교의 어떤 요소들―성례전, 교회, 구원의 객관성―은 최소화되었다.

오늘날 하나님을 사람 속에서 발견할 수 있다는 관념에는 비기독교적 형태도 있다. 힌두교는 사람 속에 있는 신성인 아트만을 가르친다. 힌두교도들은 명상과 요가 같은 훈련을 통해 환상의 이 세계로부터 자신을 분리하는 법을 배우면서 점점 더 깊이 자신 속으로 들어가다가 마침내 전혀 다른 종류의 계몽을 얻는다. 그들은 이 깨달음 속에서 아트만과 하나가 된다. 힌두교는 서구에서 뉴에이지 운동에 영향을 주었는데, 이 운동도 내부에서 신을 찾는 것에 대해 말하며 자기self의 신성을 긍정한다. 반쯤 세속화된 힌두교의 형태는 요가와 명상의 최신 유행에서 눈에 띈다. "영적이지만 종교적이지 않은" 사람들은 흔히 기독교든 힌두교든 틀에 박힌 종교적 요소를 거부하고, 영적 영역을 찾을 곳이라 가정하여 자신의 내부로 들어감으로써 영성의 계발을 꾀한다.

통속 심리학과 대중문화의 상투적 문구들은 우리가 어떻게 자신의 실재를 창조하며 우리에게 적합한 도덕적 신념을 선택해야 할지에 대해 끊임없이 이야기한다. 이것은 포스트모더니스트의 더 정교한 구성주의constructivism와 일치한다. 그러나 그런 생각들은 창조주와 입법자이신 하나님의 자리를 거리낌 없이 차지하는 것과 같다.

기독교가 내적 상태로 또한 자아의 한 기능으로 간주될 때 그리스도인은 자신의 역량에만 의존할 수밖에 없다. 하나님과의 관계는 흔히 개인의 의지 안에서 유래하는 것으로 간주된다. 이것은 도덕과 신앙 체계의 구성에 있어 "선택"에 대한 포스트모더니스트적 강조와 일치하지만, 도덕주의와 율법주의로도 쉽게 바뀔 수 있다. 곧, 하나님에 대한 신자의 지위는 그의 노력과 선행과 종교 경험에 의해 좌우된다. 인간 의지가 불안정하고 죄 된 본성이 계속 본모습을 드러내기 때문에 그리스도인은 자주 구원과 하나님의 호의에 대한 불확실성으로 인해 고통 받는다. 동시에, 이 사사화私事化된 종교는 반율법주의적 방종으로 나타날 수 있다. 외부 세계가 내 신앙과 아무런 관련이 없다면 왜 내 행동이나 내가 다른 사람을 대하는 방식이 중요한 일인가? 나는 내부에 있는 하나님과 관계 맺고 있으며 그는 분명 나를 사랑하신다. 그러니 이러나저러나 무슨 차이가 있는가? 참으로 "자아"의 기독교는 교회나 다른 신자들을 거의 필요로 하지 않는다. 개인이 자신의 신학을 구축하기 때문에 역사적 기독교의 신조와 교리는 아무 권위가 없다. 신자 각 사람은 근본적으로 혼자 있다. 이는 자기만족을 줄 수 있지만 시련과 고통의 시간이 올 때 "내가 참으로 구원받았나?" 또는 심지어 "하나님이 참으로 실재하시나? 아니면 내 머리 속에서만 존재하시나?"와 같은 질문을 거듭 제기할 수 있다.

하나님의 가까이하심: 성육신

하나님은 클라우드나 구름 속에 안 계신다. 관념 속에 안 계신다. 멀리 떨어진 영역, 은둔의 장소, 우리 이해를 뛰어넘는 절대 인식불능의 장소에 계시지 않는다. 주로 "자아" 안에 거하시는 것도 아니다. 오히려 하나님은 그리스도 예수 안에서 인간 육체를 취하심으로써 가장 친밀한 방식으로 우리 가까이 오셨다. "말씀이 육신이 되어 우리 가운데 거하시매 우리가 그의 영광을 보니 아버지의 독생자의 영광이요 은혜와 진리가 충만하더라"(요 1:14).

하나님은 예수 그리스도를 통해 우리 가까이 오셨다. 그러므로 하나님은 성육하신 예수님을 통해 알 수 있고 이해된다. 마르틴 루터는 이 점을 강조했다. "우리는 주 그리스도를 통하지 않고는 결코 성부의 은총과 호의에 관한 지식을 가질 수 없을 것이다. 예수님은 성부의 마음의 거울이다[요 14:9; 골 1:15; 엡 1:3]. 그분 밖에서 우리는 화나 있고 무서운 심판자만 본다."[39]

거울이 완전한 반사를 보여주듯 주듯 예수님은 성부의 마음의 완전한 반사이다. 그는 성부의 뜻과 바람, 계획과 목적과 전적으로 일치한다. 만일 당신이 하나님을 알고 싶으면 구름을 바라볼 필요가 없다. 당신 속을 들여다볼 필요가 없다. 하나님을 알고 싶으면 예수님을 알면 된다. 예수님은 성부의 완전한 거울 이미지이다. "그는 보이지 아니하는 하나님의 형상이시요 모든 피조물보다 먼저 나신 이시니"(골 1:15).

성부의 마음의 거울인 예수님은 하나님의 자비와 호의의 전적인 화신이다. 그가 성령에 의해 잉태될 때 하나님이 마리아의 태 안에서 신성과 인성을 같이 짜셨다. 그는 외딴 마을 베들레헴에서 겁에 질린 젊은 어머니에게서 태어났다. 그는 포악한 군주의 칼을 피해 가족과 함께 이집트로 도망한 망명자였다. 그는 나사렛의 먼지투성이 길을 걸었고 히브리어를 배웠으며 빵을 올리브유에 찍어 먹었고 장례식과 결혼식에 참석했다. 예수님은 가족과 우정, 정치적 압제와 독재자, 행복과 축하, 두려움과 떨림, 평화와 권력, 기쁨과 슬픔, 생과 사에 대해 직접 얻은 지식이 있었다. 그리스도 예수 안에서, 하나님은 인간이 된다는 것이 무엇인지 정확히 아신다.

우리가 예수님을 묘사하기 위해 사용하는 언어는 하나님의 가까우심을 강조한다. *성육신incarnation*이라는 단어는 라틴어 *carnis*에서 왔다. *carnis*는 "고기" 또는 "살"로 번역되며 예수님의 육적인 본성을 설명한다. 하나님은 예수님의 성육신(in-carnis-ation)에서 육체와 연합하셨다. 이 표현은 하나님이 인간의

---

39) Large Catechism, Part II, paragraph 65.

육체와 뼈, 근육과 힘줄, 피와 혈장, 그 외에 육체의 존재를 구성하는 모든 것을 취하셨다는 담대한 고백이다. 하나님은 이 세상에 너무나 가까이 오신 나머지 구원을 힘줄과, 그리스도를 살*carnis*과 얽히게 하셨다.

*인간human*이란 단어도 하나님의 가까우심을 생생히 묘사한다. 이 단어는 라틴어 *humus*에서 왔다. *humus*는 "흙" 또는 "먼지"로 번역되며 땅의 먼지로 창조된 인간의 미천한 근원을 이야기한다. 하나님은 땅의 흙을 취해 그 안에 생기를 불어 넣어 인간을 창조하셨다(창 2:7). 물론 인간의 육체는 대단히 놀랍게 만들어졌지만, 한낱 먼지에서 비롯된 것이다. 따라서 그리스도 예수—인간 육체 속 하나님—는 창조주와 피조물, 거룩함과 흙*humus*, 신성과 땅의 먼지(인간 육체)의 영원한 연합이다.

성육신은 하나님이 멀리 계시다는 관념을 물리친다. 자신의 창조물을 구하기 위해 인간 육체로 오시는 하나님과 관련해 추상적인 것은 전혀 없다. 살과 먼지는 우리 마음의 이해를 초월하는 개념이 아니다. 살과 먼지는 오히려 가장 단순하면서도 아주 흔한 인간 삶의 측면이다. 살*carnis*과 흙*humus*보다 더 육체적이고 손에 잡히는 것을 찾기는 어렵다. 하나님은 구름 속에 계시기보다 그리스도 예수 안에서 가장 접근하기 쉽고 이해 가능한 방식으로 오셨다.

또한 분명히 하건대 하나님은 단지 먼지 속에 뒹굴기 위해서 피조물 안으로 내려오신 것이 아니다. 그는 죄의 사슬에 묶인 피조물을 구원하고 죽음 한가운데에 영생을 가져오기 위해 오셨다. 하나님은 인간 육신을 회복하시기 위해 인간 육신을 입으셨다. 그는 타락한 세상을 죄의 거름과 진창에서 꺼내기 위해 세상 깊숙이 내려오셨다. C. S. 루이스는 성육신을 생생하게 묘사한다.

> 기독교의 이야기에서 하나님은 다시 오르시기 위해 내려오신다. 그는 절대적 존재의 높은 곳에서 시간과 공간 속으로, 인간 속으로 … 그가

창조하신 자연의 뿌리와 해저까지 내려오신다. 그러나 그가 내려오시는 것은 다시 오르시기 위해, 파멸한 세상을 데려가시기 위해서이다. 이런 그림을 생각할 수 있다. 힘센 사람이 허리를 점점 숙이다가 마침내 크고 복잡한 짐 아래로 들어간다. 그는 들어올리기 위해 몸을 숙여야 한다, 짐에 눌려 거의 사라질 정도가 되어야 한다. 마침내 그는 믿기지 않게 등을 곧게 펴고 두 어깨에 모든 창조의 덩어리를 짊어진 채 행진을 시작한다.[40]

하나님은 성육신한 그리스도를 통해 타락한 세상 속으로 내려오셨다. 하나님은 십자가에 높이 달리셨을 때 세상을 죄로부터 들어 올리셨다. 하나님은 제3일에 사망에서 생명으로 일으켜지셨을 때 세상을 일으키셨다. 하나님이 지극히 가까이 계심은 예수 그리스도의 성육신을 통해 알려진다. 이분이 바로 막연히 저 구름 속에 살지 않으시는 하나님이다.

만질 수 있는 하나님

모든 그리스도인이 믿듯이 하나님은 성부, 성자, 성령 삼위일체이시다. 성부 하나님이나 성령 하나님이 아니라 성자 하나님이 인성을 취하신 것이 맞지만, 신적 위격들의 하나됨은 우리가 하나님이 성육신했다고 말할 수 있음을 의미한다. 이것은 대부분의 사람이 상상하는 것과 전혀 다른 종류의 하나님을 드러낸다.
루터교 신학은 특히 이 주제에서 두드러지는데 그 이유는 지배적인 하나님상

---

40) C. S. Lewis, *Miracles* (New York: Macmillan, 1947), 112, 115-17.

이 구름 속에 있는 범접하기 어려운 심판자였던 시기에 이 신학이 발전했기 때문이다. 루터는—우리 시대와 매우 유사하게—사람들이 하나님을 예수 그리스도의 성육신과는 별개로 상상하려고 했던 세상에 살았다. 루터는 이 관행의 영적 위험에 대해 경고했다.

> 그러나 내가 자주 여러분에게 경고하듯, 참된 그리스도교 신학은 우리에게 모세와 여타 가르침들처럼 위엄 중에 계신 하나님을 제시하지 않고 동정녀에게서 태어나신 그리스도를 우리의 중보자와 대제사장으로 제시한다. 그러므로 우리가 하나님 면전에서 율법과 죄와 사망에 맞서 싸울 때 한가로이 억측이나 하며 하늘로 길을 잘못 들어 거기서 이해할 수 없는 능력과 지혜와 위엄 중에 계신 하나님을 조사하며 하나님이 어떻게 세상을 창조하셨고 어떻게 지금 통치하시는지 묻는 것보다 더 위험한 일은 없다. (LW[41]) 26:28-29)

루터는 신자들이 하늘을 헤매면서 구름 속 하나님에 대해 억측을 하는 대신 그들의 하나님상을 예수 그리스도의 성육신에 고정할 것을 권면했다.

> 하나님은 본성상 광대하시고 불가해하시고 무한하시기 때문에 인간의 본성이 이를 견딜 수 없다. 그러므로 만일 당신이 당신의 양심과 당신의 구원에 대해 안심하며 위험에서 벗어나길 바란다면 억측을 꾀하는 당신의 영을 점검하라. … 그러니 그리스도가 시작하신 곳—동정녀의 자궁 안, 구유 안, 그의 어머니의 가슴—에서 시작하라. 이 목

---

41) LW = Martin Luther, *Luther's Works*, 55 vols., eds. Jaroslav Pelikan and Helmut T. Lehmann (Philadelphia: Fortress and St. Louis: Concordia, 1955-1986).

적을 위해 그가 내려오셨고, 태어나셨고, 사람들 가운데 사셨고, 고난 당하셨고, 죽으셨다. 그리하여 그는 모든 가능한 방식으로 자신을 우리 눈에 보여 주신다. 그는 우리 마음의 시선이 그에게 고정되기를, 그래서 하늘로 기어올라 신적 위엄에 대해 억측하는 것을 막기를 원하셨다. (LW 26:29)

루터가 말하듯, 많은 사람에게 하나님은 "견딜 수 없"는 존재다. 그들은 구름 속이든 자아 속이든 하나님이라는 개념 자체를 받아들일 수 없다. 그들은 하나님을 믿지 않을 뿐더러 거부까지 한다. 사람들은 보통 어떤 존재—유령이든 UFO든—를 믿지 않으면 그것에 관심을 기울이지 않는다. 그러나 많은 무신론자는 그들이 존재하지 않는다고 주장하는 하나님에게 화내고, 그의 가혹한 도덕률에 반감을 품으며, 그가 세상의 모든 고난을 허용하는 것을 정죄한다. 물론 루터가 말하듯 그리스도를 떠나서는 하나님이 "화나 있고 두렵게" 보인다. 그러나 그의 예수 안 성육은 하나님을 전적으로 다른 관점으로, 은혜로우시고 사죄하시고 구원하시는 분으로 제시한다. 성자 하나님은 멀리서 악과 고난의 세상을 내려다보시기는커녕 세상에 들어오셔서 세상 죄와 슬픔을 스스로 짊어지셨다.

물론 모든 그리스도인이 성육신과 그리스도의 구원 사역을 믿지만, 루터는 대부분의 다른 신학자들이 말할 의향이 있는 정도(예수께서 하나님의 아들이라는 것, 하나님이 그의 아들의 희생을 받으셨다는 것, "하나님"과 "아들"은 서로 관련 있지만 분리된 존재라는 일반적인 말)를 넘어서는 담대함으로 이 생각을 밀어붙인다. 루터는 이들과 대조적으로 성육신이 우리의 하나님 개념 자체를 바꿔야 한다고 강조한다.

그러므로 당신이 칭의 교리를 생각하면서 죄인을 의롭다 하시고 받아

주시는 하나님을 어떻게, 어디서, 어떤 조건으로 발견할 것인지 궁금해 할 때마다 당신은 이 사람 예수 그리스도 외에는 다른 하나님이 없다는 것을 알아야 한다. 그리스도를 붙잡으라, 온 마음으로 그에게 매달리라, 그리고 신의 위엄에 관한 모든 억측을 물리쳐라. 왜냐하면 하나님의 위엄을 조사하는 사람은 누구나 그의 영광에 의해 불타 버릴 것이기 때문이다. … 우리는 이 성육신하신 인간 하나님 외에 다른 하나님을 바라보면 안 된다. (LW 26:29)

"이 사람 예수 그리스도 외에는 다른 하나님이 없다." 이 "인간 하나님" 외에는.

어디서 하나님을 찾을 것인가?

하나님은 만질 수 있는 방식으로, 그리스도 예수 안에서, 우리에게 아주 가까이 오셨다. 그러나 하나님의 이 가까이 하심과 만져서 알 수 있음은 승천으로 끝나지 않았다. 예수님이 구름 속으로 승천하셨지만 우리가 그를 찾기 위해 정처 없이 구름 속을 헤맬 필요는 없다. 그는 숨어 계시지만 세상(이에 대해서는 이 책의 뒷부분에서 다룰 것이다)과 교회(루터교 신학은 말씀과 성례전 속 하나님의 가까이 하심을 강조한다)에 현존하신다. 하나님이 어디에 계시는지 전혀 알지 못하는 세상에서 루터교 신학은 말씀 속, 성례전 속, 교회 속 하나님의 현존을 한껏 즐긴다.

말씀. 루터교 신학에는 외적 말씀을 통한 하나님의 적극적인 말씀하심에 대한 극히 예외적인 인식이 있다. 루터교 신학은 하나님이 당신에게 어떤 내적 감정이나 경험을 통해 말씀할 수 있는 은밀한 가능성을 강조하는 대신 하나님의 적극적 말씀하심speaking을 말씀Word 속에 뚜렷이 둔다. 외적인 말씀이 하나님이 선포하시는 장소다. 성경은 하나님이 오래전에 말씀하신, 멀고 먼 말들words 훨씬 그 이상이다. 성경은 현재 이 순간 하나님과의 직접적인 대면이며 맞닥뜨림이다. 하나님의 말씀하심은 하나님 말씀을 들을 때 현재의 순간 속으로 이전된다. 루터는 하나님 말씀의 청취를 그리스도가 그 안에서 우리에게 오시는 경험으로 이해했다.

> 당신이 복음서들을 담고 있는 책을 열거나, 어떻게 그리스도께서 여기저기 오시는지 또는 어떻게 사람이 그에게 인도되는지 들을 때 당신은 그 안에서 설교나 복음을 감지해야 한다. 이 복음을 통해 그는 당신에게 오고 계신다. 또는 당신이 그에게 인도되고 있다. 복음의 설교는 그리스도께서 우리에게 오시는 것 또는 우리가 그에게 인도되는 것 외에 아무것도 아니기 때문이다. (LW 35:121)

하나님 말씀의 선포는 복음서 봉독이나 설교에 불과한 것처럼 보일지 몰라도 실제로는 하나님이 지금 여기서 말씀하시는 행위이다. 선포는 하나님이 내려오셔서 당신의 귀에 대고 말씀하시는 것이다. 곧 하나님은 율법을 말씀하시고 당신의 죄악 된 마음을 조금씩 깎아 내시고 성령을 통해 당신을 회개로 이끄신다. 하나님은 그의 말씀 안에서 복음을 당신에게 알리시고 그리스도 예수 안의 구원을 선포하시고 당신을 자유롭게 하신다.

성례전. 하나님이 가까이하심은 성례전에서 친밀히 경험된다. 그러나 많은 기독교 전통은 "유한이 무한을 담지 못한다*finitum non capax infiniti*"고 결론 내렸다. 다른 말로 하면 이 기독교 전통들은 떡과 잔이 하나님의 현존을 담지 못한다고 주장한다. 무한하신 하나님은 결코 그렇게 유한한 요소 안에 자신을 두실 수 없다는 것이다. 루터교 신학은 성경에 기초하여 이 이해를 거부한다. 무한하신 하나님이 자주 자신을 유한한 요소들 안에 두셨다는 것은 성경 전체를 볼 때 분명하다. 하나님은 불타는 떨기나무에서 모세에게 말씀하셨고 평범한 땅을 거룩한 장소로 바꾸셨다(출 3:1-5). 하나님은 일정 기간 회막 안으로 들어가셨다(출 40:34-35). 하나님이 성전을 가득 채우셨기 때문에 제사장들이 그 안에 들어갈 수 없었다(왕상 8:10-11).

루터교 신학은 무한한 하나님을 담을 수 있는 어떤 타고난 능력이 유한한 것에 있다고 주장하지 않는다. 떨기나무나 떡에 하나님을 담을 수 있는 능력이 내재해 있는 것이 아니다. 그 대신 스웨덴 신학자 구스타브 아울렌Gustaf Aulén이 주장하듯,[42] 무한하신 하나님이 자신을 유한 속에 두신 것이다. 하나님은 그의 초월적 위엄으로부터 자의로 내려오셔서 이 세상의 유한 속에 자리하셨다. 그는 성찬의 떡과 포도주 안에, 함께, 아래에 현존하신다. 성령은 거룩한 세례의 물을 통해 전달된다. 그리스도의 평화는 사죄 선언에 온전히 현존한다. 무한하신 하나님은 가까이 계시면서(마 28:19-20) 언제나 그의 백성을 위로하시고 성례전 안에서, 또한 성례전을 통해 그들 가운데 내주하신다.

교회. 하나님은 말씀과 성례전 안에 숨어 계시지만 분명 자리해 계신다. 이는 말씀과 성례전 사역이 일어나는 곳인 교회가 이 세상에서 하나님이 현존하시는 장소라는 의미다. 하나님은 골프 코스에 계시겠다고 약속하지 않았다. 하나님은 아름다운 해돋이의 찬란함 속에서 또는 저녁노을의 고요 속에서 우리를 만나 주시겠다고 약속하지 않았다. 하나님은 우리 배 속에 있는 어떤 내적 감정을 수단으로 현존하시겠다고 결코 주장한 적이 없다. 오히려 하나님은 교회의 말씀과 성례전 사역 안에 현존하시겠다고 약속했다. "두세 사람이 내 이름으로 모

---

[42] Gustaf Aulén, *The Faith of the Christian Church*, trans. Eric Wahlstrom and Gr. Everett Arden (Philadelphia: The Muhlenberg Press, 1948), 57.

인 곳에는 나도 그들 중에 있느니라"(마 18:20).

루터교 신학은 지역 교회의 주일 예배에서 일어나는 하나님의 현존을 한껏 즐긴다. 하나님의 임재는 조명이 은은하고, 느낌이 좋고, 찬양 팀이 몰입해 있을 때만 일어나는 잠깐의 경험이 아니다.

하나님은 예배에 도착하기 전에 스모크 머신과 키보드 배경 음악을 기다리시는 분이 아니다. 하나님은 그리스도의 몸이 그의 이름으로 함께 모일 때 오신다. 그는 죄가 용서될 때 제단 주변을 그의 자비로운 현존으로 가득 채우신다. 그는 성경 낭독과 복음의 설교에서 가까이 오신다. 그는 외견상 단순하게 보이는 떡과 포도주 속에 실재하신다. 말씀과 성례전 사역을 통해 일어나는 하나님의 임재는 세상 기준으로는 싱겁고 시시하며 재미없어 보인다. 그럼에도 교회는 무한하신 하나님이 여기 우리 가운데 자리하시는 거룩한 땅이다.

물론 하나님의 임재는 파괴적일 수 있다. 구약은 불과 연기와 천둥의 산이 된 시내산에서 일어난 하나님 현존에 이스라엘 백성이 얼마나 "떨었는지"를 기록한다. 백성은 하나님이 "그들을 칠까" 두려워 감히 산을 만지지도 못했다(출 19:24). 강력한 발전기에서 나오는 전기 아크electrical arc나 원자로에서 나오는 방사능 폭발은 치명적일 수 있다. 그러나 죄인이며 이 땅의 죽을 목숨이 무한하시고 전능하시며 거룩하신 하나님의 현존에 들어가는 것은 훨씬 더 위험하다. 구약에서 이스라엘 백성은 중재자가 필요했다. 하나님은 모세를 주셨다. 하나님은 모세를 통해 자신의 말씀을 십계명으로 주셨다. 하나님은 오늘날 우리에게 훨씬 더 위대하고 영원한 중재자이신 예수님을 주셨다. 예수님은 완전한 인간과 완전한 신으로서 우리를 하나님에게서 분리하는 넓고 깊은 틈 위에 다리를 놓으신다. 그리하여 이제 하나님의 현존은 파괴하지 않고, 구원한다.

토론을 위한 질문

1. 만일 하나님이 저 "구름 속에"만 존재하신다고 믿는다면 당신의 신앙은 어떤 모습이 될까?

2. 만일 하나님이 "내 안에"만 존재하신다고 믿는다면 당신의 신앙은 어떤 모습이 될까?

3. 만일 "이 성육하시고 인간이신 하나님"인 예수 그리스도를 믿는다면 당신의 신앙은 어떤 모습이 될까?

4. "나는 어디서 하나님을 찾을 수 있는가?"라는 질문에 당신은 어떻게 답하겠는가?

3장

자기 정당화를 멈추라

 루터교의 핵심 가르침, "교회가 서기도 하고 넘어지기도 하는 조항"[43]은 칭의 justification이다. 루터교 신학의 생기 넘치는 골수는 그리스도의 사역을 믿는 믿음을 통한 은총의 칭의이다. "칭의"는 "올바른" 또는 "의로운" 또는 "옳은" 상태이거나, 그렇게 만들어졌거나, 그렇게 선언되는 것과 관련 있다. 루터교는 우리가 그리스도에 의해 의롭게 되었다고 가르친다. 그리스도는 우리의 죄를 짊어지시고 십자가에서 대속하셨으며 우리에게 *그의* 선을 전가하신다. 그리스도와 연합할 때—이 일은 세례와 성찬 때, 그리고 우리가 말씀을 받을 때 일어난다—우리는 어떤 행위와도 무관하게 의롭게 된다. 그리스도가 우리를 구원하

---

[43] 루터가 직접 말한 것으로 흔히 여겨지는 이 문구는 실제로는 그가 이 주제에 관해 말한 것을 요약한 것이다. 이 문구의 기원과 역사에 대해서는 다음을 보라: Alister E. McGrath, *Iustitia Dei: A History of the Christian Doctrine of Justification* (New York: Cambridge University Press, 1998), 448n3.

신다는 사실을 믿고 신뢰하고 의지하는 것이 믿음으로 의롭게 되는 것이다. 그런데 칭의는 오늘날의 세속적 분위기에서 의미를 상실한 신학 개념인 것처럼 보인다. 왜냐하면 현대인은 용서를 필요로 하는 죄가 자신에게 있다고 생각하지 않기 때문이다. 그러나 기독교, 특히 루터파는 죄 사함에 관한 것이다. 하지만 많은 사람에게 "죄"는 시대에 뒤떨어진 것으로 생각된다.

그럼에도 사람들은 여전히 그들 자신, 그리고 자신이 하는 일의 "정당성 justification"을 추구한다. 사람들은 여전히 인정받기를 갈망하며 자신이 선하고 옳다고 여긴다. 사람들은—하나님의 기준은 말할 것도 없고—자신이나 동료의 기준에 미치지 못했을 때 자신을 비난에서 구해 줄 설명과 변명과 합리화를 찾는 경향이 있다. 사람들은 자신을 정당화하려고 애쓴다. 결국 칭의는 우리 모두 서거나 넘어지는 조항임이 분명하다.

우리는 도덕적 상대주의에서 정당성을 추구할 수 있다. "나는 좋은 사람이야. 내가 어기는 도덕법이란 존재하지 않거든." 우리는 정치적 또는 이념적 신념에서 정당성을 구할 수 있다. "나는 개인적 실패에도 불구하고 좋은 사람이야. 내 대의는 옳거든." 포스트모더니즘은 우리를 정당화하는 길이 될 수 있다. "내가 거부하는 진리는 구축물에 불과해. 그래서 내가 그것에 저항해도 잘못이 없어." 우리는 무신론을 통해 정당성을 구할 수 있다. "신은 존재하지 않아. 그러니 누구도 나를 정죄할 수 없어." 그러나 이 모든 것은 자기 정당화의 시도일 뿐이다. 이것들은 우리가 스스로를 선하다고 간주하기 위해 사용하는 끝없는 정신 훈련이다. 이것들은 하나님 심판의 무서운 가능성을 피하려는 시도다.

자기 정당화의 쳇바퀴를 벗어날 길이 있다. "나는 나 자신을 정당화할 필요가 없다. 성육하신 하나님이 나를 의롭게 하시기 때문이다." 일단 하나님의 율법이 자기 정당화의 모든 가식을 허물면 우리는 그리스도께서 제공하시는 자유로운 칭의를 받을 수 있다.

정당화에 대한 인간의 집착

흔히 현대인에게는 죄의식이 결여되어 있다고 한다. 왜냐하면 그들은 범하면 안 되는 객관적 도덕 같은 것은 없다고 믿기 때문이다. 그들은 도덕이란 개인의 삶에 목적을 부여하기 위해 구축하는 순전히 주관적인 것, 개인적 코드라고 추정한다. 이 코드는 상대적인 것으로서 문화마다 다르고 개인마다 다르다. 누구도 자신의 개인적 도덕을 타인에게 "강요"해서는 안 된다.

그러나 가장 완고한 세속주의자들, 도덕적 진리의 가능성조차 거부하는 이들마저도 끊임없이 도덕적 판단을 내린다. 그들은 사회 정의를 요구하고, 정치적 악을 맹렬히 비난하며, 인권을 위한 시위를 하고, 환경에 대한 윤리적 접근을 부르짖으며, 나쁜 행동을 보는 족족 비판한다. 성경적 도덕, 특히 성과 관련한 도덕은 오늘날 별로 중요하지 않은 듯하다. 그런데도 성적 희롱과 합의되지 않은 성관계 및 그 밖의 위반들에 대한 격분을 보면 성이 여전히 도덕적 의미로 가득 차 있는 듯하다. 사회 윤리와 개인 윤리는 그것들에 근거를 제시할 것 같지 않은 지배적인 세계관들에도 불구하고 여전히 위력이 대단하다. 하나님의 율법은 하나님 말씀이 없는 이들의 마음에도 쓰여 있다(롬 2:14-15). 이를 피할 수 없다.

우리는 개인 간 갈등을 도덕적 위반에 관한 논쟁으로—서로 상대방을 비난하고 자신을 변호하는—틀을 짓는 경향이 있다. 이런 식이다. "당신은 이기적이야!" "당신은 나를 진정으로 사랑하지 않아!" "이건 불공평해!" 우리의 위반은 우리에게 죄책감을 주며 이는 평생 우리를 괴롭히기도 한다. 그럼에도 우리는 여전히 "나는 좋은 사람이야"라고 주장하는 경향이 있다. 만일 누가 우리를 "나쁘다"거나 "잘못됐다"고 여기면 우리는 자신을 방어하는데, 이때 우리의 악덕이 실상은 나쁜 게 아니라 좋은 거라는 합리화, 변명, 주장이 동원된다. 자기 정당화를 위해 우리가 실제로 의로울 필요는 없는 것이다. 그런데 현대의 수많은 사상가가 믿듯, 객관적인 도덕적 진리가 없다면 왜 이런 일이 문제 될 것인가? 그러나 문제가 된다.

우리는 하나님 율법의 요구들을 피할 수 있기를 기대하면서 그것들을 부드럽게 한다. 우리는 모든 것을 요구하는 하나님 율법과 씨름하는 대신 성취하기 쉬운 우리의 율법으로 대체한다. 우리는 거짓 증언을 하거나 간음하는 것을 괴로워하는 대신 우리의 환경적 민감성 때문에 자신이 의롭다고 생각하며 재활용을 한다. 우리 마음은 이웃을 향한 해로운 생각들로 가득 찼으면서도 쓰레기통에 버려진 플라스틱 컵 하나에 깜짝 놀란다. 우리는 하나님께 대한 순종을 동류 집단에 대한 순종으로 대체한다. 그러나 하나님의 율법을 회피하는 것 자체가 율법의 힘을 보여 준다.

현대 독일 신학자 오스발트 바이어Oswald Bayer는 칭의가 오늘날 사람들에게 불가사의한 신학 개념이기는커녕 강박까지는 아닐지라도 그들 뇌리를 사로잡는 개념임을 보여 주었다.[44] 우리는 우리가 옳다는 것을 보여 줄 필요를 항상 느낀다. 직장에서, 온라인에서, 평상시 대화에서, 타인과의 관계에서 우리는 항상 인정을 바라고, 점수를 따려고 하고, 변명을 하고, 자신을 변호한다. 이 모두가 자기 정당화의 양상이다.

사실 "*정당화하다*justify"는 꽤 일상적인 말이다. "어떻게 당신은 차를 사는 데 거금을 쓰는 걸 정당화할justify 수 있지?" 이 질문을 받은 사람은 어떻게 이 구입이 좋은 일이었는지 설명할 것을 요구받고 있다. 그렇게 큰돈을 쓰는 것이 "올바른right" 결정이었는가? 자원의 "바른just" 사용이었는가 아니면 뭔가 낭비가 있었는가? 이 질문은 질문받은 사람에 대한 비판을 암시한다. 비싼 차를

---

44) *Living by Faith: Justification and Sanctification* (Grand Rapids, MI: Eerdmans, 2003), ch. 3.

구입할 때 당신은 이기적이었는가, 정직하지 못했는가, 또는 어리석었는가? 당신은 자신의 행동을 변명할 수 있는가?

학자와 연구자는 학술계에서 자신의 연구를 타인에게 "정당화할justify" 수 있는지 질문받는다. "당신은 연구에서 사용한 이 방법론을 어떻게 정당화할 수 있는가?" "당신의 주장에서 이것을 제외하는 데에는 어떤 정당성justification이 있는가?" "학회의 심의위원회에 당신의 연구 관행을 정당화할justify 수 있는가?" 학자들은 자기 일의 가치와 신뢰성을 정당화하는 데 늘 바쁘다.

직장에서는 이런 말을 듣는다. "최저 입찰가를 받지 않은 타당한 이유justification는 무엇인가?" "나는 연봉 인상 요구가 정당하다고justified 생각해." "나를 이런 식으로 대우하는 정당한 이유justify는 뭐지?" "당신이 지각한 데 대한 해명justification은 이치에 맞지 않아." 이 모든 것은 무엇이 바르고just 무엇이 바르지 않은지unjust에 근거한 모종의 비난이나 심판의 전조를 내포한다. 또한 이 모든 것은 정당화justification에 대한 근거로서 어떤 객관적 사실에 호소한다.

이 단어를 사용하지 않을 때라도 자신을 정당화하려는 욕구는 우리에게 항상 있다. 온라인 글의 댓글은 자기 정당화의 현대적 영역이다. 온라인 토론은 대체로 각 해설가가 왜 자기가 옳은지 보여 주려고 애쓰는 형태다. 이는 왜 상대방은 그른지 보여 주는 노력을 늘 포함한다. 우리의 "옳음"은 타인의 "그름"에 달려 있다. 이러한 디지털 자기 정당화의 통화通貨는 "좋아요"와 "리트윗"이다. 매우 논리적인 주장들조차 자주 자기 정당화의 행위이다. 이 주장들은 타인의 마음을 바꾸지 못하는데, 왜냐하면 청중이 자기 정당화에 집중하다 보면 이성의 영향을 받지 않기 때문이다.

우리는 항상 자신을 정당화하듯이 또한 항상 타인을 정죄하고 심판한다. 우리는 다른 사람들—배우자, 상관, 정부 지도자들—이 잘못됐으며 해야 할 일을 하지 않는다고 지속적으로 주장한다. 자주, 그러한 비판은 냉정한 도덕적 분석이 아니라, 자기 정당화의 맥락에서 다른 사람들이 잘못했기 때문에 우리가 옳다고 주장하는 식이다. 이것은 등급에 의한 정당화이다. 우리의 약점은 주변 사람들의 훨씬 더 큰 약점으로 덮인다.

정당화하고 정죄하려는 충동이 갈등의 원인이다. "내가 옳아." "아니야, 당신이 틀렸어. 내가 옳아." "아니야, 당신은 틀렸고 내가 옳아." 이것이 깨어진 결혼의 전형적인 모습이다. 남편과 아내는 계속해서 상대방을 비방하고 자신을 방어한다. 상대방의 잘못, 실패, 죄를 끄집어낸다. 합리화와 변명으로 자기방어를 일삼는다. 이는 더 큰 반감과 더 강한 자기 정당화를 유발한다. 마침내 관계를 죽음의 소용돌이 속으로 집어넣는다. 사회학자인 캐럴 타브리스^{Carol Tavris}와 엘리엇 에런슨^{Elliot Aronson}은 자기 정당화의 병리학에 관한 책을 썼는데 그 패턴을 이렇게 묘사한다.

> 서로 소원해지는 대다수의 커플은 오랜 시간에 걸쳐 천천히 비난과 자기 정당화의 패턴을 반복하다가 급기야 상황이 눈덩이 불어나듯 악화된다. 각자 자신의 선호, 태도, 일하는 방식을 정당화하는 반면 상대방에 대해서는 잘못에 초점을 맞춘다. 한쪽의 비타협적 태도로 인해 다른 쪽이 바꾸지 않겠다는 결의를 다진다. 그들은 이것을 깨닫기도 전에 이미 양극단의 입장을 취한다. 각자 자신이 옳고 의롭다고 느낀다. 자기 정당화는 상대방의 공감의 호소에 마음을 무감각하게 만든다. … 그러므로 우리 관점에서 사랑의 암살자는 오해, 갈등, 성격 차이, 심지어 격렬한 싸움이 아니다. 암살자는 자기 정당화이다.[45]

---

45) Carol Tavris and Elliot Aronson, *Mistakes Were Made (but Not by Me)* (New York: Mariner Books, 2015), 209, 217.

주고받는 비난과 자기 정당화의 동일한 역학이 정치 토론에서, 그리고 국가들이 전쟁을 시작할 때 나타난다. 우리는 우리가 지지하는 정당을 정당화하고 우리 나라를 정당화하고 우리의 이념을 정당화한다. 자기 정당화는 또한 내부의 많은 갈등을 설명한다. 우리의 모든 노력과 표면적 승리에도 불구하고 마음속 깊이 우리는 자신을 정당화할 수 *없다*는 것을, 또한 우리의 자기 비난이 죄책감, 실패감, 절망을 일으킨다는 것을 안다. 우리는 자신의 등을 토닥인다. 우리는 반복적으로 "나는 좋은 사람이야"라고 말한다. 그러나 마음속 깊이 우리는 이것이 전혀 사실이 아님을 안다.

오스발드 바이어는 의롭게 되려는 필요 아래에는 인정받고 싶고 지지받고 싶고 우리 존재가 긍정적인 면에서 중요하다는 생각에 대한, 그리고 우리 삶이 가치 있다고 생각하고 싶은 필요성에 대한 갈망이 깔려 있다고 말한다. 우리는 지속적으로 비난받고 정죄 당한다. 그러므로 지속적으로 우리 자신을 "정당화"해야 한다. 우리는 자신이 옳다고 증명하고, 얼마나 선한지 주장하고, 방어하고, 비판자들을 비난과 정죄로 보복한다. 우리는 인정받기를 원한다. 용납되기를 원한다. 우리가 선과 거리가 멀더라도 남들이 우리를 선하다고 봐 주기를 바란다. 우리 행동을 합리화하면서 우리가 하는 것을 "정당화"한다. 이 일은 간단한 변명에서부터—우리가 원하는 방식을 비준해 주는—새로운 윤리 체계나 정치 이념이나 종교에 이르기까지 광범위하게 일어난다.

우리는 우리 자신과 상대방만 심판하고 정당화하지 않는다. 우리는 하나님도 심판하고 정당화한다. 신자와 불신자 모두 "어떻게 하나님이 세상에 악과 고통을 허용할 수 있는가?"고 묻는다. "하나님은 선하지 않은 게 분명해." 이 비난에 대해 신자들은 하나님을 정당화하기 위한 주장을 펼 수 있다. 불신자들은 아이러니하게도 그런 존재는 실재하지 않는다고 결론 내림으로써 의로운 하나님이라는 지적 개념을 정당화한다.

그러나 바이어는 하나님의 존재가 거부되더라도 악과 고통의 문제가 어디로 가지 않는다는 것을 보여 준다. 그는 "세속적 신정론a secular theodicy"을 말한다. 사람들은 더 이상 "왜 하나님이 악과 고통을 허락하시는가?"가 아니라 "왜 존재는 악과 고통을 허락하는가?"라고 묻는다. 만일 하나님이 세상의 악과 고통 때문에 정당화될 수 없다면 존재 자체도 동일한 이유로 정당화될 수 없다. 물질세계에 대한 정당화는 없다. 생명에 대한 정당화는 없고, 무엇으로도 생명의 선함을 확립할 수 없다. 존재가 정당화될 수 없다면 삶은 의미 없고, 모순되며, 무의미하고, (많은 비극적인 경우에) 살 가치가 없다.

그러나 만일 우리 자신을 의롭게 하는 대신 우리가 *그리스도*에 의해 의롭게 된다면 어떻게 될까? 만일 *하나님* 자신이 우리에게 우리 존재가 의미 있다는 것, 우리 삶이 가치 있다는 인정과 지지와 확신을 주신다면 어떻게 될까? 그 누구도 아닌, 하나님으로부터 오는 선언이 문제의 해결일 것이다. 우리의 명백한 단점에도 불구하고 *하나님*은 우리를 선하다고 여기신다. 우리 삶은 *하나님*의 인정을 받는다. 소셜미디어에서 타인의 인정을 받으려는 끊임없는 욕구는 우리가 그리스도에 의해 의롭게 될 때 가라앉는다.

이것은 모든 회피의 포기를 수반한다. 우리의 문제는 단순히 사회적이거나 심리학적인 것이 아니다. 우리는 "나는 좋은 사람이 아니다"는 사실을 직면해야 한다. 이 사실은 죄의식이나 사회적 오명만이 아니라 그야말로 하나님의 정죄를 받아 마땅한 것이다. 그러나 그런 다음 하나님의 죄 사함은 의미를 갖는다. 그리스도께서 책임지셨다는 메시지는 놀라운 안도감으로, 형 집행 취소의 해방으로 온다.

바이어는 주목한다. 우리가 더 이상 자기 정당화를 할 필요가 없고, 예수님에 의해 의롭게 된 데서 오는 신앙의 "수동적 의passive righteousness"를 알 때 우리는 칭의에서만 오는 평화를 누린다는 것을. 우리는 자신과 화해되었고 자기 정당화를 추구할 필요가 없다. 우리는 하나님과 화해되었고 더 이상 하나님을 정당화할 필요가 없다. 우리는 타인과 화해되었고 그들에게 우리 자신을 정당화할 필요가 없다. 우리는 세상과 화해되었고 우리 존재를 정당화할 필요가 없다. 그리스도 예수 안에서 의롭게 된다는 것은 전쟁 상태에 있는 우리 마음에 평화를 준다.

칭의와 대속

그리스도는 어떻게 우리를 의롭게 하시는가? 죽으심으로써 하신다.

삼위일체의 제2위가 인성을 취하셨다. 그는 "인간 하나님"이 되셨다. 그는 세상 영광을 받으며 사는(우리는 이렇게 기대할 수 있으며 그는 분명 그럴 자격이 있다) 대신 가난하게 태어나셨고 홈리스의 삶을 사셨다. "여우도 굴이 있고 공중의 새도 거처가 있으되 인자는 머리 둘 곳이 없다"(마 8:20). 그러나 그는 선한 일을 하셨다. 곧 그는 자신의 신적 능력으로 병든 자를 고치셨고, 죽은 자를 일으키셨으며, 서로 으르렁대는 자들을 화해시키셨다. 그의 가르침은 심령이 가난한 자, 애통하는 자, 핍박받는 자 등을 축복했다(마 5:2-11). 예수님의 선하심은 모든 이, 심지어 그를 미워한 원수들에게도 명백했다. 그는 역사상 많은 사람이 항상 애썼지만 실패한 것을 성취하셨으니, 곧, 자신의 선행에 의해 의롭게 되셨다.

그럼에도 예수님은 비난과 심판과 정죄를 피하지 못했다. 그는 부당하게 유죄 선고를 받고 사형 언도를 받았다. 다른 사람들은 아마 무고하게 죽었을 수 있지만, 예수님은 *참*으로 죄 없이 죽은 유일한 분이다. 그러나 예수님은 사형 집행을 당하실 때 우리의 이해력이나 상상력을 뛰어넘는 어떤 것―세상의 악, 곧 전 인류의 죄를 스스로 짊어지심―을 행하심으로써 자신의 신적 능력을 온전히 행사하셨다. "친히 나무에 달려 그 몸으로 우리 죄를 담당하셨으니"(벧전 2:24). 성 바울은 훨씬 더 강력하게 말한다. "하나님이 죄를 알지도 못하신 이를 우리를 대신하여 *죄*로 삼으신 것은"—하나님 아버지는 죄 없으신 예수님을 *죄*로 만드셨다—"우리로 하여금 그 안에서 하나님의 의가 되게 하려 하심이라"(고후 5:21. 저자의 강조).

여기서 성 바울은 이것이 우리에게 무엇을 행하는지를 또한 설명한다. 예수님은 우리가 의가 될 수 있도록 죄가 되신다. 우리가 의롭게(형용사) 되는 것만이 아니다. 우리는 "의"(명사)가 된다. 나아가 우리는 인간 의가 될 뿐 아니라 "하나님의 의"가 된다. 하나님의 아들이 우리 죄를 취하시고 우리는 그의 의를 받는다. 루터는 이것을 "놀라운 교환"이라고 부른다.

> 이것이 죄인들을 향한 풍성한 신적 은총의 신비이다. 여기서 놀라운 교환에 의해 우리의 죄는 더 이상 우리의 것이 아니라 그리스도의 것이며 그리스도의 의는 그리스도의 것이 아니라 우리의 것이다. 그는 우리를 그의 의로 입히시고 채우시기 위해 의를 비우셨다. 그는 우리를 우리의 악에서 구하시기 위해 악을 스스로 짊어지셨다. … 그가 우리의 죄 안에서 비탄에 잠기셨고 고통받으셨고 좌절하신 것과 동일한 방식으로 우리는 지금 그의 의를 기뻐하고 찬미한다. (WA[46] 5:608)

그리스도께서 십자가에서 "그의 몸으로 우리 죄를 담당하셨"을 때 우리가 받아야 할 징벌도 담당하셨다. "그러므로 이제 그리스도 예수 안에 있는 자에게는 결코 정죄함이 없나니"(롬 8:1). "놀라운 교환"은—성부 하나님께 나아감, 죄

---

46) WA = Martin Luther, *D. Martin Luthers Werke: Kritische Gesamtausgabe*, 72 vols., eds. J. F. K. Knaake et al. (Weimar: Böhlau, 1883-1993).

의식으로부터의 자유, 영생 외에도—그리스도의 의가 우리의 것이 됨을 의미한다. 이것은 마치 남녀가 결혼하여 각자의 재산과 부채를 공유하는 것과 같다. 한쪽은 학자금 융자를 들고 오는 반면 다른 한쪽은 백만 달러가 든 은행 구좌를 들고 올 수 있다. 이 빚과 재산은 이 커플이 결혼할 때 서로 교환된다. 마찬가지로, 우리는 예수님과의 관계 속으로 죄를 가져가지만 그는 그의 선하심을 가져오시며 그것은 우리의 소유가 된다.

성부 하나님은 우리의 죄를 그리스도에게 "전가"하시고 그것이 그리스도에게 속한 것으로 간주하신다. 하나님은 또한 그리스도의 의를 우리에게 "전가"하시고 그것이 우리에게 속한 것으로 간주하신다. 이처럼, 우리가 성부 하나님의 심판을 마주할 때 하나님은 그리스도의 모든 선행—치유, 사랑의 행위, 성부께 대한 순종, 율법의 완전한 성취—을 우리의 것으로 간주하신다. 호주 신학자 존 클리이니그John Kleinig는 이렇게 말한다. "그러므로 우리는 하나님 아버지가 자신의 아들 예수를 기뻐하시듯이 우리를 기뻐하시는 것을 안다. 이는 우리가 그와 연합되어 있기 때문이다."[47] 이것이 바로 그리스도에 의해 의롭게 된다는 것의 의미이다.

믿음으로

우리는 어떻게 칭의되는가? 클리이니그는 "우리가 그와 연합되어 있기 때문에" 칭의가 일어난다고 말한다. 우리는 앞서 성 바울의 말을 소개했다. "우리로 하여금 *그 안에서* 하나님의 의가 되게 하려 하심이라," "그러므로 이제 *그리스도 예수 안에 있는* 자에게는 결코 정죄함이 없나니." 우리는 그리스도 "안에"

---

47) John Kleinig, *Grace upon Grace: Spirituality for Today* (St. Louis: Concordia, 2008), 52.

있어야, 그와 연합해 있어야, 어떻게든 십자가의 그리스도에게 연결돼 있어야 한다. 믿음은 죄인과 구세주의 참된 결혼에서 우리를 그리스도와 연결하고 연합한다. 따라서 우리는 "믿음으로 의롭게" 되어 우리의 것은 그의 것이 되고 그의 것은 우리의 것이 된다. 믿음은 하나님의 선물인데 우리는 말씀과 성례전을 통해 이를 받는다.

이것을 믿기 어렵다고 생각할 수 있다. 만일 이것이 사실이라면 엄청난 일일 텐데 과연 어떻게 그럴 수 있는가? 어떻게 하나님이 인간이 될 수 있는가? 어떻게 누군가가—심지어 하나님이—온 세상의 죄는 말할 것도 없고 다른 사람의 죄를 담당할 수 있는가? 이것은 마음에 큰 충격을 준다. 이것은 이해를 넘어선다. 흥미롭게도 루터는 동의한다. 그는 "나는 나 자신의 이성이나 힘으로 예수 그리스도, 나의 주를 믿을 수 없으며 그에게 갈 수 없다는 것을 믿는다"라고, 루터교인이 기독교 신앙을 가르치기 위해 사용하는 정통 텍스트인 소교리문답에서 말한다.[48] 근본적으로 루터는 인정한다. "나는 … 믿을 수 없다는 것을 믿습니다."

루터가 어떻게 모더니스트와 포스트모더니스트 둘 다를 앞지르고 또한 물리치고 있는지 보라. "나는 나 자신의 이성 … 예수 그리스도, 나의 주를 믿을 수 없으며"는 "이성의 시대"에 주는 답이다. 모더니즘에 주는 답이다. 그리스도 예수와 그의 선물은 인간 이성을 사용하여 받는 것이 아니다. "나는 나 자신의 … 힘으로 예수 그리스도, 나의 주를 믿을 수 없으며 … 것을 믿는다." 이 부분은 구조주의에 주는 답이다. 권력에의 의지에 주는 답이다. 포스트모더니즘에 주는 답이다. 우리의 힘이나 노력을 기울여 그리스도 예수와 그의 선물을 받는 게 아니다. 모더니스트는 말한다. "나는 이것을 믿을 수 없어!" "이것은 이성이 이해할 수 없어!" 포스트모더니스트는 말한다. "나는 이것을 믿을 수 없어!" "나

---

48) Small Catechism, Creed, Third Article.

는 이것을 내 의지의 힘으로 구축하지 않았어. 이것은 권력 추구를 촉진하지 못해!" 루터는 둘에게 말한다. "맞다, 당신들은 그 방식들로는 믿을 수 없다. 내가 내 방식으로 믿을 수 없었던 것과 똑같이 말이다."

루터는 계속한다. "그러나 성령이 나를 복음으로 부르셨고, 그의 은사들로 나를 계몽하셨고, 나를 거룩하게 하셨으며, 참된 믿음 안에 보존하셨다."[49] 믿음, 곧 그리스도에 대한 이 믿음과 신뢰는 우리 밖에서 오는 선물이다. 삼위일체의 제3위인 성령이 우리의 믿음을 창조하신다. 참된 "계몽"은 "이성의 시대"가 아니라, "그의 은사들로 나를 계몽하"신 성령의 일이다. 인간 이성이나 권력이 아니라 믿음으로 우리가 그리스도 예수를 받는다. 하나님은 나를 *부르심*으로써 이를 행하신다. "성령이 나를 복음으로 부르셨"다. "부름" 받는 것은 목소리를 듣는 것, 누군가가 인격적으로 말을 거는 것을 의미한다. 성령의 목소리는 그의 신성으로 인해 하나님 말씀이다. 특히 믿음으로 부르심은 복음, 즉 "복된 소식"으로부터 온다.

믿음으로의 부르심은 다음의 방식으로 일어난다. 첫째, 자기 의의 모든 주장이 허물어져야 한다. 이는 율법의 일이다. 최소한 우리는 양심 속에서 어렴풋이 하나님의 도덕법을 감지한다. 우리가 달래려고 해도 이것은 계속 우리를 고소한다. 사회는 최소한 도덕법의 일부를 강요한다. 게다가 일상사의 모든 요구가 있다. 이 요구들에는 도덕적 요소가 있을 수도 있고 없을 수도 있지만, 우리가 실패할 때 우리를 정죄하고 죄의식을 느끼게 한다.

그러나 성경은 우리에게 최대 강도의 참된 율법을 준다. 십계명에서부터 산상수훈에 이르기까지 우리는 하나님의 도덕법의 가장 풍부하고 탁월한 서술을 본다. 여기에는 무엇이 옳고 그른지를 정의하는 도덕적 절대 원리와 우리가 "선한 사람"이 되기 위해 또한 의롭게 되기 위해 성취해야 할 기준이 있다. 우리는 하

---

[49] Small Catechism, Creed, Third Article.

나님의 율법이—다른 모든 세속적 대체물과 달리—선하다는 것, 그리고 그것은 정의와 자비와 우리 행복의 본보기라는 것을 강조해야 한다. 문제는 우리가 결코 율법의 요구를 성취하지 못한다는 데에 있다. 우리는 계속 율법의 높은 기준에 미치지 못한다. 율법은 우리가 아무리 따르려고 애써도 끊임없이 우리를 정죄한다.

성경 읽기는 끔찍한 경험일 수 있다. 그렇다, 성경은 장엄한 책이다. 그렇다, 성경은 영감을 준다. 그러나 율법에 대해—그리고 그것을 어기는 것의 결과, 곧 하나님의 진노에 대해—읽다가 무서워 죽을 수 있다. 우리가 스스로 만든 기준으로 자신을 판단하여 상대평가를 할 때 나는 "좋은 사람"이라는 결론을 내릴 수 있다. 그러나 우리가 선에 대한 하나님의 기준과 마주할 때는 쉽게 겁에 질릴 수 있다. 율법이 우리가 아무튼 "선하지" 않다고 확신시킬 때, 자기 합리화의 모든 시도를 부술 때, 우리는 하나님으로부터 다른 말씀 곧 복음을 듣는다.

우리는 성경과 설교에서 율법을 듣는다. 우리는 양심으로 율법을 느낀다. 삶에 의해 두들겨 맞을 때 우리는 율법을 경험한다. 그러나 복음은 우리를 구원하는 성령의 말씀이다. 성경을 읽을 때 우리는 율법을 듣지만, 하나님이 어떻게 그의 죄 많은 백성을 계속 구원하시는지에 대해서도 읽는다. 우리는 하나님이 피로써 죄를 덮는 성전 희생 제사를 마련하신 것에 대해 읽는다. 우리는 하나님의 죄 사함과 은총에 대해 읽는다. 우리는 구속자—고난받는 종, 평화의 왕자, 우리와 함께하시는 하나님이라고 불릴 분—의 징조와 예언들을 읽고, 그런 다음 그리스도의 삶, 죽음, 부활의 이야기를 공통적으로 다루는 네 복음서와 이 모든 것이 우리에게 무엇을 의미하는지 설명하는 사도 서간문을 읽는다. 율법은 복음에 길을 비킨다. 일단 우리가 자신을 정당화하는 것을 단념하면 그리스도께서 우리를 의롭게 하셨다는 메시지가 우리의 유일한 희망, 우리의 구원이 된다. 우리는 율법에 의해 깨어진 다음 이 복된 소식, 이 복음에 매달리고 이것을 의지하고 한껏 즐거워한다. 이것이 성령이 말씀을 통해 창조하신 믿음이다. 우리는 믿음으로 의롭게 되었다.

은총의 수단들

위 설명이 그런 인상을 줄지 모르지만, 믿음을 창조하는 데 율법과 복음의 일이 항상 극적이지는 않다. 그것은 일생 단 한 번뿐인 회심도 아니다. 루터교인은 "회개"를 일으키는 율법의 고발과 그리스도의 죄 사함을 매 주일예배—성경 낭독, 설교, 죄의 공동 고백과 사면, 성례전—에서 경험한다.

그리스도인의 삶은 엄밀히 말해 세례에서부터 시작된다. 교리문답은 세례를 "하나님의 말씀과 결합된" 물이라고 정의한다.[50] 이렇듯 세례는 복음을 전달한다. 우리는 세례의 물에서 그리스도의 삶, 그의 죽음, 그의 부활과 연합한다. 이는 그들의 결점이 무엇이든 자기 의를 주장할 수 없는 유아들도 포함한다. 성찬에서 그리스도는 말씀의 힘으로 그의 실제 몸과 피를 "너를 위해," "죄의 사함을 위해" 주신다.[51] 성례전은 복음을 "만질 수 있는 것"으로 만든다. 우리가 나중에 성례전을 더 다룰 것이지만 현재로는 이 내용이 그리스도의 칭의의 전부라고 이해한다.

핵심은, 우리가 지속적으로 율법에 의해 참회로 인도되고 복음에 의해 믿음으로 인도될 필요가 있다는 것이다. 이것이 나날이, 주마다 말씀과 성례전을 통해 일어날 때 우리는 믿음 안에서 자란다. 이는 결국 선행으로 열매 맺는다. 그리

---

50) Small Catechism, The Sacrament of Holy Baptism.
51) Small Catechism, The Sacrament of the Altar.

스도의 칭의를 받은 믿음은 "사랑으로써" 역사한다(갈 5:6). 이렇게 하나님의 율법은 새로운 의미를 갖고 우리 삶에 가이드가 된다. 그리스도는 우리를 칭의하신다. 그리스도는 우리를 성화시키신다. 이에 대해서는 나중에 더 다룬다.

칭의에 관한 다른 의견들

대체로 모든 그리스도인은 그리스도가 죄인을 위해 죽으셨으며 우리는 그의 이름 안에서 칭의를 찾을 수 있다고 믿는다. 그러나 우리가 방금 설명한 것에서 벗어나는 중요한 편차들이 있다. 가톨릭 신자, 정교회 신자, 일부 개신교도는 그리스도의 의가 우리에게 전가됨을 믿지 않는다. 그들은 오히려 십자가에서 얻어진 죄 사함이 우리가 실제로 의롭게 *되*도록 힘을 준다고 믿는다. 이는 우리를 다시금 율법으로, 또한 우리의 선행으로 의롭게 되는 것으로 되돌린다. 복음주의자들은 이신칭의를 믿지만 이것을 단 한 번의 회심을 가리키는 것으로 이해하는 경향이 있다. 이 시점 이후 우리는 기본적으로 율법으로 되돌려져 우리의 선행이 다시 중심을 차지한다. 또한 많은 복음주의자는 믿음을 율법과 복음을 통한 성령의 사역보다는 인간 의지의 행위, 곧 "그리스도를 받아들이는 결정"의 개념으로 생각한다.

칼빈주의자들은 루터교인들 만큼이나 믿음을 통한 은총에 의한 칭의를 인정한다. 그러나 한 가지 중요한 차이가 있다. 그들은 그리스도가 선택받은 자만을 위해 돌아가셨다는 제한 속죄 교리를 믿는다. 루터교인은 그리스도가 온 세상의 죄를 위해 돌아가셨다는 보편 속죄를 믿는다. 성경은 말한다. "그는 우리 죄를 위한 화목제물이니 우리만 위할 뿐 아니요 온 세상의 죄를 위하심이라"(요일 2:2). 칼빈주의에서는 그리스도가 "나를 위해" 죽으셨는지 결코 확신할 수 없다. 이 질문과 씨름하는 그리스도인들은 "믿음의 열매들," 곧 선행의 증거를 찾기 위해 그들의 삶과 내면의 상태를 속속들이 살핀다. 그러나 이것 역시 우리를 구원의 확신에 대한 *사실상의* 기초로서 율법과 선행으로 되돌리는 것이다. 칼빈주의는 또한 *선택*이—십자가가 아니라—실제로 칭의의 기초가 되는 시스템을 만든다.

이와 대조적으로 루터교 목사들은 괴로워하는 신자들에게 그리스도가 참으로 그들을 위해 죽으셨다고 확신시킨다. 자기가 죄와 사망으로 가득 차 있다고 정직하게 인정하는 그리스도인은 구원의 확신을 얻으려 자신을 바라보지 말고 그들 *밖*—십자가, 그들이 받은 세례, 그리스도가 희생의 몸과 희생의 피를 "너를 위해" 주시는 성찬—을 바라보라고 권함 받는다. 루터교 신학은 구원의 *우리 밖extra nos* 성격을 강조한다. 죄와 사망으로부터의 구원은 우리 안이 아니라 우리 밖에서 온다.

물론 루터교인들도 선택을 믿으나, 구원을 인간 감정과 노력의 동요와 불확실성으로부터 제거하는 방식으로 믿는다. 믿음은 성령의 선물이지 우리의 의지력, 지성, 선행의 기능이 아니다. 믿음은 말씀과 성례전을 통해 *객관적*으로 또한 *신뢰할 수 있게* 우리에게 온다. 그리스도가 세상 죄를 위해 죽으셨다고 말하는 것은, 한 차원에서, 온 세상이 의롭게 되었다는 것을 의미한다. 곧 하나님은 온 세상이 "의롭다"고 또는 "선하다"고 선언하신다. 루터교는 이를 "객관적 칭의"라고 부른다. 앞으로 보겠지만 이 교리는 루터교가 물질 영역과 세속의 삶을 온전히 받아들일 수 있는 한 가지 이유가 된다. 그러나 각 사람이 그리스도께서 그들을 위해 성취하신 이 칭의를 받는 것이 여전히 필요하다. 이것이 "주관적 칭의"다. 세례는 개인을 시간상으로 그리스도의 죽음, 장사 지냄, 부활과 연결한다(롬 6:3-5; 골 2:11-13). 우리는 또한 그리스도의 몸과 피를 통해 그와 연합하는 성찬을 통해 그에게 연결된다(마 26:26-28; 막 14:22-24; 눅 22:19-

20; 고전 11:23-25). 성령은 율법과 복음의 하나님 말씀을 통해 우리 마음에 믿음을 창조하신다. 물론 어떤 사람들은 세례받고, 성찬을 받으며, 하나님 말씀을 읽지만 아직 그리스도를 믿는 믿음이 없다. 성령이 적어도 아직은 그들 마음에 믿음을 창조하시지 않았다. 아니면, 오히려 그들이 믿음을 거부했으며 지금도 성령을 거스르고 있다. 그러나 어느 누구도 선택의 개념을 사용하여 그들이 구원받을 수 없다고 단정할 수는 없다. 저 구원 질서의 신비는 영원의 계시를 기다려야 한다.

오늘날 어떤 신학자들은 칭의 교리를, 그리고 이와 연관되는 대속의 가르침을 공격한다. 어떤 이들은 이 가르침이 비도덕적이라고 주장한다. 죄 있는 사람(모든 인류) 대신 무고한 사람(예수 그리스도)을 벌하는 것이 공평하지 않다는 것이다. 그들의 논리는 의로우신 하나님은 그렇게 하실 분이 아니라는 것이다. 다른 이들은 주로 이 가르침의 *폭력성*—십자가형, 인간 희생, 징벌, 피—에 비판을 가한다. 그들의 논리는, 사람들이 하나님이 이렇게 폭력적이라고 생각한다면 그들 자신의 폭력성을 정당화할 것이라는 것이다. 어떤 페미니스트 신학자들은 자신의 독생자에게 진노를 퍼붓는 성부 하나님은 "우주적인 아동 학대자"라고 말한다. 하나님 자신을 부도덕하다고 정죄하는 것은—의로운 하나님은 그런 일을 "하실" 분이 아니라는 입에 발린 말조차—신성모독적인 역할 전환으로서, 하나님이 우리를 심판하시는 것이 아니라 우리가 하나님을 심판하는 것이다.

이러한 비판들은 삼위일체와 성육신 교리를 간과한 데서 온 것이다. 하나님은 보통 사람을 취해 제물로 삼는 차원에서 무고한 희생자를 징벌하시는 게 아니다. 하나님은 그야말로 *자신*을 희생하시는 것이다. 성부 하나님이 성자에게 자신의 진노를 퍼부으시는 것은 삼위일체 하나님의 단일성 안에서 일어난 대격변이다. 성자가 세상의 모든 죄를 감당하셨다는 것은 하나님만이 하실 수 있는 불가해한 신비이다. 하나님이 보잘것없는 필멸의 존재인 우리 죄인을 구원하기 위해 그렇게 하셨다는 것은 은총과 사랑의 경이로운 행위이다. 맞다, 그가 우리를 구원하기 위해 죽으셔야 했다는 것은 "공평"하지 않다. 하나님은 우리를 칭의하실 때 "공평"하지 않으셨다. 오히려 그는 우리를 공의로부터 구하시고 우리가 받을 자격이 없는 은총과 자비와 영생을 주신다. 칭의에 대한 도덕적 비판은 율법을 최고로 승격시킨다. 그리하여 율법을 성부 하나님과 성자 하나님에게 적용하여 두 위가 뜻을 못 이루시게 된다. 이것은 전적인 복음의 거부로서 기독교를 또 다른 형태의 도덕주의―주로 반전주의나 가부장제 정죄로 이루어진―로 축소하는 것이다.

그러나 루터교인에게 칭의 교리는 교회가 설 수도 무너질 수도 있는 "으뜸가는 항목"이다. 칭의는 신학의 실질적 원칙(본질적 내용)으로서 형식적 원리인 하나님 말씀이 이에 대해 증언한다. 앞으로 보겠지만, 루터교의 모든 다른 가르침―성례전, 성경, 예배, 소명, 두 왕국, 기도, 그리스도인의 삶―의 중추는 그리스도에 의한 우리의 칭의이다.

이것이 으뜸가는 항목인 데는 이유가 있다. 칭의는 교회가 설 수도 무너질 수도 있는 으뜸 항목일 뿐만 아니라 개인이 설 수도 넘어질 수도 있는 으뜸 항목이다. 안절부절못하고 불안한 마음은 칭의에서 평안을 발견한다. 자기 의의 부산한 삶은 예수 그리스도의 구원에서 쉼을 얻는다. 우리 자신의 가치를 증명하려는 끊임없는 욕구와 결코 그렇게 하지 못하는 실패는 십자가에 못 박히고 무덤에 묻히고 영원히 죽임 당한다. 예수께서 우리를 자기 의의 끝없는 러닝머신에서 끌어내셨으며 그분 안에서 끝없는 평화를 주셨다. "그리하면 모든 지각에 뛰어난 하나님의 평강이 그리스도 예수 안에서 너희 마음과 생각을 지키시리라"(빌 4:7).

토론을 위한 질문

1. 새로운 도덕들을 확립하려는 이 시대의 노력은 어떻게 해서 의롭게 되려는 인간 욕구의 한 예가 되는가?

2. 당신이 자기 정당화를 위해 애썼던 예를 한 가지 들어 보라.

3. 그리스도가 어떻게 그의 삶, 죽음, 부활로써 당신을 의롭게 하셨는지 당신의 말로 설명해 보라.

4. 성령이 율법과 복음으로써 어떻게 당신 안에 칭의의 믿음을 창조하시는지 당신의 말로 설명해 보라.

5. 어떤 그리스도인들은 복음을 주로 그들의 회심, 처음으로 회개하고 그리스도에게 돌아간 그 순간의 관점에서 생각한다. 이것은 그리스도인이 율법과 복음, 회개, 그리스도를 의지함을 지속적으로 경험하는 것과 어떤 차이가 있는가?

4장

십자가 위의 하나님

오늘날 전 세계적으로 가장 유명한 기독교의 형태는 번영의 복음이다. 주류 설교가 노먼 빈센트 필Norman Vincent Peale의 "긍정적 사고의 힘"과 오순절교회 계통의 믿음의 말씀 운동Word of Faith Movement의 조합인 번영의 복음은 대부분의 텔레비전 복음주의자들의 신학을 대표한다.[52] 이 신학에 따르면 예수께서 십자가에서 죽으신 것은 죄를 대속하기 위해서보다는 지금 당신에게 최고의 삶을 주기 위해서다. 믿음은 당신을 구원하시는 그리스도에 대한 신뢰라기보다 건강과 번영을 찾는 한 방법이다. 믿음의 말씀 운동 설교자들에 따르면, 당신이 원하는 것을 지명하고 그리스도의 이름으로 주장하면, 또한 당신에게 충분한 믿

---

[52] 다음을 보라. Michael Horton, "Evangelicals Should Be Deeply Troubled by Donald Trump's Attempt to Mainstream Heresy," *Washington Post*, January 3, 2017, https://www.washingtonpost.com/news/acts-of-faith/wp/2017/01/03/evangelicals-should-be-deeply-troubled-by-donald-trumps-attempt-to-mainstream-heresy/?utum_term=.75ba35de151c.

음이 있다면 그것(새집, 캐딜락, 배우자, 암 치료)을 받을 것이다. 그것을 받지 못한다면 이는 물론 당신에게 충분한 믿음이 없었다는 것을 의미한다.

그러나 이것이 이 신학의 전부는 아니다. 필은 그의 전성기에 우리의 정신 상태가 우리의 실재를 만든다고 가르친 1960년대 대중 심리학을 전파했다. 그의 제자인 로버트 슐러Robert Schuller는 수정교회와 텔레비전 방송을 통해 대중 심리학을 더 발전시켜 "자존감"의 복음을 가르쳤다. 슐러는 또한 교회가 죄와 같은 "부정적인" 개념의 설교를 피해야 한다고 했다. 그는 믿음의 중요성을 가르치긴 했지만, 그리스도를 믿음 대신 자기 자신을 믿음을 강조했다. 만일 당신이 자신을 충분히 믿고 긍정적으로 생각한다면 자신의 기적을 행할 수 있다. 슐러와 그에게 영향을 받은 목사들에게 성경은 성공적 삶을 위한 원칙으로 가득한 책이었다. 어떤 글에서 그는 그리스도의 산상수훈을 "행복해지는 태도들"로 바꾸었다. 오늘날 텔레비전 스타이며 미국 내 최대 교회(매주 52,000명이 예배에 참석하는 휴스턴의 레이크우드교회)53)의 목사인 조엘 오스틴Joel Osteen은 슐러의 계승자로서 "당신 자신에 대해 만족하라"는 메시지를 전한다. 그러나 오스틴은 믿음의 말씀 오순절교회의 원리들을 사용한다. 이와 유사하게 베니 힌Benny Hinn 같은 믿음 치료자들은 필과 슐러의 대중 심리학을 이용한다.

이 운동에서 자기에 대한 강조는 심리적일 뿐 아니라 신학적이며 심지어 우상숭배에 이를 정도로 종교적이다. 믿음의 말씀 운동의 창시자인 케네스 헤이긴Kenneth Hagin은 우리가 모두 "작은 신들"이라고 가르쳤다. 그는 그리스도인은 "나사렛 예수만큼이나 [하나님의] 성육신이다"라고 말했다. 헤이긴의 제자 케네스 코플랜드Kenneth Copeland는 "여러분은 여러분 안에 살고 있는 하나님을 갖고 있지 않다. 여러분이 신이다"라고 말했다. 오늘날 유명한 텔레비전 복음 전도자이며

---

53) Stoyan Zaimov, "Joel Osteen's Lakewood Church Ranked America's Largest Megachurch With 52,000 Weekly Attendance," *Christian Post*, September 8, 2016. http://www.christianpost.com/news/joel-osteens-lakewood-church-ranked-americas-largest-megachurch-with-52k-in-attendance-169279.

대형 교회 목사인 폴라 화이트Paula White는 "예수는 하나님이 낳은 유일한 아들이 아니라 첫 번째 아들일 뿐"이며, 이제는 우리 모두가 독생자라고 한다. 그녀는 우리가 어느 모로 보나 예수처럼 신적이므로 우리 또한 창조주의 능력이 있다고까지 주장한다. "이제 여러분의 입에는 창조적인 능력이 있다. 하나님은 말씀으로 우주를 창조했다. 여러분에게는 생명과 죽음을 말할 수 있는 창조적 능력이 있다! 여러분이 하나님을 믿으면 여러분의 삶에서 어떤 것이라도 다 창조할 수 있다."[54]

이 선생들에 따르면 당신이 창조하는 것은 부, 물질적 소유, 사회적 신분인데 이것들은 전통적인 그리스도인들이 세속적인 것, 맘몬의 덫이라고 늘 정죄한 것들이다(마 6:24). 그러나 성경 자체를 대적할 정도로 용감한 화이트는 말한다. "누가 되었든 당신 자신을 부정하라고 말하는 사람은 사탄에게서 왔다."[55] 예수 그리스도가 동일한 말씀을 했다고 해도 염려하지 마라("누구든지 나를 따라오려거든 자기를 부인하고 자기 십자가를 지고 나를 따를 것이니라"[마 16:24]). 외견상의 기독교적 요소들에도 불구하고 번영의 복음은 새로운 종교를 구성한다. 여러 면에서 그것은 신들을 조종하여 신들이 헌신자의 뜻을 행하게 만드는 애니미즘으로의 회귀다. 화이트는 텔레비전 시청자들이 그녀의 사역에 기부함으로써 그들이 원하는 기적을 "작동시킬" 수 있다고 했다. 이 기부 행위는 하나님을 상아로 만든 옥좌에서 내려오시게 만든다.[56]

이것은 영락없는 번영의 복음이다. *루터교는 이렇지 않다!* 루터교는 이것과 정반대라고 할 수 있다. 루터는 번영의 복음을 "영광의 신학"의 극단적 예라고 부를 것이다. 그는 이에 맞서 "십자가의 신학"을 내세울 것이다.

---

54) 이 인용들은 Horton, "Evangelicals Should Be Deeply Troubled by Donald Trump's Attempt to Mainstream Heresy"에서 가져옴.
55) Horton, "Evangelicals Should Be Deeply Troubled by Donald Trump's Attempt to Mainstream Heresy"에 인용됨.
56) Horton, "Evangelicals Should Be Deeply Troubled by Donald Trump's Attempt to Mainstream Heresy"에 인용됨.

루터는 우리가 자기 십자가를 져야 한다고 예수께서 말씀하신 성경 본문을 폴라 화이트가 배척한 것이 얼마나 심각한 신성모독인지 주목했을 것이다. 루터에게 십자가는 우리 칭의의 기초만이 아니라 기독교적 삶의 열쇠, 하나님 계시의 본질, 그리스도인이 세상을—또한 우리 자신을—뒤집어 놓는 방식이다. 루터는 《시편 강해》에서 대문자로 썼다. "십자가만이 우리의 신학이다."[57]

십자가 중심 신학은 모더니즘과 포스트모더니즘 둘 다 전멸시킨다. 이 신학은 우리의 가장 쓰라린 고통을 다룰 수 있는 고난의 신학—아쉽게도 대부분의 현대 기독교 교파에서 찾을 수 없는—을 제공한다. 십자가 신학은 악의 문제에 맞선 싸움이라는 전적으로 다른 패러다임을 제공하면서 우리의 고난과 하나님 자신의 고난을 설명한다.

자기 숭배

오늘날 번영의 복음 운동이 이렇게나 유행인 것은 놀랄 일이 아니다. 이 복음은 포스트모더니즘의 전제들에 잘 들어맞는다. 번영의 복음은 덜 교육받고 가난한 사람들—번영을 *필요로 하는* 사람들, 특히 라틴 아메리카와 아프리카 지역에 사는 번영의 추종자들—과 연관 있음에도 불구하고 지적으로 세련된 미국 대학에서 가르치는 구성주의의 극단적인 종교적 적용에 불과하다. 자아는 자신의 선택과 신앙 체계를 통해 자신의 실재를 구축한다. 인문학 강의실의 뻔한 소리로부터 폴라 화이트의 설교까지는 몇 걸음 되지 않는다. "여러분에게는 생명과 죽음을 말할 수 있는 능력이 있다. 여러분이 하나님을 믿는다면 자신의 삶에서 무엇이든 창조할 수 있다."

---

57) Ps. 5, 12, *Operationes in Psalmos*, WA 5:176, 32.

성스러운 자아의 잠재력을 풀기

이와 동일한 사고방식이 오순절파 대형 교회와 텔레비전 복음 전도자 훨씬 너머까지 퍼져 있다. 더 세속화된 버전은 영감을 주는 세미나, 자기 계발서, 냉정하고 실용적이라 할 수 있는 비즈니스 영역의 베스트셀러에서 찾을 수 있다.

자아에 대한 이 집착은 우리의 유례없는 물질적 풍요와 결합해 우리 삶이 영광스러워야 한다는 기대와 특권 의식을 낳는다. 만일 내가 성공적이거나 행복하지 않으면 나는 그렇게 *되어야* 한다. 만일 내가 괴롭거나 불만족스러우면 무엇인가 *잘못된* 것이다. 나는 행복을 누릴 *자격이* 있다. 나는 *내게* 맞는 일을 해야 한다. 이러한 태도들은, 흔히 결혼 상담 중에 강화되는데, 수없이 많은 이혼과 가정 파탄으로 이어졌다.

오늘날의 자아 집착에는 포스트모더니스트적 구성주의에 더하여 모더니스트적 측면이 있다. 많은 이들이 내부의 신을 해방시키려고 애쓰지만, 다른 이들은 필연적 진보와 새로운 비非계시 종교에 대한 믿음을 갖춘 모더니즘의 렌즈를 통해 자아(그들 자신)를 본다. 게다가 원조 다원주의는 거대한 기계처럼 우주를 만든 초월적 신성을 강조했지만 그 안에 사는 한 사람 한 사람에는 관심이 없는 초월적 신성을 강조했다(항해하는 배에는 관심이 있지만 "배 밑에 있는 쥐들"에는 관심이 없었던 왕에 대한 볼테르의 비유를 기억하라). 그러나 현대판 이신론은 도덕적 테라피다. 하나님은 너무나 인정이 많아서 우리에게 벌을 주거나 우리 삶에 간섭하지 않는다. 우리 문제에 대한 새로운 의미의 도움에서, 구원을 위해 필요한 것은 속죄가 아니라 *테라피*다.

용기를 주기. 영감을 주기. 긍정하기. 격려하기. 이것들은 이상적인 연하장, 지지 그룹 또는 자기 계발 서적을 묘사하는 단어들이다. 개인에게는 타고난 내적 잠재력이 있다. 성공할 수 있는 능력이 각자의 내부에 숨겨진 채 발산되기만을 기다린다. 하지만 삶은 혹독할 수 있고 사람들은 삶의 여정에서 격려 받을 필요가 있다. 일상의 지루함은 따뜻한 영감을 필요로 한다. 사람들에게 필요한 것은 인생의 코치—멘토, 목사, 잘나가는 구루, 또는 영적 가이드, 심지어 일종의 신—이다. 곧 동행해 주고, 망설일 때 결정을 도와주고, 고군분투할 때 지지해 주며, 내적 역량을 발산시켜 주고, 개인이 승리에 이를 때까지 지켜봐 줄 수 있는 그런 존재이다.

이러한 심리는 모더니즘의 흔적이다. 모더니즘의 전망에 따르면 미래는 밝고 인간의 능력은 무한하다. 우리는 인간 역사의 첨단에 서 있으며 성공에 필요한 도구, 특히 과학기술 도구를 소유하고 있다. 계몽주의에는 "만물의 척도인 인간"(그들은 저 성차별주의 시대에 그런 식으로 말했다)을 높이는 인문주의가 동행했다. 오늘날 최첨단의 이상들은 인간이 기계와 결합하는 트랜스휴머니즘과 관련이 있다. 컴퓨터의 용량이 기하급수적으로 증대될 것이므로 컴퓨터가 의식을 얻게 되고 그 인공 지능이 인간 지능을 훨씬 추월할 때가 올 것이다("이성"을 중심에 두었던 계몽주의 믿음이 어떻게 "인간 이성"으로부터 이론상 무제한적인 기계들의 "이성"으로 진화했는지 잘 살펴보라).

우리는 테크놀로지에 의해 구원받을 것이다. 결국 인간은 그들의 의식을 인터넷에 다운로드 할 수 있게 되어 다른 모든 마음과 연합을 이루고, 육체 없이 지내는 게 가능해지며, 그 결과 만고불멸의 생명을 얻을 것이다. 구성주의적 종교들에서 볼 수 있는 것처럼 자아의 신성화가 개인을 높이는 반면, 테크놀로지의 신성화는 집단주의적이다. 곧 개인은 일체 속으로 녹아들 것인데 이는 동방 종교들의 목표가 세속화되고 첨단 기술화된 형태이다.

모더니티의 거침없는 자신감과 낙관주의는 현대 영성의 특징들—기하급수적 성장! 지속적 진화! 끝없는 진보!—이 되었다. 영적인 삶이 바른 격려와 영감과 지식의 도움으로 번성할 것이라는 기대가 만연해 있다. 우리가 만일 성공과 계몽의 열쇠인 영적 원칙들을 배우고 실천하기만 한다면 우리의 문제는 더 이상 없게 될 것이다. 우리가 이 원칙들이 무엇인지 발견할 수만 있다면 그것을 따라야 한다. 모든 것이 우리가 바르게 걸으면 요구를 들어주실지 모르지만 그렇지 않으면 관여하지 않으실 하나님보다는 자아―내 선택, 내 행동, 내 생각―에게 달려 있다.

우리 시대는 자기 숭배가 맹위를 떨치는 시대다. 자기 숭배는 어느 시대에나 있었지만 특히 오늘날의 영성에서 유례없는 성공을 거두었다. 자아보다 더 거룩한 것은 없다. 셀피selfie를 통해 자기self에게 영광을 돌리는 것은 현대 영성의 거룩한 아이콘이다. 당신의 내적인 자아가 세속적이든 명백히 종교적이든 모든 종류의 자아중심적인 영적 관행―자부심, 자기표현, 자기 발견, 자기 탐구, 자기 정량화―을 통해 번창하는 것보다 더 가치 있는 일은 없다. 명상, 긍정적 사고, 영혼의 환생은 모두 개인 속에 숨겨진 영지gnosis를 깨우는 데 목적을 둔다. 뉴에이지 영성의 난해한 세상은 서로 공통점이 거의 없는 믿음들과 관행들의 변화무쌍한 난장판이다. 그럼에도 한 가지 공통점이 있는데, 그것은 거룩한 자아의 잠재력을 열려고 애쓰는 것이다.

기독교도 이 운동의 영향에서 면제되지 못한다. 기독교는 최상의 연하장 감성과 지지 그룹 격려와 자기 계발 영감을 결합하여 궁극적인 영광의 신학을 만들라는 유혹을 받아 왔다. 오늘날 많은 설교자가 청중의 마음과 생각을 북돋우어 그들이 지금 최상의 삶을 살 수 있도록 영적 동기 부여의 말을 들려주고 싶어 한다. 설교의 목적은 절대 사람들을 불편하게 하지 말고, 항상 격려하며, 그들이 한 주를 신나게 시작하게 하는 것이다. 인간 핀터레스트Pinterest(이미지 공유 및 검색 소셜 네트워크 서비스 플랫폼. 핀pin과 인터레스트interest의 합성어로, 관심 있는 사진을 보드에 꽂는 것과 흡사하다-옮긴이) 페이지처럼, 목사는 사람을 기쁘고 즐겁게 하고, 고무하며, 그가 시도하기만 하면 삶이 어떤 모습이 될 수 있을지 보여 주어야 하는 존재다. 사람이 이 프로그램에 등록하기만 하면 성공과 승리, 건강과 부는 그의 것이 될 것이다. 그러나 이런 종류의 설교와 "건강과 부"의 복음에는 심각하게 결여된 것이 있으니, 곧 십자가에 달린 그리스도다.

십자가의 신학 vs 영광의 신학

성공과 영광에 집착하는 세상에서 루터교 신학은 현저히 다른 내용을 고백한다. 곧 *실재를 가장 잘 볼 수 있는 곳은 십자가 발치이다*.[58] 하나님은 그리스도의 십자가에서 그가 누구신지—또한 우리가 누구인지—를 드러내신다. 하나님은 고난과 고통 가운데 오셔서 진리를 말씀하신다. 그는 십자가상에서 자신을, 그리고 우리가 누구인지를 계시하신다. 이것은 십자가가 하나님과 우리 자신을 이해하는 초점임을 의미한다. 루터교 신학은 성공과 영광의 가능성을 주시하는 대신 십자가가 하나님의 참된 지식이 자리한 곳이라고 주장한다.

우리의 자연적 충동은 우리 자신을 위한 영광—성공, 갈채, 승리—을 열망하며, 따라서 우리의 모든 질문에 대한 해답과 모든 문제에 대한 해결책을 지니고, 경쟁자들을 이기며, 하나님의 능력을 나타내는 영광의 종교나 신학을 찾는다. 그러나 하나님은 하늘에서 내려오셨을 때 정복 영웅이나 영광의 왕으로 오시지 않았다. 오히려 그는 구유 안 비천한 아기로 오셔서 자라다가 십자가 고문을 받고 죽으셨다. 물론, 하나님은 영광스러우시고 그리스도는 사도신조에서 말하듯 "영광중에" 오실 것이며 우리도 새 하늘과 새 땅에서 영광스럽게 되고 참된 성공과 행복을 찾을 것이다. 세상의 성공과 행복은 이것들의 희미한 그림자에 불과하다. 그러나 우리는 지금 당장은 우리의 영광과 우리가 만든 영광의 신학들을 포기해야 한다. 바로 그리스도께서 "자기를 비워 … 죽기까지 복종하

---

58) 다음을 보라. Robert Kolb, "Luther on the Theology of the Cross," *Lutheran Quarterly* 16, no. 4 (2002): 464.

셨으니 곧 십자가에 죽으"신 것처럼(빌 2:7-8).

1518년 4월 마르틴 루터는 하이델베르그에서 열린 어거스틴 수도회 독일 지부 모임에서 발표했다. 각각 짤막한 변호문이 달린 이 논제들은 "하이델베르그 논쟁Heidelberg Disputation"으로 알려지게 되었다. 루터의 이 논제들은 하나님과 인간 피조물에 대해 달리 사고하는 개념적 틀을 제공했다. 루터는 스콜라 신학과 전혀 다른 관점에서 기독교 신앙에 접근했다. 그는 인간의 이성, 인간의 수행, 인간의 노력이 하나님의 호의를 얻을 수 있다는 생각을 거부했다. 대신 그는 하나님이 그의 사랑과 자비의 최대치를 전혀 예상치 못한 방식, 즉 예수 그리스도의 죽음과 부활로 드러내신다고 주장했다. 루터는 당시 지배적인 영광의 신학theologia gloriae을 대체할 십자가의 신학theologia crucis을 제시했다.

하이델베르그 논쟁은 28개의 신학적 진술로 이루어진 심오한 작품이지만 기본적으로는 매우 단순하다. 논제는 영광과 능력과 힘의 모든 인간 구축물을 절단하고 오직 하나님이 스스로 말씀하시도록 한다. 하나님을 억지로 인간 논리에 맞추기보다 하나님이 있는 그대로 말씀하시도록 한다. "영광의 신학자는 악을 선이라 선을 악이라 부른다. 십자가의 신학자는 사물을 있는 그대로 부른다"(21번 논제 〔LW 31:40〕). 루터는 자유의지, 인간의 수행, 하나님의 비가시적인 것을 간파하는 것 등에 대한 모든 생각을 타도하면서, 신학을 십자가상의 명백한 하나님 행위에 확립하려 했다. "그러나 하나님의 가시적이고 명백한 것을 고난과 십자가를 통해 파악하는 사람은 신학자로 불릴 자격이 있다"(논제 20 〔LW 31:40〕).

하나님과 인간이 둘 다 드러나는 십자가 아래에서 구원이 발견된다. 하나님의 호의를 얻으려 함으로써 우리 자신에게 영광을 가져오는 대신, 십자가는 세상과 우리의 삶 속에서 하나님 구원의 자리이다. "율법은 '이것을 행하라'고 말하지만 결코 행해지지 않는다. 은총은 '이것을 믿으라'고 말하며 모든 것은 이미 행해졌다"(논제 26 [LW 31:41]). 구원은 인간의 수행을 통해 얻어지지 않는다. 오히려 구원은 전적으로 죽음 한가운데서 새 생명을 창조하시는 하나님의 일이다. "하나님의 사랑은 그것에 기쁨이 되는 것을 찾지 않고 오히려 창조한다. 인간의 사랑은 그것에 기쁨이 되는 것을 통해 생긴다"(논제 28 [LW 31:41]).

루터는 중세 신학의 교만을 다루기 위해 자신의 십자가 신학을 발전시켰다. 저명한 종교개혁 학자 로버트 콜브Robert Kolb는 루터가 영광의 신학들이 어떻게 실재와 괴리되는 것을 봤는지 설명한다.

> 루터는 이 영광의 신학들이 부적격이고 불충분하며 쓸모없고 무력한 것을 보았다. 왜냐하면 그러한 영광의 신학은 인간이 조종할 수 있는 하나님, 자신의 힘으로 삶을 지배하려는 인간 피조물을 약간의 신적 도움의 터치만으로 지원해 주시는 하나님에게 손을 뻗는다. 이것은 루터의 하나님 이해에도, 또한 루터 자신의 인간됨의 인식에도 맞지 않았다. 영광의 신학자들은 그들 자신의 형상으로, 또한 인간 피조물의 갈망이 그린 그림으로 신을 창조한다. 그 어느 것도 실재에 맞지 않는다고, 루터는 주장했다.[59]

루터가 십자가 신학―우리는 자신과 예수 그리스도의 연약함과 고난 속에서 하나님을 가장 깊이 안다는 이해―이라고 부른 것은 그의 가장 풍성한 인식 중 하나이다. 그러나 교회 역사에서 영광의 신학이 지배적이었던 것에 대해 아무도 놀라서는 안 될 것이다. 지배dominance는 영광의 신학―신학에 대한 이성의 지배, 인간 성취의 지배, 하나님을 지배하고 그가 우리 명령을 따르시게 하

---

59) Kolb, "Luther on the Theology of the Cross," 448.

려는 목표—이 추구하는 전부다. 포스트모더니스트 비판자들은 종교가 권력—특권 그룹의 문화 권력과 개인의 권력 의지—의 한 징후에 불과하다고 주장한다. 이 비판은 분명 불공정하고 환원적이지만 영광의 신학은 실제로 권력 지향적이다. 이와 반대로, 인간 권력을 철저히 거부하고 성육신과 십자가 안에서 하나님이 자신의 능력을 거부하신 십자가 신학은 포스트모더니스트적 기독교 비판에 대한 확실한 응답이다.

십자가 신학은 십자가에 달리신 그리스도를 의지하며 자신의 행위에 절망하고 세상에서 시련을 겪는 그리스도인의 영적 삶에서 늘 일부분이 되어 왔다. 그럼에도 신학적 공식으로서, 십자가를 모든 신학의 기초로 삼는 루터의 방식은 얼마 안 있어, 심지어 개신교회에서도 하나님께 대한 더욱 "영광스러운" 접근에 의해 대체될 것이었다. 칼빈주의의 중심 원칙은 십자가상의 그리스도 대신 "하나님의 영광"이다. 아이러니하게도 이것은 반종교개혁의 사고방식과 평행을 이룬다(예수회의 슬로건이 "하나님의 더 큰 영광을 위하여"였다). 분명 17세기는 영광의 시대이며 권력의 시대였다. 바로크 건축의 당당한 화려함에서부터 가톨릭 절대 왕정과 새로운 개신교 의회 정부 사이의 정치권력 투쟁에 이르기까지 그랬다. 30년 전쟁이 곧 기독교를 십자가의 시험으로 벌할 것이었지만.

기독교는 천년왕국설, 사회 복음, 기적을 기대하는 오순절 운동과 같은 영광의 신학을 계속 발전시켰다. 그러나 영광을 위한 영적 충동은 곧 세속의 영역으로 건너갔으며, 거기서 성경이나 성육신의 어떤 제약도 받지 않고 번창할 것이었다. 예수회 회원과 칼빈주의자들은 이미 이성을 칭송하며 18세기 계몽주의의 길을 준비했는데, 계몽주의는 오직 이성을 신뢰하며 전적으로 계시를 거부했다. 이성의 시기가 공포 정치로 끝난 것과 똑같이 이후의—파시즘과 공산주의 같은—유토피아적 영광의 기획은 억제되지 않은 인간 죄악의 악몽으로 끝이 났다.

그동안 까맣게 잊혔던 루터의 가르침—십자가의 신학—을 일부 신학자들이 재발견한 것은 바로 이런 유토피아적 꿈이 실패한 잔해 속에서였다. 알리스터 맥그래스Alister McGrath는 어떻게 이 교리가 20세기 전쟁들에서 발생한 "자유주의 개신교의 가치와 열망의 풍비박산"에 응답하며 재흥했는지를 보여 준다. 그는 말한다. "루터의 십자가 신학은 새로운 중요성을 지니게 되었다. 왜냐하면 무시할 수 없는 질문—하나님은 *참*으로 거기에, 문명의 파괴와 유기 가운데 계시는가?—을 다룬 것이 바로 이 신학이기 때문이다. 갈보리의 유기 속에 숨겨진 하나님의 현존에 대한, 십자가에서 버림받은 그리스도에 대한 루터의 선포는 하나님에 의해 버려졌다고 느끼고 어디서도 그의 임재를 찾을 수 없는 사람들의 심금을 울렸다."[60] 이러한 감정은 포스트모던 시대의 편안함과 풍요 속에서도 지속된다.

고통

현대 문화와 영성의 또 다른 특징은 고통이 본질적으로 악하며 의미 없다는 가정이다. 우리 생각에 고통은 무슨 수를 써서라도 피해야 한다. 우리는 고통받기보다 차라리 죽는 것—의사의 손에 죽임당하길 요구하는 지점까지—이 낫다. 인간은 의술, 테크놀로지, 경제적 풍요에서 많은 진전을 보았기에 편안함과 즐거움이 최상의 가치가 되었다. 21세기 서구에 사는 사람들은 틀림없이 역사상 그 누구보다 고통을 덜 받고 있기에, 우리는 육체적이든 감정적이든 어떤 종류의 고통도 이상한 일이며 목적이나 의미가 없는 것이라고 간주한다.

---

[60] Alister McGrath, *Luther's Theology of the Cross: Martin Luther's Theological Breakthrough* (Cambridge, MA: Blackwell, 1990), 179.

물론 인간은 언제나 고통을 미워했으며 이는 당연한 일이다. 그러나 루터는 하이델베르그 논쟁에서 고통의 공포를 과소평가하지 않으면서도 그 가치의 단면을 말한다.

> 하나님의 비가시적인 것들을 마치 실제 일어난 것들 속에서 분명히 지각할 수 있는 양 바라보는 사람은 신학자로 불릴 자격이 없다. (논제 19)

> 그러나 하나님의 가시적이고 명백한 것들을 고통과 십자가를 통해 파악하는 사람은 신학자로 불릴 자격이 있다. (논제 20 [LW 31:52])

게르하르드 퍼디Gerhard Forde는 하이델베르그 논쟁에 관한 해설서[61]에서, 고통을 악이라고 자동적으로 간주하는 반사 작용은 루터가 논제 21에서 가리키는 것—"영광의 신학자는 악을 선이라 선을 악이라 부른다"—의 일부라고 말한다. 이 헷갈리는 말은 앞에서도 인용한 바 있다. 이 논제에 대한 루터의 증명 부분이다.

> 이것은 분명하다. 곧 그리스도를 알지 못하는 사람은 고통 속에 숨으신 하나님을 알 수 없다. 그러므로 그는 고통보다 행위를, 십자가보다 영광을, 연약함보다 강함을, 미련함보다 지혜를, 그리고 일반적으로 악보다 선을 선호한다. … 이처럼 그들은 십자가의 선을 악이라 부르고 행위의 악을 선이라 부른다. 하나님은 오직 고통과 십자가에서만

---

[61] Gerhard Forde, *On Being a Theologian of the Cross: Reflections on Luther's Heidelberg Disputation, 1518* (Grand Rapids, MI: Eerdmans, 1997), 82.

발견될 수 있다. (LW31:53)

맥그래스는 관찰한다.

> 고통이나 악을 세상으로의 당치 않은 침입으로 보기는커녕(루터는 이를 "영광의 신학자"의 의견으로 간주한다) "십자가의 신학자"는 그러한 고통을 가장 고귀한 보물로 여긴다. 왜냐하면 그러한 고통 속에 계시되었지만 숨겨진 분은 다름 아닌 살아 계신 하나님이기 때문이다. 그는 자신이 사랑하는 이들을 구원하시기 위해 일하고 계신다.[62]

그러나 도대체 어떤 의미에서 고통이 선이 될 수 있는가? 퍼디는 말한다. "악은 분명 고통을 야기하지만, 늘 그런 것은 아니다."

> 그러나 고통의 원인이 늘 악인 것은 아니다. 아마 대부분의 경우에 아닐 것이다. 사랑은 고통을 야기한다. 아름다움은 고통의 원인이 될 수 있다. 조르면서 맹렬하게 우는 아이들은 고통을 야기할 수 있다. 일상의 수고와 괴로움, 그 밖의 일들이 고통을 야기할 수 있다. 그러나 이것들을 악이라고 부를 수는 없을 것이다.[63]

타인의 고통은 우리의 동정심을 불러일으킬 수 있다. 우리 자신의 고통은 우리를 더 큰 하나님 믿음으로 밀어 넣을 수 있다. 그리고 하나님의 고통—예수 그리스도의 십자가—은 우리에게 구원을 준다.
이 점은 오늘날 사람들이 하나님의 존재를 믿지 않으려고 꼽는 주된 이유에

---

62) McGrath, *Luther's Theology of the Cross*, 151.
63) Forde, *On Being a Theologian of the Cross*, 84.

비추어 볼 때 중요하다. 그들은 말한다. "나는 세상에 고통을 허락하는 하나님을 믿을 수 없어." 그들은 주장한다. "선하고 전능한 하나님이라면 고통을 허용할 수 없을 거야. 세상에는 고통이 있어. 그러므로 하나님은 선하지 않거나 전능하지 않아." 그들의 최종 결론은 "하나님은 존재하지 않는다"이다. 그리스도인들은 그 문자적 의미가 "하나님을 의롭게 하다"인, 이른바 신정론theodicy을 구축함으로써 이 주장에 대한 응답을 시도한다. 퍼디는 아무런 치료제가 없는 질병과 조기 사망으로 인한 인간의 불행에도 불구하고 "18세기 이전에는 이른바 신정론을 세우려는 시도가 극히 적었다는 사실이 놀랍다"[64]고 말한다. 욥에서부터 교부들, 그리고 그 이후에 이르기까지 신자들은 하나님과 고통이 어떻게 공존할 수 있을지 이해하려고 애썼지만, 계몽주의 시대에 그리고 모더니티가 도래해서야 비로소 사람들은 하나님이 고통을 허용하시는 데 대해 그를 심판하고 비난하기 시작했다.

퍼디에 의하면 하나님을 비난하는 것만 아니라 고통을 해명하고 하나님을 변명하는 시도 또한 영광의 신학의 징후다.

> 행위는 선하고 고통은 악하다. 그러므로 이러한 기획을 주관하시는 하나님은 과거 "악"이라 불린 것에 대한 모든 비난에서 면제되어야 한다. 영광의 신학은 하나님에 대한 극도로 단순한 이해로 끝난다. 플라톤 같은 철학자들에 따르면 하나님은 모든 것의 원인이 아니라 "선"이라고 부를수 있는 것만의 원인이다. 어떻게 그런 신이 십자가에 연루될 수 있는지 알기가 어렵다.[65]

"그런데 이 치장된 신은 성경의 하나님인가?"라고 퍼디는 묻는다. "하나님을

---

64) Forde, *On Being a Theologian of the Cross*, 84n.
65) Forde, *On Being a Theologian of the Cross*, 12-13.

겉꾸미려는 이 시도들이 바로 불신앙의 원인일 수 있지 않을까?"

퍼디는 십자가의 신학자들은 이와 반대로 "극도로 단순한 신정론으로 내몰리지 않는데, 그것은 그들이 성 바울처럼 하나님이 바로 예수님의 십자가와 부활에서 자신의 의를 보이신다고 믿기 때문이다. 그들은 신자가 옛 것에 대해 죽음으로써 그리스도 안에 살고 그와 함께 부활하기를 바란다는 것을 안다"[66)]고 말한다.

플래너리 오코너Flannery O'Connor가 "십자가의 땀과 악취"라고 부른 것[67)]과 대조적인 이 "치장된 하나님"을 선호한 필연적 결과로, 설교의 목적과 교회의 사명이 달라진다. 곧 설교와 목회적 돌봄이 복음적인 것—예수 그리스도의 십자가를 죄인의 구원에 적용하는 것—이 아니라 단순한 테라피가 될 수 있다. 곧 그들은 사람들의 문제를 해결하고 그들을 더 행복하게 하고 감정적, 정신적 고통을 경감시키려고 한다. "설교자들은 낙관적인 감언이설로 우리의 자존감을 떠받쳐 주려고 애쓴다"고 퍼디는 지적한다. "교회는 십자가와 부활의 말씀이 선포되고 들리는 그리스도의 몸의 회합이라기보다 주로 서포터 그룹이 된다."[68)]

"그는 참으로 우리의 질고를 지고 우리의 슬픔을 당하셨다"

종교개혁 기간 중 루터파와 개혁파 사이에 그리스도 안에서 "하나님이 고난당하셨다"라든지 "하나님이 죽으셨다"라고 말하는 것이 적합한지 논쟁이 일어났다. 츠빙글리는 그리스도의 인성만 고난당하고 죽었다고 주장했다. 그리스도의 신성을 포함하여 하나님은 고난당하고 죽을 수 없다. 츠빙글리는 하나님의 "무

---

66) Forde, *On Being a Theologian of the Cross*, 85.
67) O'Conner, *The Violent Bear It Away* (New York: Farrar, Straus & Giroux, 1955), 8.
68) Forde, *On Being a Theologian of the Cross*, xi.

고통impassibility"의 교리—신성은 어떤 종류의 격정passion보다 훨씬 위에 있어 전적으로 초월적이고 자기 충족적인 존재라는, 플라톤과 아리스토텔레스에게 영향 받은 개념—를 강조했다. 따라서 인간 예수만 죽었다. 삼위일체의 제2위이신 성자는 죽지 않았다. 실제로 개혁파 신학자들은 신성이 물질적인 것에 둘러싸이거나 그 안에 담길 수 없으므로 성자는 예수 안의 성육신과 별다른 존재라고 가르쳤다.

루터파는 신성과 인성이 각기 구분된다는 것에는 동의했지만, 성육신은 이 두 본성이 예수 그리스도의 인격 안에서 합치는 것을 의미한다고 답했다. 맞다, 성부 하나님은 고난당하지 않으셨다. 그러나 성자 하나님은 고난당하셨다. 그는 그가 고통당할 수도 있고 죽을 수도 있게 만든 인간 본성을 취하심으로써 고통당하셨다. 신성은 이런 식으로 고통과 죽음을 경험했다. 루터교 신학자인 마틴 켐니츠Martin Chemnitz는 《그리스도 안의 두 본성 The Two Natures in Christ》[69]에서 다음과 같이 설명했다. 인간에게도 두 본성이 있다. 우리에게는 육체적 본성과 영적 본성, 몸과 영혼이 있다. 우리는 육체적으로 경험하는 것을 영적으로도 경험한다. 우리 몸이 고통당할 때 우리의 영혼도 그것을 느낀다. 우리는 한 인격체이기 때문이다.

예수가 자신의 육체 안에서만 인간이었고, 그의 신성은 영혼을 대신했다는 의미가 아니다. 켐니츠에 의하면, 오히려 예수에게는 인간 육체와 인간 영혼이 있었다. 이 둘의 관계는 루터파의 속성 간의 교류 교리에 대한 유용한 설명이 된다. 그리스도 안에서 신성과 인성은 서로 "교류"한다. 따라서 초월적이고 불변하시는 하나님이 십자가에서 고난당하고 죽으셨다고 말할 수 있다.

만일 단지 어떤 사람이 십자가에서 죽었다면 그가 아무리 선하고 거룩하더라도 그의 죽음은 우리 모두에게 전혀 도움이 되지 않는다. 루터는 이렇게 설명한다.

---

[69] Martin Chemnitz, *The Two Natures in Christ* (St. Louis: Concordia, 2007), 34-35.

만일 오직 인간만 죽고 하나님은 우리를 위해 죽으셨다고 말할 수 없다면 우리는 가망이 없다. 그러나 만일 하나님의 죽음과 죽으신 하나님이 천칭에 놓인다면 하나님 쪽은 내려가고 우리 쪽은 가벼운 빈 저울처럼 올라간다. 하지만 그는 다시 쉽게 올라가거나 저울 밖으로 뛰쳐나올 수도 있다! 그런데 만일 그가 우리처럼 인간이 되지 않는다면, 그래서 우리가 예수님의 죽음이 하나님의 죽으심, 하나님의 순교, 하나님의 피, 하나님의 죽음이라고 불릴 수 없다면 그는 저울에 있을 수 없을 것이다. 하나님은 본성상 죽으실 수 없다. 하지만 이제 하나님과 인간이 한 인격 안에서 연합했으므로, 하나님과 한 본질이거나 한 인격인 사람이 죽으면 하나님의 죽음이라고 말할 수 있다. 〔LW 41:103-4〕[70]

그러므로 우리가 하나님이 십자가에서 죽으셨다고 말하는 것은 옳다. 이 속성 간의 교류 가르침—다른 함의들도 있음을 앞으로 보게 될 것이다—은 루터파 신학의 특징적 요소가 되었다. 이것은 신조들, 대·소교리문답, 신앙고백들, 루터교 신학을 정의하는 설명을 모은 《일치서 Book of Concord》[71]에 잘 기술되어 있다.

여기서 핵심은 그리스도 안에서 하나님이 고난당하시고 죽으신다면, 이것은 악과 고통의 문제에 대해 심오한 결과를 낳는다는 것이다. 사람들이 보통 하는 질문—만일 하나님이 온전한 선이고 전능자라면 왜 세상에 악과 고통을 허용하시는가? 왜 그는 아무것도 안 하시는가?—은 이신론의 초월적이고 초연

---

70) Solid Declaration of the Formula of Concord, Article VIII, paragraph 44에 인용됨. 국내에서 《일치서》는 《신앙고백서: 루터교 신앙고백집》이라는 제목으로 컨콜디아사(지원용 역, 1991)에서 출판되었다.
71) Solid Declaration of the Formula of Concord, Article VIII.

한 하나님을 가정하는 것이다. 하나님은 세상의 악과 고통을 내려다보시기만 할 뿐 아무것도 하지 않으시는 것으로 생각된다. 기독교적 관점에서 이것은 하나님을 그리스도 안 그분의 자기 계시와 별도로 이해하려고 한, 루터가 "불가해한" 그리하여 "견딜 수 없는" 하나님이라고 가리킨 것의 한 예가 될 것이다.

그러나 "성육하시고 인간이신 하나님"을 생각한다면, 우리는 인간의 조건 속으로 들어오시고 자신을 악과 고통에 종속시키는 신성—슬픔의 사람, 비탄의 사람(사 53:3)—을 발견하게 된다. 그뿐만 아니라 그는 십자가에서 온 세상의 악과 온 세상의 고통을 자신 속으로 가져가셨다. 그리스도께서 우리의 죄를 짊어지셨다는 것은 기독교 신학의 틀에 박힌 말이다. 그러나 대속에 대한 성경의 주된 증언인 이사야의 예언은 그가 우리의 고통을 짊어지셨다고 말한다.

> 그는 멸시를 받아 사람들에게 버림받았으며
>   간고를 많이 겪었으며 질고를 아는 자라
> 마치 사람들이 그에게서 얼굴을 가리는 것 같이 멸시를 당하였고
>   우리도 그를 귀히 여기지 아니하였도다
> 그는 실로 우리의 질고를 지고
>   우리의 슬픔을 당하였거늘
> 우리는 생각하기를 그는 징벌을 받아
>   하나님께 맞으며 고난을 당한다 하였노라
> 그가 찔림은 우리의 허물 때문이요
>   그가 상함은 우리의 죄악 때문이라
> 그가 징계를 받으므로 우리는 평화를 누리고
>   그가 채찍에 맞으므로 우리는 나음을 받았도다(사 53:3-5)

"그가 찔림은 우리의 허물 때문이요" 그리고 "그가 상함은 우리의 죄악 때문이라." 이것은 우리의 칭의를 가능하게 하는 "놀라운 교환"이다. 이것이 악의 문제("어떻게 의로우신 하나님이 그렇게 많은 악을 세상에 허용하시는가?")에 대한 답이다. 그는 악을 허용하시지도, 손 놓고 계시지도 않는다. 오히려 그는 악을 자기 안으로 가져가신다. 나아가, 자주 간과되는 이 본문에 따르면 그는 "우리의 질고를 지고 우리의 슬픔을 당하였"다. 이것은 고난의 문제("어떻게 의로우신 하나님이 그렇게 큰 고통을 세상에 허용하시는가?)에 대한 답이다. 하나님은 고난을 허용하시지도, 손 놓고 계시지도 않는다. 오히려 그는 고통을 자기 안으로 가져가신다. "그가 채찍에 맞으므로 우리는 나음을 받았도다." 즉, 성육하신 하나님의 죽음이 우리를 더 이상 죄와 고통이 없는 영생으로 이끌면서 우리의 죄와 고통 둘 다 고침을 받았다.

이것은 모든 것에 대한 답을 가진 영광의 신학류가 제시하는 신정론이 아니다. 합리주의자들은 어떤 의미에서 한 사람이 세상 죄와 슬픔을 "짊어질" 수 있는지 여전히 답을 요구할 것이다. 만일 인간 예수나 하나님 아들의 "인성"만이 아니라 하나님이 자신을 저울 위에 놓으셨다는 것을 사람이 믿는다면 다른 사람들의 범죄에 대해 한 사람을 벌하는 것은 불공평하다는 도덕적 반대는 제거된다. 또한 일부 비판자들이 주장하듯, 한낱 인간을 세상 죄에 대한 희생 제물로 사용하는 것은 인간 희생의 야만적 행위로 보일 수 있는 반면, 만일 하나님이 자신을 하나님께 희생하신다면 이야기는 전혀 달라진다. 한 인간이 공동체를 대신해 상징적으로 죄를 대표하고 벌을 받는 임의의 희생양 역할을 할 수 있을 것이다. 그러나 자신을 희생 제물로 만드시는 전능하신 하나님은 죄에 대한 자신의 심판을 현실로 받아들이시기 위해 참으로, 말 그대로, 세상의 고통과 죄를 떠맡으신다, 심지어 죄가 *되신다*(고후 5:21).

우리가 이렇게 말할 때 성부 하나님이 우리 죄를 위해 고난당하셨다고 하는 것이 *아니다*(*성부 고난설의 이단*). 그렇다고 신성의 "무고통"을 부정하는 것도 아니다.[72] 성자 하나님은 고난당하고 죽기 위해 성육하셔야 즉 인성을 취하셔야 했다. 그러지 않았다면 그는 고난당하고 죽을 수 없었을 것이다. 성자가 성부로부터 버림받으신 데서 절정에 이른(마 15:34), 십자가에서 발생한 삼위일체의 위격들 간의 사건은 어떠한 인간 이해도 흔들어 놓는다.

물론 하나님의 아들이 속죄했지만 죄는 여전히 남아 있다. 물론 하나님의 아들이 우리의 슬픔을 짊어졌지만 고난은 아직 남아 있다. 그러나 이것들은 이미 다 다뤄진바 되었다. 우리가 오직 십자가를 통해 하나님을 안다는 것은 그의 영광도, 또한 죽음 이후에 우리를 기다리는 영광도 부정하지 않는다. 이 세상에서 우리는 우리 죄에 맞서 싸워야 하며 십자가 안 우리의 소유인 죄 사함을 지속적으로 의지해야 한다. 이 세상에서 우리는 자기 십자가를 져야 한다(눅 9:23). 그러나 우리의 고난과 십자가는 주님의 고난과 십자가 안으로 수용되었다. 성육하신 하나님의 고난의 의미는 단순히 철학적이고 신학적인 수수께끼의 해결이 아니다. 그것은 우리의 고난과 관련 있다. 성자 하나님이 슬픔의 사람, 비탄의 사람(사 53:3)이 되시고 "*그가 우리의* 질고를 짊어지시고 *우리의* 슬픔을 당하"셨다(사 53:4)는 것은 하나님이 우리가 겪을 수 있는 최악의 상황을 "익히 아심"을 의미한다. 그는 고뇌 가운데 있는 우리와 함께하시며 우리를 도우신다. 참으로, 비록 우리가 장차 경험할지도 모를 것에 대한 공포가 사라지지 않을지라도 고통은 우리로 하여금 그를 더욱 의지하게 만들고 그와 더 긴밀한 관계를 맺게 한다. 다시 말해, 고난은 우리의 믿음을 강화한다.

십자가는 냉담하고 팔짱 끼고 있는 신성 대신 인간 조건의 가장 어두운 곳에 들어오시고 악을 극복하도록 자신을 주시는 하나님을 드러낸다. 이분은 우리의

---

72) "Catalog of Testimonies," 639를 보라. 이 부분은《일치서》의 부록으로서 그리스도의 두 본성 및 속성 간의 교류에 대한 교회 교부들의 글을 인용하며, 이 사상이 그들과 일치됨을 밝히며, 루터교 기독론이 역사적 정통 교리에 부합한다는 것을 보여 준다.

괴로움을 나누시고 우리가 그것을 견디도록 도우시는 하나님이다. 이분은 우리를 사랑하시는 하나님이다. 이분은 우리를 위한 하나님이다.

현대의 영광의 신학 VS 십자가

모더니즘은 영광의 신학이다. 이성에게 모든 답이 있다. 과학과 기술은 우리의 모든 문제를 풀 수 있다. 전문가들은 사회를 유토피아로 개조할 수 있다. 진보는 점점 더 나아지는 삶을 보장한다.

포스트모더니즘도 영광의 신학이다. 인간들은 자신의 실재를 구축한다. 사람들은 자신의 도덕을 선택한다. 문화, 예술, 사상, 법률은 권력을 위한 "가면"에 불과한데, 한 그룹이 다른 그룹들을 억압하다가 이후 그 역할이 뒤바뀐다. 역사, 사회, 인간의 삶은 주로 권력에의 의지(이성이 아닌 의지가 결과를 결정한다)에 의해 통치된다.

힘이 아니라 약함 가운데 있는 인간에게 힘이 아니라 약함으로 하나님이 오신다는 메시지인 십자가 신학은 모더니즘과 포스트모더니즘 모두 뒤엎는다. 이것은 단지 십자가의 신학이 아니라 십자가의 경험인데, 고통은 그것이 육체적이든 정신적이든 감정적이든 이성과 진보에 대한 모더니스트의 자신감을 어리석은 것으로 만들 수 있다. 질병, 실패, 죽음, 이것들은 정신적이거나 사회적인 구축물이 아니라 포스트모더니스트가 피할 수도, 해명할 수도 없는 가혹하고 객관적인 실재다. 허세 부리는 자아가 산산조각 나는 이러한 순간에 모더니스트와 포스트모더니스트 모두 십자가에 달리신 그리스도 안에 있는 하나님의 사랑에 열릴 수 있다.

토론을 위한 질문

1. 번영의 복음은 무엇이 잘못되었는가? 어떻게 해서 그것은 일종의 자기 숭배인가? 번영의 복음을 믿는 사람이 재정적 파산, 실패, 고난을 경험한다면 어떤 일이 일어나는가?

2. 영광의 신학과 십자가 신학의 차이를 설명하라.

3. 현대 기독교에는 고통의 신학이 부재한다고 한다. 그 결과, 사람들은 고통이 의미 없는 것이라고 생각한다. 우리는 고통 받느니 차라리 죽기를 바란다. 십자가 신학이 우리의 고통에 대한 다른 관점을 어떻게 제공할 수 있는가? 부정적 경험이 실제로 우리의 신앙을 어떻게 강화할 수 있는가?

4. 사랑이시고 전능하신 하나님이 있다면 왜 그는 세상의 모든 악과 고난에 대해 뭔가 하시지 않는가? 성육신과 대속의 교리는 이 질문에 어떻게 답하는가?

5장

실제 현존

오늘날 많은 사람이 말한다. "나는 종교적이지는 않지만 매우 영적이야." 다른 말로, 그들은 교리, 도덕적 가르침, 예식, 그 밖의 장식을 갖춘 종교 기관에 관심이 없다. 그러나 그들에게는 "영적인 영역"과 맺는 자신만의 사적인 관계가 있다. 그들은 명상하며, 심지어 기도한다. 그들은 초월의 경험을 계발한다. 그들은 일종의 영적 실재를 인정한다. 그들은 물질세계는 환상으로서, 명상과 요가를 통해 탈출할 수 있다고 가르치는 힌두교 혹은 "일체"와 구분되고, 고통을 피할 수 없는 물질 영역으로부터 분리되는 방법을 가르치는 불교에 빠져 허우적댄다. 오늘날의 "영적이지만 종교적이지 않은" 사람들은 영적인 것이 물질적인 것보다 훨씬 더 중요하다는 많은 전통적 신비가와 종교인의 말에 동의한다.

기독교는 이와 달리 *물질적* 종교다. 루터파 기독교는 특히 이를 강조한다. 기독교는 하나님이 물질세계를 창조하셨고 이 세계를 주재하신다고 가르친다. 더 나아가, 하나님은 그리스도 안에서 "육신이 되"셨으며(요 1:14), 그리스도는 육체적으로 죽으시고 육체적으로 죽음에서 부활하셨다. 우리는 세례의 물질적 물과 성찬의 물질적 떡과 포도주를 통해 이 육체적 그리스도와 연결되어 있다. 그리스도께서 육체로 재림하실 때 우리는 물질적인 새 창조 안에서 몸의 부활을 경험할 것이다(계 21:1-7).

루터교는 성례전적이다. 성례전은 "하나님의 명령이 있으며 은총의 약속이 첨가된 의식들"이다.[73] 이 점에서 루터교는 로마 가톨릭과 동방 정교회와 비슷하고 대부분의 개신교와 다르다. 성공회도 성례전적이지만 그들은 성례전이 무엇이며 무엇을 행하는지에 대한 폭넓은 해석을 허용한다. 루터교인은 성례전을 "높이"—어떤 면에서는 가톨릭의 견해보다 훨씬 높이—보는 점에서 매우 독특하다.

루터교인은 세례가 단순한 물이 "하나님의 말씀과 결합된" 것으로서 "죄 사함을 주고 사망과 마귀로부터 건지며, 이를 믿는 모든 이에게 영생을 준다"고 믿는다.[74] 그 이유는 성령이 세례에 참으로 현존하셔서 심지어 유아의 마음속에도 칭의의 믿음을 창조하시기 때문이다. 가톨릭 신자는 세례가 원죄만 제거하며 세례 이후의 죄는 죄 고백과 사면의 고해성사 제도를 요구한다고 믿는 반면, 루터교인은 세례가 모든 죄를 담당하며 그 유익이 일평생 유효하다고 믿는다. 물론 사람은 세례로 주어진 믿음을 잃을 수 있으며, 지속적으로 하나님의 말씀, 성찬, 율법과 복음으로 자양분을 받지 못하면 그 믿음은 정말 죽을 가능성이 크다. 그러나 믿음으로 되돌아가는 회심자는 세례로 되돌아가는 것이다.

---

73) Apology of the Augsburg Confession, Article XIII (VII), paragraph 3.
74) Small Catechism, The Sacrament of Holy Baptism.

실제로, 그리스도인 삶의 많은 것과 교회 관습의 많은 것—기도, "성부와 성자와 성령의 이름으로," 죄 고백과 사면, 십자 성호, 강복—이 세례를 가리키는 것으로, 세례받은 자들이 하나님 앞에서 자신의 구속받은 상태를 상기하도록 디자인된 것이다.

루터교인은 성찬이 "떡과 포도주 아래 있는 우리 주 예수 그리스도의 참된 몸과 피"라고 믿는다.[75] 가톨릭 신자는 성찬(성체성사)을 하나님께 바친 제물로, 화목의 성례전(고해성사)을 통해 죄 씻음 받은 자들이 받아야 할 것으로 믿는다. 그러나 루터교인은 성찬이 그리스도로부터 우리에게 내려오는 것이라고, 바로 거기서 주님이 우리 죄를 사하기 위해 자신의 몸과 피를 주신다고 믿는다. 루터는 소교리문답에서 말한다. "'죄 사함을 위해 너에게 주고 흘리는'이라는 이 말은 성찬에서 죄 사함, 생명, 구원이 이 말씀을 통해 주어진다는 것을 우리에게 보여 준다."[76] 가톨릭은 떡과 포도주가 눈에는 그렇게 보이지만 그 실체는 그리스도의 몸이며 피라는 화체설을 믿는다. 루터교인은 그리스도의 몸이 떡과 연합하고 그의 피가 포도주와 연합한다는, 그들이 "성례전적 연합"이라고 부르는 것을 믿는다.

루터교는 성례전 신학과 그 밖의 영역에서, 현존의 신학을 내놓는다. 루터교인은 하나님이 피조물 너머로 초월하심과 자녀들의 마음속에 내주하심 둘 다 긍정하며, 하나님이 물질 영역 안에 그리고 물질 영역을 통해 현존하신다는 것도 가르친다. 이것은 성례전에 적용되며, 나중에 다룰 테지만, 땅의 영역과 사회 영역에도 적용된다. 하나님은 이 영역들 안에 신적인 섭리로, 우리의 소명 안에 현존하신다.

오늘날 모더니스트와 포스트모더니스트 모두 객관적 물질세계에 어려움을 느

---

[75] Small Catechism, The Sacrament of the Altar.
[76] Small Catechism, The Sacrament of the Altar.

낀다. 이는 아이러니인데, 왜냐하면 두 그룹 모두 물질세계가 존재하는 전부라고 흔히 추정하기 때문이다. 그들은 물질 영역에는 아무 의미가 없으며, 의미란 순전히 인간적 기획이라고 추정한다. 오늘날 종교적인 사람들조차 흔히 이 추정에 동의하여, 물질 영역은 순전한 영성의 상태로 들어가기 위해 도망쳐 나와야 할 곳이 된다. 루터파 기독교는 영적인 것과 물질적인 것을 한데 묶기 때문에 모더니즘과 포스트모더니즘의 일부 피해자들을 고칠 수 있는 잠재력이 있으며, 영생을 위한 구원의 신비와 이 세상 속 존재의 신비 둘 다 드러낸다.

탈주술화와 재주술화

선구적 사회학자인 막스 베버Max Weber는 모던 시대의 영향을 "마법에서 깨어나기disenchantment"로 묘사했다.

> 우리 시대의 운명은 합리화와 지성화로 특징지을 수 있으며, 무엇보다, "세상의 마법에서 깨어나기"라고 특징지을 수 있다. 정확히는, 궁극적이고 가장 숭고한 가치들은 공적 삶에서 후퇴해 신비적 삶의 초월적 영역 속으로, 또는 직접적이고 개인적인 인간관계의 형제애 속으로 들어갔다.[77]

베버는 저 "궁극적이고 가장 숭고한 가치들"을 여전히 찾을 수 있다고 말하지만 그것들은 "세상" 안에, 곧 객관적인 물리적 실재 안에 있지 않다. 오히려 그

---

77) "Science as a Vocation," 20, trans. Max Weber, "Wissenschaft als Beruf," in *Gesammelte Aufsätze zur Wissenschaftslehre* (Tübingen: J C. B. Mohr, 1922), 524-55. 온라인으로 볼 수 있다. http://www.wisdom.weizmann.ac.il/~oded/X/WeberScienceVocation.pdf.

것들은 초월적 신비주의의 비이성적 영역이나 "개인"의 사적 영역 안에서 찾을 수 있다.

흥미롭게도 베버는 이 발언을 1918년 "소명으로서의 과학"이라는 강의에서 했는데, 1918년은 "모더니즘"이라는 이름으로 진행될 지적, 예술적 운동의 시작과 근접한 때였다. 다른 사상가들의 기여와 함께, 베버의 인식은 사실만이 합리적이고 객관적이며 인식 가능한 반면, 가치―도덕, 예술, 종교와 같은―는 비합리적이고 주관적이며 상대적이라는 가정인 "사실/가치의 구별"에서 명백해질 것이었다. 따라서 종교적 믿음과 교리는 과학적 발견이나 합리적 주장이 진실일 수 있다는 의미에서 진실일 수 없다. 이 세계관에 따르면 종교는 오히려 사적 가치의 문제이고, 삶에 의미를 주는 면에서 개인에게 중요할지 몰라도 이른바 실제 세계와는 아무 관계가 없다.

베버와 이후 대부분의 학자는 이 "세상의 각성"을 근대 과학의 발흥으로 본다. 근대 과학은 계몽주의 이래로 줄곧 과거 종교적 설명을 요구했던 물리적 현상에 자연주의적 설명을 가했다. 예컨대 "왜 비가 내리지?"라고 물으면 이런 답이 돌아왔다. "하나님이 비가 오게 하신 거야." 이제 우리는 한랭 전선, 상대 습도, 기압, 기타 기상학적 요인의 복잡한 상호 작용으로 인해 비가 내리는 것을 안다. 물론 초창기 과학자들은 거의 모두 그리스도인으로서, 그들이 발견한 자연법칙을 하나님의 법칙, 그의 창조 세계의 설계로 돌렸다. 그러나 18세기의 계몽주의는 이성의 시기였고 계시의 개념을 거부하기에 이르렀으며 오직 이성에 기초한 종교, 즉 이신론을 구축했다. 앞서 논의했듯이 이 종교는 우주를 창조하고 법칙을 세운 다음 피조물이 거대한 기계처럼 스스로 돌아가게 한 신성을 상정했다. 19세기 다윈주의는 이러한 서술을 따라 종의 기원―그 연장선상에서 세상의 기원―은 닫힌 자연주의적 원인에서 설명 가능하다는 것을 발견했다. 그 결과 이신론적 신의 필요조차 제거해 버렸다. 이 점에서 물질적인, 그러나 마법에서 깨어난 세계가 존재하는 유일한 것으로 보이기 시작했으며, 과학은 모든 진리의 근원과 중재인이 될 권위를 요구했다.

그러나 마법에서 풀린 세상에서 살기란 쉽지 않다. 영적 의미가 제거된 물질 영역은 그 어떤 종류의 의미도 결여하게 되었다. 유형의 사물은 우리가 그것을 사용하는 방식에 따라 가치를 지닌다. 자연 질서는, 물론 우리가 그 아름다움을 즐길 수 있지만 본질적으로는 비인격적인 법칙을 아무 생각 없이 따르는 자동 장치, 우리 유익을 위해 이용할 수 있지만 그 자체는 의미 없는 기계다. 물론 환경 문제 전문가들은 자연에 대해 더 높은 견해를 갖고 있지만, 자연이 부서지기 쉬우며 인간에게 내둘리는 것으로 보는 경향이 있다. 결국 인간은 자신이 사는 세상과 분리되고 그것으로부터 소외된다.

우리의 물리적 육체도 의심스럽다. 우리는 다른 소유물처럼 몸을 "소유"하는가? 그렇다면 이는 우리에게 몸과 별개이면서 "소유"를 하고 있는 존재―어쩌면, 영혼?―가 있음을 암시한다. 우리 몸은 이 영적 본성을 위한 껍데기일 뿐인가? 그렇다면 우리가 물리적 몸으로 하는 일―예컨대, 우리의 성생활―은 우리의 영적 삶과 별 상관이 없다. 오늘날 우리의 비육체적 정체성이 우리의 육체적 몸과 다른 성을 가질 수 있으며, 그에 따라 바꿀 수 있다는 생각이 만연하다. 아니면, 우리가 *과연* 우리의 몸인가? 우리는 우리 몸―외모, 건강―에 집착할 수 있으며 아름다움이나 힘에 대한 플라톤적 이상에 맞추기 위해 자주 몸을 괴롭힌다. 그런데 모델, 영화배우, 운동선수들조차 "내 몸이 싫어!"라고 말하는 게 심심찮게 들린다.

오늘날 종교적인 사람, 영적이지만 종교적이지는 않은 사람, 심지어 물질 영역이 존재하는 전부라고 믿는 유물론자들도 자주 실제 유형의 세계로부터, 그들 자신의 몸으로부터 유리되어 있다. 이것은 가상현실, 가상 정체성, 가상 환경을 갖춘 정보 기술에 의해 한층 강화된다. 흔히 말하는 우리 "몸의 이슈들"은

섹스(인터넷 포르노의 비육체적 섹스를 포함한), 재생산(낙태 vs 출산), 노화의 두려움(우리는 성형 수술, 고가의 크림과 로션, 영속적인 젊음을 통해 노화를 되돌리려 한다)을 비롯한 우리 고민들의 근원이다. 어떤 학자들은 우리의 암묵적인 신학이 물리적 창조 세계를 부정하고 몸을 거부하는 기독교 이단인 영지주의라고 말한다.[78]

하지만 외부의 실재는 우리의 의식에 영향을 준다. 우리가 과학을 통하든 경험을 통하든 자연 질서를 연구할 때 경험하는 우리 마음과 외부 세계 간의 특이한 상관관계는 물질적 세계 안에 아무튼 의미가 있을 수 있다는 것을 시사한다. 우리는 우리가 이해할 수 없는 실재인 고통을 경험하는데, 이것은 의지의 행위로 바꿀 수 있는 "자아"의 구축물이 아니다. 우리는 또한 세상 안에서 기쁨을 경험하는데, 만일 세상이 정말 무의미하다면 이것을 설명하기 어려울 것이다. 만일 세상이 참으로 가치중립적이라면 그것을 착취하고 함부로 대해도 무방할 것이다. 오늘날 많은 사람이 이것에 움찔하는데, 그 증거를 환경 운동에서 또한 자연적인 것과 현대 과학기술에 의해 훼손되지 않은 것을 회복하려는 다양한 시도에서 본다. 지금 "세상을 마법에 다시 걸리게 하기reenchantment"에 대한 요구가 있다. 다만 그것이 어떻게 성취될 수 있을지는 분명하지 않다.[79] 우리는 삶에 "무엇인가 더" 있기를 갈망한다.

유한은 무한을 담을 수 있다

물질세계를 마법에서 푼 사람들은 과학자만이 아니었다. 많은 그리스도인도

---

78) Harold Bloom, *The American Religion: The Emergence of The Post-Christian Nation* (New York: Simon & Schuster, 1992). 블룸에 따르면 "미국 종교"는 영지주의이고, 어떤 면에서는, 과거에도 늘 그랬다. Amazon.com에서 "영지주의"를 검색해 보면 영지주의적 종교와 세계관을 노골적으로 옹호하는 신간들을 많이 볼 수 있다.
79) 이 책을 보라. Morris Berman, *The Reenchantment of the World* (Ithaca, NY: Cornell University Press, 1981).

동일한 일을 했다. 낸시 피어시Nancy Pearcey는 계몽주의시기를 살았던 그리스도인들이 어떻게 기독교를 외부 세계로부터 추방하는 프로젝트에 가담했는지 보여 주었다.[80] 계몽주의 합리주의자들과 회의론자들이 종교적 교리를 공격하고 기독교의 진리 주장을 비합리적이고 주관적이라고 일축하는 사이, 경건주의 운동 역시 많은 경우에 교리를 최소화하고 주관적 경험을 강조하며 기독교를 "마음의" 종교로 개조했다. 루터교인들 사이에서 시작된 경건주의는 개신교의 중요한 주제가 되었고 18세기 감리교 신자, 19세기 미국 부흥 운동가, 20세기와 21세기 복음주의자와 카리스마파 사이에서 지속됐다.

기독교를 물질세계로부터 추방하는 것은 계몽주의보다 오래전에 일어난 종교개혁의 성례전 논쟁에서도 나타났다. 거의 1,500년 동안 교회는 별다른 논쟁 없이 성찬식을 거행했다. 물론 성찬의 교리와 실천을 둘러싼 중요한 이슈들은 있었다. 사도 바울은 초대 교회에서 발생한 이슈를 다뤘고, 스콜라주의 신학은 아리스토텔레스 철학이 실제 현존 교리를 왜곡하도록 허용했으며, 중세 교회는 평신도가 성찬 잔에 참여하는 것을 거부했다. 그럼에도 수 세기 동안 성찬과 관련하여 기독교를 나누는 중대 이슈는 없었다. 그러나 16세기에 이 모든 것이 극적으로 바뀌었다.

종교개혁

종교개혁은 성찬을 둘러싼 논쟁에 불을 붙였다. 이 논쟁은 유럽 전역으로 퍼졌으며 종교개혁이 자리 잡은 거의 모든 나라와 도시를 삼켰다. 비텐베르그, 스트라스부르, 취리히, 바젤과 같은 곳은 맹렬한 논쟁의 중심이 되었다. 1524-1526년 사이 유럽에서 파벌 간 논쟁이 맹위를 떨쳤으며, 실세 현존과 성찬

---

[80] Nancy Pearcey, *Total Truth: Liberating Christianity from Its Captivity* (Wheaton, IL: Crossway, 2004), 251-324.

을 다룬 신학 논문이 많이 출판되었다. 이 논쟁들은 1529년 마르부르그 회담 Marburg Colloquy에서 중대한 국면을 맞았다.

신성로마제국 황제가 종교개혁을 무력으로 억누르려고 무장하는 상황에서 종교개혁의 다양한 파벌이 연합하는 것이 필요했다. 개신교 군주인 헤세의 필립은 성찬에 관한 논쟁을 확실히 정리하기 위해 종교개혁 지도자들을 독일 마르부르그로 불렀다. "대화conversation"를 의미하는 회담colloquy은 루터와 개혁파 신학의 선구자가 될 스위스의 울리히 츠빙글리 간의 논쟁으로 바뀌었다. 마르부르그 회담의 필기록이 보존되었는데 마치 영화 시나리오 같다.[81] 먼저 루터가 분필을 잡고 테이블에 "이것은 내 몸이다"라고 쓴다. 츠빙글리가 비유적 표현에 대한 이성주의적 주장, 즉 어떻게 "육이 무익"한지 그리고 어떻게 한 실체가 동시에 두 곳에 있을 수 없는지 늘어놓을 때 루터는 계속 마태복음 26장 26절의 "이것은 내 몸이다"로 돌아갔다. 성찬의 이 떡은 그리스도의 몸*이다*. 이성적으로 설명하거나 해명하는 대신 우리는 루터처럼 그리스도의 말씀, "이것은 내 몸*이다*"를 글자 그대로 받을 필요가 있다.

그러나 마르부르그에서 합의는 없었다. 루터파와 개혁파는 각기 제 길을 갔다. 이 회담이 열렸을 때 존 칼빈은 스무 살의 가톨릭 학생이었다. 그의 성찬 교리가 "영적" 현존을 인정함으로써 츠빙글리보다 "고등적"이 될 것이었지만 그는 이 커다란 분열에서 츠빙글리 편에 설 것이었다. 그 결과 이후 대부분의 개신교도는 성찬 속 그리스도의 실제 현존을 거부하면서 본질적으로 비성례전적이 될 것이었다.

마르부르그 회담과 이후 신학 토론에서 양측의 주장은 광범위한 주제들에 대해 근본적으로 상이한 이해를 보였다. 회담 마지막 부분에서 루터가 결론적으

---

81) The transcript of the Marburg Colloquy Walter Kohler's *Das Marburger Religionsgesprach 1529: Versuch einer Rekonstruktion*. Leipzig: Eger & Sievers, 1929.

로 말한 내용이 특징적이다. "우리는 동일한 영을 갖고 있지 않소."[82]

예컨대 그리스도의 승천에 관한 서로 다른 이해를 살펴보라. 그리스도의 몸과 피가 참으로 성찬의 떡과 포도주 안에 있다는 루터교 가르침에 반대하여 개혁파 진영은 그리스도는 승천 이후 줄곧 하늘에 계신다고 주장했다. 그리스도가 더 이상 육체적으로 이 세상에 계시지 않으므로 그의 몸은 성찬식을 거행하는 수많은 교회의 제단에 동시에 계실 수 없다. 하나님은 한때 성육신하신 적이 있지만 더 이상 여기에 안 계신다. 참된 실재를 부정하는 것은 하나님이 물질 영역으로부터 추방되셨다는 것을 의미한다.

이와 대조적으로 루터파는 승천이 그리스도의 몸이 모든 제단에 임하는 것을 *가능하게* 한다고 주장했다. 그리스도는 "모든 하늘 위에 오르신 자니 이는 만물을 충만하게 하려 하심이라"(엡 4:10). 이제 그리스도는 "만물을 충만하게" 하실 수 있다. 그는 이 세상 안에 계신다. 참으로 세계는 그리스도로 충만하다.

루터교 신학은 인간 이성이 하나님 말씀 위에 군림하고 하나님 말씀을 지배하도록 놔두지 않는다. 대신 루터교 신학은 인간 이성이 하나님 말씀을 섬기게 한다. 이것은 "이성의 주인 같은 사용magisterial use"이라기보다 "이성의 종 같은 사용ministerial use"으로 알려져 있다. 루터파는 성례전 속 그리스도의 현존을 하나님의 편재omnipresence 개념으로 설명한다. 성육하신 성자가 삼위일체로 되돌아가셨으므로 그는 성부처럼 편재하신다. 루터는 "하나님 자신이 만물 안에 인격적으로 존재하신다"고 했다(LW 37:63). "하나님은 전적으로 완전히 모든 피조물 안에 또한 각 개인 안에 계시는데, 피조물이 그 자신에 대해 있는 것보다 더 깊이, 더 내적으로, 더 현재적으로 계신다"(LW 37:60).[83] 독특한 루터파 기독론인 속성 간의 교류the communication of the attributes에 따라

---

[82] 마르부르그 회담 마지막에 루터가 마틴 부처에게 한 말의 기록을 보라. 이것은 흔히 보고되듯 츠빙글리에게 한 말이 아니다.
[83] Michael Lockwood, *The Unholy Trinity: Martin Luther against the Idol of Me, Myself, and I* (St. Louis, Concordia, 2016), 44에 인용됨.

우리는 그리스도 안에서 하나님(신성)이 (인성을 통해) 고난당하신다고 말할 수 있으며, 또한 그리스도의 몸(인성)이 (신성을 통해) 무소부재하다고 말할 수 있다. 그러므로 그의 몸은 매 주일 아침 무수한 교회 제단에 임할 수 있다.

그러나 개혁파는 응수한다. "이 말은 범신론처럼 들리는데! 최소한 범재신론처럼 들리네! 그리스도께서 성찬의 떡과 포도주에 실재하신다는 것이—하나님의 편재의 관점에서 설명하며—당신이 말하는 전부라면, 어째서 그리스도께서 땅콩버터와 젤리 샌드위치에도 동일하게 실재하신다고 말할 수 없지?" 그러나 루터에게는 이에 대한 답이 있다.

> 그리스도는 모든 피조물 안에 계시고, 내가 그를 돌 안, 불 안, 물 안, 심지어 밧줄 안에서 찾을 수 있겠지만—왜냐하면 그는 분명히 거기 계시기 때문에—그는 내가 말씀과 떨어져 그를 찾기를, 불이나 물속으로 나를 내던지거나 밧줄에 나를 매달기를 원치 않으신다. 그는 어디에나 계시지만 당신이 어디서나 그를 더듬어 찾기를 원치 않으신다. 오히려 말씀이 있는 곳을 더듬어 찾아라. 그러면 당신은 거기서 바른 방식으로 그를 붙잡을 수 있을 것이다. (LW 36:342)[84]

하나님의 말씀이 성례전을 만든다. 성찬에서, 성경에 기록된 제정의 말씀—그리스도의 명령과 약속을 포함하여—은 단순한 그의 현존이 아니라, 구원하는 방식으로서의 그의 현존을 확립한다. 소교리문답에 따르면 "이 '죄 사함을 위해 너에게 주고 흘리는'이라는 말은 성찬에서 죄 사함, 생명, 구원이 이 말씀을 통해 주어진다는 것을 우리에게 보여 준다."[85] 그런 다음 소교리문답은 자명한 질문을 한다. "어떻게 육체의 먹고 마심이 그렇게 큰일을 할 수 있는가?"

---

84) Lockwood가 *The Unholy Trinity*, 143에서 루터의 이 말을 인용하면서 논의하는 내용을 보라.
85) Small Catechism, The Sacrament of the Altar.

분명히, 먹고 마심이 아니라 여기 쓰인 "죄 사함을 위해 너에게 주고 흘리는"이라는 말씀이 이 일을 한다. 육체의 먹고 마심과 함께 이 말씀이 성찬에서 주된 것이다. 누구든지 이 말씀을 믿는 사람은 정확히 이 말씀이 말하는 것, 곧 "죄 사함"을 받는다.[86]

성찬에 대한 신학적 논쟁은 그리스도의 현존(또는 부재) 이론에 집중되는 경향이 있다. 그러나 루터파는 그리스도의 현존만 아니라 그리스도가 현존하실 때 무엇을 하시는지를 강조한다. 그리스도께서 소명 받은 목사에 의해 선포되는 그의 말씀("이것은 너를 위하여 준 내 몸이다." "이 잔은 죄 사함을 위해 너에게 흘리는 내 피 안의 새 언약이다"(*Lutheran Service Book*,[87] p. 162]) 안에서 말씀하실 때 복음은 유형적이 된다. 칭의는 물질적인 것, 곧 만질 수 있고 맛볼 수 있는 것이 된다. 칭의는 또한 개인적이 된다. 그리스도는 거기 계시고 자신을 *"너를 위하여"* 주신다. 우리는 믿음 안에서 그리스도를 받는다.

츠빙글리와 여러 개신교 전통을 세운 그의 추종자들은 성찬이 단지 그리스도의 몸과 피의 상징이라고 주장했다. 이와 달리 칼빈주의자들은 하늘에 있는 그리스도와 영적으로 교제할 수 있는 수단인 "영적 현존"은 인정했다. 그러나 그리스도는 분명히 성찬을 자신의 영이라고 부르지 않고 자신의 몸이라고 불렀다. 그런데도 칼빈과 모든 개혁교도는 두 객체가 동시에 동일 장소를 차지할 수 없기 때문에 그리스도의 몸이 "장소적으로" 물질적 떡에 있을 수 없다고 주장한다. 이 외에도 "유한이 무한을 담을 수 없다"는 격률로 인해 성자는 성찬의 떡과 포도주 안에 계실 수 없다. 무한하신 삼위일체의 제2위가 자신을 그렇게 작은 떡 조각 안에 제한하실 수 없다. 물질적 객체들이 하나님을 담을 수 있으

---

86) Small Catechism, The Sacrament of the Altar.
87) *Lutheran Service Book* (St. Louis: Concordia, 2006).

며 심지어 신일 수 있다는 생각은 전적으로 우상 숭배다!

떡과 포도주가 그리스도의 몸과 피로 변화되었다는 가톨릭의 입장은 개혁교회가 성찬을 보는 관점과 반대다. 그러나 화체 교리 역시 "유한이 무한을 담을 수 없다"는 것을 가정한다. 떡과 포도주의 물질적 요소는 겉모습일 뿐이다. 이것들은 본질적으로 바뀌며, 따라서 *오직* 그리스도의 몸과 피만 성찬 안에 있다. 물질적 떡과 포도주는 더 이상 없다. 이는 영지주의의 성례전적 형태로서,[88] 떡과 포도주는 존재하는 것처럼 보일 뿐이다.

개혁파 기독론은 성육신에 관해서도 유한이 무한을 담을 수 없다는 원칙을 고수한다! 이른바 "칼빈주의가 말하는 '밖에서' *extra calvinisticum*"(삼위일체의 제2위는 인간 본성과 온전히 연결되지만 결코 그 안에 다 담길 수 없으므로 성육신에서조차 인간 본성 *넘어* 또는 *밖에 extra* 있다는 이해-옮긴이)는 삼위일체의 제2위가 결코 완전히 예수의 인간 몸에 담기지 않는다고, 성자의 일부분만 성육했고 나머지는 하늘에 남아 있다고 가르친다. 이때 떠오르는 그림은 유리 구두에 엄지발가락만 넣을 수 있었던 신데렐라의 이복 언니다.

그러나 루터파는 유한이 무한을 담을 수 *있다*고 주장한다.[89] 이와 달리 생각하는 것은 하나님 아들의 성육신을 약화시킨다. 또한 하나님의 전능을 약화시킨다. 뿐만 아니라 무한이 의미하는 것을 혼란스럽게 만든다. 성찬의 제병이나 인간 몸은 무한한 하나님을 담기에 너무 작다는 츠빙글리의 주장에 루터는 이렇게 응수했다.

> 이 영(츠빙글리를 말함—옮긴이)이 꿈꾸듯, 여기서 그분을 에워싸야 할 필요는 전혀 없다. 왜냐하면 한 몸은 하나님에게 매우 매우 지극히 넓

---

[88] 가현설은 "보이다"라는 그리스어에서 온 것으로, 그리스도는 전적으로 신적인 존재인데 단지 인간으로 보였을 뿐이라고 가르친 이단이다.
[89] 이 논쟁들에 관해서는 Klaas Zwanepol, "Lutherans and Reformed on the Finite and the Infinite," *Lutheran Quarterly* 25, no. 4 (2011): 414-33을 보라.

기 때문이다. 수천의 하나님도 담을 수 있을 것이다. 한편 그것은 한 하나님을 담기에 매우 매우 지극히 좁다. 아무리 작은 것이라도 하나님은 훨씬 더 작으시다, 아무리 크더라도 하나님은 훨씬 더 크시다, 아무리 짧더라도 하나님은 훨씬 더 짧으시다, 아무리 길더라도 하나님은 훨씬 더 길으시다, 아무리 넓어도 하나님은 훨씬 더 넓으시다, 아무리 좁아도 하나님은 훨씬 더 좁으시다 등등. 하나님은 형언할 수 없는 분, 묘사되고 상상되는 모든 것 위에 그리고 그 너머에 계신 분이다. (LW 37:228)[90]

루터파는 하나님이 하실 수 있는 것 또는 하실 수 없는 것, 전능자에게 가능한 것 또는 불가능한 것을 지속적으로 판단하는 개혁주의의 주장을 무시했다.

우상 숭배라는 죄목에 대해 개혁파와 루터파는 전혀 다른 정의를 내린다. 마이클 록우드Michael Lockwood가 보여 주었듯이 루터에게 우상은 말씀에 계시된 참 하나님과 유리된 채 인간이 만들어 낸 신이다.[91] 현대적 개념을 활용하자면, 우상은 인간의 구축물이다. 우리는 그리스도 안에서 성육하시고 성경에서 자신을 드러내시는 객관적인 하나님보다 우리 자신의 정신적, 의지적 구축물을 예배하고 신뢰하고 그것에 믿음을 둔다. 바알 신상은 우상이다. 그러나 거짓 종교의 날조된 신성도 우상이고 "탐심"도 우상이다(골 3:5). 루터에게 죄는 일종의 우상 숭배다. 우리 자신을 구원하기 위해 선행을 신뢰하는 것은 일종의 우상 숭배다. 루터는 대교리문답의 첫째 계명 해설에서 말한다. "당신이 마음에 두고 신뢰하는 것은 무엇이든 참으로 당신의 신이다."[92]

반면 개혁파는 무엇이든 신성의 *물질적* 형상화를 우상이라고 이해했다. 바알

---
90) Lockwood, *The Unholy Trinity*, 156에서 인용되고 논의됨.
91) Lockwood, *The Unholy Trinity*, 156.
92) Large Catechism, Part I, paragraph 3. 이 부분 전체는 우상에 대한 루터의 이해를 다룬다.

신상은 우상이다. 그러나 주의 만찬에 대한 너무 높은 견해도 우상이다. 십자고상, 십자가, 스테인드글라스 창문, 성상, 이외 다른 기독교 예술도 마찬가지다. 모든 개혁파가 이 정도까지 나아가지는 않았지만—칼빈은 교회 안에 걸려 있지 않은 한 예수님의 그림은 허용했다—*물질화*는 종교적 표현을 우상으로 만드는 것이다.

개혁파 입장에서, 마이클 록우드는 "우리가 우상 숭배에 빠지지 않도록 피조물에 대한 하나님의 초월성은 무슨 수를 써서라도 보존되어야 한다"고 설명한다.[93] 그는 다른 연구를 언급하면서 개혁파 신학의 "초월의 해석학"을 설명한다. 이 해석학은 "물질과 영 사이에 날카로운 경계선을 긋고 지상의 모든 유한한 것에 대한 하나님의 초월을 고도로 강조했다."[94] 해석학이란 해석을 위해 사용된 도구나 방법이다. 따라서 초월의 해석학은 모든 것을 하나님의 초월의 렌즈를 통해 해석하고 바라본다. 개혁파 신학은 사실상 세상의 "탈주술화"를 종교적 도그마로 만든 것이다. 계몽주의와 근대 과학과 20세기 모더니즘이 시작되기 수 세기 전인 루터-이후의 개신교 시기는 오늘날 만연한 물질적 존재로부터의 소외의 토대가 이미 다 닦인 상태였는데, 아마 그 이후의 어떤 운동보다 더 영향력 있게 이를 행했다고 할 수 있다.

그러나 루터파는 성육하신 "인간 하나님," 그리스도의 몸과 피와 성찬의 떡과 포도주의 성례전적 연합, 그리고—앞으로 다룰—세상 속 하나님 현존의 다른 표현들을 강조한다. 물론 루터파는 하나님의 초월을 믿는다. 록우드는 설명한다.

> 루터가 하나님이 창조된 수단들에 자신을 묶으셨다고 기꺼이 인정한

---

93) Lockwood, *The Unholy Trinity*, 149.
94) Lockwood, *The Unholy Trinity*, 149.

것은 그가 개혁파보다 하나님의 초월을 덜 확신했다는 것을 의미하지 않는다. 오히려 정반대. 만일 창조주가 스스로를 자기 피조물의 일부와 결합하고 성육신하여 무한을 유한과 결합시키기로 결정하신다면 그는 실제로 그렇게 하실 수 있다고 루터로 하여금 주장하게 한 것은 바로 하나님의 전능에 대한 그의 믿음이었다.[95]

그러나 루터파는 초월의 해석학을 거부하며 그것이 성경적이라는 주장도 거부한다.

루터파의 관점에서 초월의 해석학은 성경에 대한 이질적인 강요로, 그 결과 한쪽으로 치우친 성경 읽기로 이끈다. 이 독서는 성경이 하나님의 초월에 대해 말하는 부분들을 꽉 붙잡지만, 초월적인 하나님이 피조된 것들을 통해 그의 백성에게 자신을 제시하시고 그들이 그를 붙잡도록 하는 성경의 모든 "성육신적인" 요소에 대해서는 결코 제대로 된 설명을 하지 못한다.[96]

하나님의 현존에 관한 성경의 증언

창세기 시작 부분에서 피조물 속 하나님의 현존은 분명하고 확실하다. "그들이 그 날 바람이 불 때 동산에 거니시는 여호와 하나님의 소리를 듣고 아담과 그의 아내가 여호와 하나님의 낯을 피하여 동산 나무 사이에 숨은지라"(창 3:8). 잘 보라. 부재하거나 숨은 것은 하나님이 아니다. 부재하고 숨은 것은 하

---

95) Lockwood, *The Unholy Trinity*, 155.
96) Lockwood, *The Unholy Trinity*, 155.

나님의 인간 피조물이다. 그러므로 하나님은 그들을 찾아 나서신다. "여호와 하나님이 아담을 부르시며 그에게 이르시되 네가 어디 있느냐"(창 3:9). 아담과 하와가 하나님이 어디에 계시는가 하며 부재한 하나님을 찾은 게 아니다. 정반대다. 하나님은 계신 반면 아담과 하와가 부재중이다. 그들은 죄와 반역으로 인해 거룩하시고 완전하신 하나님의 현존에서 피해야 했다. 하나님은 선하심과 그들에 대한 사랑으로 인해 그들을 찾아 나서시고 어떤 대가를 치르더라도 그들을 되찾으셨다.

이 구절은 모든 성경의 기초가 되는 본문이다. 이것은 어떻게 인간이 하나님께 반역했으며 죄 속으로 떨어졌는지 상기시킨다. 창세기 1장과 2장이 하나님의 완전한 창조를 묘사한다면 창세기 3장은 하나님의 인간 피조물이 창조주를 거부했을 때 생긴 뼈아픈 결과를 상기한다. 그들은 관목이 자신들을 하나님으로부터 보호해 줄 것이라 기대하고서 그의 존전에서 숨었다. 그러나 하나님은 그들 가운데 온전히 계셨고 그들을 부르실 때 자신의 현존을 알리기까지 하셨다. 죄인이 하나님의 현존으로부터 숨는 이 패턴은 성경 전체에서 계속 반복된다. 하나님은 언제나 그의 백성 가운데 계시며 언제나 그의 현존을 알리신다. 하나님은 항상 그의 반항하는 피조물을 찾아 나서시고 아버지의 사랑과 관심으로 부르신다. "어디 있느냐?" 그는 현존하시는 반면 우리는 부재하며 죄책감에 몸을 움츠린다.

죄의 파편이 아직 그들의 육체 속으로 가라앉고 있을 때 하나님은 이미 일하시면서 구세주의 치료 연고를 발라 주셨다. "내가 너로 여자와 원수가 되게 하고 네 후손도 여자의 후손과 원수가 되게 하리니 여자의 후손은 네 머리를 상하게 할 것이요 너는 그의 발꿈치를 상하게 할 것이니라"(창 3:15). 이 첫 번째 복음의 약속, 원복음*protoevangelium*은 하나님이 그의 피조물 가운데 지속적으로 현존하시겠다는 약속이다. 하나님은 목이 곧은 그의 피조물을 책임지고 되찾으시겠다고 약속하셨다. 그는 뱀의 계획에 못을 박으실 것이다. 최후의 일격을 가하고 사탄의 머리를 부수실 것이다. 마침내 그는 승리를 거두시고 가장 아끼시는 소유를 그 숨은 곳에서 꺼내실 것이다.

하나님은 말씀하신 대로 하셨다. 하나님은 아브라함을 찾아내셨으며 그와 함께 동행하시면서 그를 많은 이에게 위대한 축복으로 만드셨다(창 12). 하나님은 그의 백성이 이집트에 있을 때 그들을 찾아내셨고 그들 중에 계셨으며 그들을 노예 생활에서 건져 내시고 바닷물을 통과시켜 자유로 이끄셨다(출 14). 하나님의 현존은 그의 백성에게 구원을 보장했다. "여호와께서 너희를 위하여 싸우시리니 너희는 가만히 있을지니라"(출 14:14). 그런 다음 하나님은 구름 기둥과 불기둥으로 그의 현존을 알리시면서 백성을 약속의 땅으로 인도하셨다. 하나님이 그의 백성 가운데 현존하시는 이 패턴은 시내산에서 말씀하실 때도 계속되었다. "내가 빽빽한 구름 가운데서 네게 임함은 내가 너와 말하는 것을 백성들이 듣게 하며 또한 너를 영영히 믿게 하려 함이니라"(출 19:9). 하나님은 그들의 싸움을 싸우셨고 그들의 고통을 위로해 주셨다. 그는 물질적 객체인 예술 작품—언약궤—을 보관하기 위해 장막을 세우라고 명하시고 약속하셨다. "거기서 내가 너와 만나고"(출 25:22). 장막 안에는 "진설병"이 놓인 상도 있었다(출 25:30). 장막에 가는 것, 이후 성전에 가는 것은 하나님의 존전 안에 들어가는 것이었다. 하나님은 선지자들을 통해 말씀하셨고 그의 충만하고 생생한 현존으로 성전을 가득 채우셨다(대하 7:1-3). 하나님은 에덴동산을 거니시고 선지자들을 통해 말씀하시고 백성의 구원을 보증하실 때 그들 가운데 현존하시고 활동적이셨다.

하나님의 생생한 현존은 구약에서 여러 형태를 취했다. 그의 현존은 불타는 가시떨기나무, 불기둥, 성전을 채운 구름을 통해 알려졌다. 그러나 신약에서 하나님 현존은 훨씬 더 손에 잡히는 것이었으며 생생했다.

아들을 낳으리니 이름을 예수라 하라 이는 그가 자기 백성을 그들의 죄에서 구원할 자이심이라 하니라 이 모든 일이 된 것은 주께서 선지자로 하신 말씀을 이루려 하심이니 이르시되 보라 처녀가 잉태하여 아들을 낳을 것이요 그의 이름은 임마누엘이라 하리라 하셨으니 이를 번역한즉 하나님이 우리와 함께 계시다 함이라. (마 1:21-23)

하나님은 예수 그리스도의 살과 피에 온전히 현존하셨다. 그의 육체적 현존은 공상이나 망상이 아니었다. 하나님은 그가 사시고 숨 쉬며, 먹고 마시고, 잠자고 깨고, 우리와 함께 말씀하고 생활하실 때 온전히 현존하셨다. 마틴 켐니츠는 예수님의 육체적 현존을 이렇게 묘사했다. "그는 특정 장소에 계셨고 인간 육체의 자연적 속성에 따라 공간 안에서 정상적 움직임을 통해 한 곳에서 다른 곳으로 이동하셨다. 그는 어머니의 태중에 계시다가 마침내 때가 되어 세상에 태어나셨다."[97] 하나님은 예수 그리스도 안에 친밀하게 또한 육체적으로 계셨다. 예수님의 몸은 한정적이고 측정 가능한 참된 인간 몸이었다. 그 몸은 공간 내 한정되고 국지적이며 유한한 자리를 차지했다. 그 몸은 한 장소에 있었고 다른 장소에는 없었다. 우리는 이를 요한복음 11장을 보고 안다. 예수님은 육체적으로 베다니에 가셔야 했다(요 11:17). 그 이전에는 베다니에 계시지 않았기 때문이다(요 11:15).

그리스도 예수 안에서 하나님은 인간 몸의 자연적 속성에 따라 실제적이며 육체적인 방식으로 우리와 함께하셨다. 예수님의 죽음과 부활보다 이것이 더 명백한 곳은 어디에도 없었다. 군인들은 그를 십자가에 올렸을 때 그의 온몸의 무게를 느꼈다. 못이 살과 뼈 속으로 박혀 들어갔다. 십자가의 울퉁불퉁한 나무는

---

97) Martin Chemnitz, *The Two Natures in Christ* (St. Louis: Concordia, 1971), 426.

진홍색의 진짜 피로 물들었다. 하나님이 자기 자신을 세상 죄에 대한 희생으로 바치셨을 때 진짜 인간의 열기가 그의 몸에서 빠져나갔다. 그의 축 처진 몸은 십자가에서 내려졌고 무덤에 안장되어 그 안에 물리적으로 자리를 차지했다. 또한 생명 없는 3일이 지난 후 그는 인간 열기로 다시 따뜻해졌고 무덤을 비웠다. "그가 여기 계시지 않고 그가 말씀 하시던 대로 살아나셨느니라 와서 그가 누우셨던 곳을 보라"(마 28:6).

예수님의 승천 역시 육체적 경험이었다. 켐니츠는 "그리스도의 승천 기사는 실제 승천 사건을 기술한 것이다"라고 말한다. "그것은 갑작스러운 사라짐이 아니었다. 왜냐하면 그리스도는 사람들이 볼 수 있는 움직임으로 높이 들리셨고 올려지셨기 때문이다. 구름이 사도들의 눈에서 그를 숨겼다. 그리하여 그는 가시적인 공간상의 거리를 두면서 사도들의 시야로부터 점점 더 높이 올라가셨다."[98] 그럼에도 승천은 분명 우리 가운데 계신 그의 현존의 마지막이 아니었다. 예수님은 하늘에 갇혀 있지 않으신다. 그는 생생한 현존으로 사도 바울에게 나타나셨다(행 9:17; 22:14; 고전 15:8).

아직 지상에 계실 때 예수님은 그의 백성이 그의 교회로서 모일 때 항상 함께 계시겠다고 약속하셨다. "두세 사람이 내 이름으로 모인 곳에는 나도 그들 중에 있느니라"(마 18:20). 예수님은 승천하시기 전 제자들에게 작별 인사와 위임의 말씀을 하시며 세상의 마지막을 내다보셨다. "볼지어다 내가 세상 끝날까지 너희와 항상 함께 있으리라"(마 28:20).

하나님은 맨 처음부터 그의 백성과 함께하셨다. 하나님의 틀림없는 현존은 에덴동산에서 시작되었고 인간 역사를 거쳐 예수님의 삶, 죽음, 부활로 이어졌으며 승천 후에도 지속되었다. 하나님은 언제나 그의 백성 중에 계셨다. 성경의 진리에 따라, 하나님의 현존은 루터교 신학에서 결코 부재한 적이 없다.

---

98) Chemnitz, *The Two Natures in Christ*, 426.

예수님이 충만히 현존하시는 성찬은 하나님이 떠나 계시지 않다는 증거다. 예수님이 성찬 제정의 말씀—"받아서 먹으라 이것은 내 몸이니라 … 너희가 다 이것을 마시라 이것은 죄 사함을 얻게 하려고 많은 사람을 위하여 흘리는 바 나의 피 곧 언약의 피니라"(마 26:26-28)—을 하셨을 때 그는 현존의 서약과 서명과 봉인을 주고 계셨던 것이다. 성찬 제정은 예수님이 하늘로 오르시면서 제자들에게 말씀에 대한 아득한 추억만 남기고 떠나는 긴 부재의 시작이 아니었다. 하나님의 이 현존은 오늘날 이 세상의 압도적인 부재감에 대한 해독제다.

부재와 임재

현대의 삶에는 부재가 만연하다. 완벽한 디지털 접속 가능성으로 인해 주위 사람과 장소와의 두려운 단절이 일어났다. 태블릿, 스마트폰, 이메일과 트위터, 뉴스와 뉴스피드는 우리를 지금 여기로부터 지속적으로 끌어당긴다. 우리는 육체적으로는 한 장소에 있을 수 있지만 대체로 하루 종일 부재중이다. 고속도로는 운전에 집중해야 하지만 친구들에게 문자를 전송하는 사람들로 빽빽하다. 시내의 보도는 헤드폰으로 쾅쾅 울리는 음악을 들으면서 주의 산만하게 휴대폰을 쳐다보는 사람들로 넘쳐난다. 사무실은 일에 집중하기보다 뉴스피드를 스크롤하는 무기력한 근로자들로 꽉 차 있다. 가정의 식탁에는 자주 다른 생각과 관심사에 정신이 팔린 사람들이 앉아 있다.

우리는 육체적으로는 현존하지만 전적으로 부재한다. 우리의 초점, 주의, 관심은 자주 우리 몸과 같은 공간에 있지 않다. 우리는 여기에 있지만 실제로는 거의 없다. 우리가 온전히 현존하고 집중하는 몇 안 되는 때는, 전적으로 현존하고 우리에게 몰두하는 사람과 같이 있을 때—친구와 나누는 깊은 대화, 좋아하는 책에 관한 도전적인 토론, 사랑하는 사람과 멋진 식사를 함께하는 것 — 이다. 이 드문 순간들은 우리가 다른 사람에게 전적으로 집중하고 초점을 맞추기 때문에 우리의 주의를 끈다. 그녀의 두 눈은 당신에게 고정하고 있다. 그녀 몸의 자세는 이 순간에 깊이 몰두해 있음을 드러낸다. 그녀가 집중하는 태도는 지금 여기 있는 것이 매우 중요하다는 것을 드러낸다. 이런 드문 순간에 당신은 전화기를 체크하고 스케줄을 생각하고 직장 일을 염려하지 않는다. 다른 사람의 전적인 집중, 강한 주의력, 전적인 현존은 강력하다.

오늘날 하나님은 모더니스트든 포스트모더니스트든 나이 들었든 젊었든 많은 사람에게 부재하다. 그들은 어떻게 자신의 생각이 하나님을 제외하고 회피하는지 모를 수 있다. 어떤 이들은 하나님을 참으로 믿지만 가깝고 친밀하며 구체적인 실체로서가 아니라 관념으로서만 믿는다. 다른 이들은 그들 지식의 틈을 채워 주는 분으로 하나님을 호출한다. 이것이 그리스도인들이 오랫동안 과학적 발견의 진보에 대응한 방식이다. 즉, 과학은 *이것*을 설명해 냈지만 하나님은 우리가 아직 모르는 것을 설명해 준다. 아이러니하게도 과학자와 신자는 물질 영역이 하나님에게서 분리됐다는 가정을 공유한다. 그래서 물질적 설명은 어떻게든 어떤 종류의 영적 의미도 배제한다.

루터교 신학자 디트리히 본회퍼Dietrich Bonhoeffer는 에버하르드 베트게Eberhard Bethge에게 보낸 편지에서 이 "틈새의 신God of the gaps" 견해에 대해 경고했다. 본회퍼는 "하나님을 우리 지식의 불완전성에 대한 틈 메우게stop-gap로 이용하는 것이 얼마나 잘못된 일인가. 만일 실제로 지식의 최전선이 점점 더 뒤로 밀려나고 있다면(결국 이렇게 될 걸세), 하나님은 그것들과 함께 뒤로 밀리시는 중이고 따라서 계속 후퇴 중이시네. 우리는 우리가 모르고 있는 것에서가 아니라 우리가 알고 있는 것에서 하나님을 찾아야 하네"라고 썼다.[99] 본회퍼는 하나님을 단순

---

99) "Letter to Eberhard Bethge, May 29, 1944," *Letters and Papers from Prison*, ed. Eberhard Bethge, trans. Reginald H. Fuller (New York: Touchstone, 1997), 310-12.

히 인간 지식과 이해의 틈을 메우는 데 이용하는 것을 경고했다. 하나님을 우리 지식의 틈을 메우는 신적 메우게로 사용하는 대신 우리가 알고 있는 것, 그가 현존하시겠다고 약속하신 곳에서 하나님을 찾을 것을 본회퍼는 요구한다.

우리가 모르는 것에서보다 *우리가 아는 것에서 하나님을 찾는다는 것*은 하나님이 자신이 만드신 세상 안에 참으로 현존하심을 드러낸다. 성령은 하나님 말씀과 세례에 참으로 현존하신다. 예수 그리스도는 성찬의 떡과 포도주 안에 참으로 현존하시며 우리의 모든 죄를 사하기 위해 그의 영만 아니라 몸과 피도 주신다. 하나님은 그의 피조물을 세심한 주의와 전적인 집중력과 완전한 현존으로 채우신다. 그는 부재하지 않으신다. 하나님은 참된 방식으로 현존하신다.

하나님이 인간 지식의 틈새를 메우기만 한다는 비난이 있기 오래전, 루터파 신학자 마틴 켐니츠는 강력하게 반박했다. "성경은 하나님이 부재하시거나 멀리 떨어져 계시지 않고 가까이 계시며 현존하신다고, 그가 그의 존재, 그의 섭리, 그의 능력, 그의 창조와 보존의 능력, 그의 독특한 통치로 천지를 채우신다고 명백히 말한다."[100] 이것은 단지 수동적이고 관찰만 하는 현존이 아니다. 켐니츠는 계속한다.

> 나아가, 그리스도는 그의 교회에게 단순히 소극적인 현존만이 아니라 오히려 능동적이고 적극적으로 계신 현존, 증진하는 현존을 약속하신다. 그리하여 사도들의 수고가 헛되지 않게 된다. 이 현존은 또한 청자를 회심시키고 칭의하고 거룩하게 하고 통치하고 구원하는 사역을 원수들로부터 지킨다.[101]

켐니츠는 먼저 여러 종류의 현존을 구별한다. "첫 번째로 그는 땅 위를 걸으

---

100) Chemnitz, *The Two Natures in Christ*, 424.
101) Chemnitz, *The Two Natures in Christ*, 449.

셨다. 두 번째로 그는 영광중에 하늘에 나타나신다. 세 번째로 그는 떡과 포도주의 성찬에 계신다. 네 번째로 그는 온 교회 안에 계신다. 다섯 번째로 그는 모든 피조물과 함께 계신다."[102] 켐니츠는 그리스도의 현존이 *실제적*이라고 주장한다. 우리는 전폭적으로 "우리의 믿음을 유령에게 또는 우리와 실제로 함께하지 않고 단지 상상 속에서 우리 안에 내주하는 것으로 그려질 뿐인 가상의 그리스도에게 둘 수 없다."[103]

물론 하나님은 자신이 만드신 세상 안에 숨어 계신다. 그리스도는 떡과 포도주 안에 숨어 계신다. 그러나 숨어 계심은 부재하심과 같지 않다. 오히려 그것은 현존의 한 양식이다. 방 안에 숨어 있는 아이가 *거기* 있는 것과 같다. 우리가 못 볼 뿐이다. 숨어 계신 하나님은 말씀으로만 계시되며 믿음으로만 붙잡을 수 있다. 이에 대해서는 나중에 더 설명한다.

현존의 신학은 부재의 문화를 위해 무엇을 할 수 있는가?

현대 신학자 오스발드 바이어는 칭의에 관한 글에서 믿음으로 의롭게 될 때 우리는 하나님과 화목하고 또한 그의 피조물과 화목한다고 말한다. 그 이유는 하나님이 우리에게 칭의를 가져오시기 위해 자신이 창조하신 물질세계—물, 떡, 포도주—를 사용하시기 때문이다. 우리는 다른 물질적 요소, 곧 잉크가 찍힌 종이로 제본한 책, 공기 중에 진동하는 음파, 돌과 강철로 지은 건물 안에서 사회를 보는 목사의 몸도 추가할 수 있을 것이다. 그러나 바이어는 말한다.

"새 창조"는 세상으로의 귀환이지 세상으로부터의 퇴거가 아니다. 새

---

102) Chemnitz, *The Two Natures in Christ*, 448-49.
103) Chemnitz, *The Two Natures in Christ*, 450.

창조는 창조주로의 회심처럼 세상으로의 회심으로서, 우리에게 말씀하시고 그의 피조물을 통해 우리에게 말을 거시는 하나님의 음성을 듣는 것이다. 어거스틴이 하나님의 음성이 우리를 그의 피조물에서 끌어내어 내부의 자아로, 그다음에는 초월로 데려간다고 말한 것은 잘못이다. 루터는 어거스틴의 내향성(세상으로부터의 퇴거)에 맞서 하나님의 침투하시는 현세성을 강조한다. 하나님은 그의 피조물을 통해서만 우리에게 말씀하심으로써 창조주가 되려고 하신다.[104]

성 어거스틴은 모든 위대한 업적에도 불구하고 플라톤주의자의 경향을 보였으며 이는 츠빙글리와 칼빈도 마찬가지였다. 이것은 내적 자아와 초월에는 우호적이면서 세상의 종교적 의미를 거부하는 데는 전혀 새로운 게 없었음을 시사한다. 이것은 중세 금욕주의의 기초이기도 했다. 앞으로 보겠지만, 루터의 성례전 중시주의는 그의 수도원 제도 비평 및 소명의 교리와 연결되어 있다.

그러나 우리는 성례전 안에 표현된 복음의 효과를 하나님의 피조물에 관한 루터 자신의 태도에서 볼 수 있다. 루터는 수도사로서 극도의 고행을 했고 세상과 그것의 모든 방식을 거부했다. 그러나 그가 그리스도 안에서 하나님이 거저 주시는 은총의 복음을 발견했을 때 하나님의 피조물의 모든 면을 포용했다. 바이어는 "세상의 극단적 부정으로부터 세상과 자연의 모든 것을 인상 깊게 긍정한 루터의 전환"을 다음과 같이 설명한다.[105]

루터가 말씀과 성례전에 관한 새로운 이해로 인해 영적인 것이 지상적인 것의 형태로 구성된다는 것—부정적으로만 아니라 긍정적으로도—을 전적으로 확신한 이후 모든 지상적인 것의 영적인 중요성 또

---

104) *Living by Faith: Justification and Sanctification* (Grand Rapids, MI, Eerdmans, 2003), 28.
105) Oswald Bayer, *Martin Luther's Theology: A Contemporary Interpretation* (Grand Rapids, MI: Eerdmans, 2008), 141.

한 긍정적인 의미로 그에게 열렸다.[106]

"영적인 것이 지상적인 것의 형태로 구성된다." 이 문장은 그리스도, 성례전, 그리스도인의 삶에 대한 루터교 가르침의 간명한 발언이다.

---

106) Bayer, *Martin Luther's Theology*, 141. 바이어의 강조.

토론을 위한 질문

1. 기독교는 어떻게 해서 "물질적인" 종교인가? 기독교는 어떻게 물질적 영역과 영적 영역을 한데 모을 수 있는가?

2. 과학만 아니라 신학도 하나님을 객관적 세상에서 추방하는 데 한몫했다. 이는 세속주의에서 열매―즉 존재가 "의미 없다"는 감각과 새로운 영지주의(물질적 영역이 영성에 중요하지 않다는 견해)―를 맺었다. 성례전의 올바른 회복이 어떻게 물질세계에 대한 우리의 이해를 바꿀 수 있는가?

3. "하나님은 어디에나 계신다"는 것을 인정하더라도, 성경은 하나님이 어디에 특별한 방식으로 계신다고 말하는가? 그는 "우리를 위해" 어디에 계시는가?

6장

당신 삶의 목적

밀레니얼 세대는 자기중심적이며 세상으로부터 참가 트로피(스포츠 경기에서 순위에 들지 못해 받을 자격이 없는 아이들에게 주는 상—옮긴이)를 무한정 받을 자격이 자기에게 있다고 생각한다고 한다. 흔히 1980년대 초반과 1990년대 중반 사이에 태어난 개인들이라고 정의되는 이 세대는 어떻게 이들이 현대의 일터를 바꿀 것인가—또한 바꾸었는가—를 이해하려는 최근의 많은 연구의 초점이 되었다. 밀레니얼 세대가 일에 대해 어떻게 생각하는지 누구나 이해하려고 애쓰는 것 같다.

많은 이가 이 세대가 어떻게 먹고사는지 특이한 그림을 내놓는 것 같다. 밀레니얼 세대의 특징은 상습적으로 이직하기, 호화로운 작업 환경을 비현실적으로 요구하기, 지속적인 피드백을 요구하기 등이다. 그들은 오전 10시 근무 시작,

원격 근무, 충분한 탄력 근무제, 휴게실 내 공정 무역 커피, 초봉 10만 불을 원하는 것 같다. "왜 나는 관례대로 2주 휴가만 낼 수 있지? 고용주가 무제한 휴가를 주면 좋겠어." "과학기술 덕에 네팔 꼭대기에서도 미팅을 가질 수 있는데 왜 꼭 사무실에 나와야 하지?" "내 프레젠테이션에 피드백해 달라고 상관에게 5분 전 이메일을 보냈는데 반응이 느린 걸 보니 나한테 화났나 봐." 이것만으로는 부족한 듯 밀레니얼 세대는 개인적으로 보람 있고 만족감을 주는 일을 원한다. 분명 여기 나열한 특징들은 극도로 과장되고 부정확한 캐리커처다. 그럼에도 이 중 어떤 것은 이 세대가 대체로 일에 대해 어떻게 생각하는지를 정확히 묘사한다.

일과 관련한 비합리적 요구에도 불구하고 밀레니얼 세대는 현대 사회의 심각한 문제 하나를 정확하게 진단했다. 그것은 곧 일과 삶의 통합의 결여다. 현대의 삶이 지나치게 세분화되었고 전체적으로 통합되지 않았다는 어렴풋한 느낌이 있다. 가정, 일, 건강, 영성은 흔히 나뉘어 있고 서로 대립되어 있다. 이것은 커다란 갈등의 원인이 된다. 가족과 질적으로 좋은 시간을 보내는 것은 일에 많은 시간을 쏟지 못하는 것을 의미한다. 일에 모든 시간을 쏟는 것은 가족과 지내는 시간이 더 적은 것을 의미한다. 과도한 업무와 가정의 요구를 살피면서 건강하고 활동적이 되기는 상당히 어렵다. 모든 시간을 회의실 미팅에 참여하고 아이들을 여기저기 데리고 가는 데 쓰면서 의미 있는 영성을 갖기란 거의 불가능하다. 밀레니얼 세대는 일과 삶의 더 나은 통합을 요구함으로써 현대 사회에 매우 중요한 이슈들을 제기했다. 그들은 한 가지 중요한 질문도 제기했다. 곧 어떻게 하면 우리가 이질적인 삶의 조각들을 목적이 있는 질서로 통합할 수 있을까이다.

밀레니얼 세대는 이런 질문으로 소명 교리를 회복할 필요성을 무심코 제기했다. 종교개혁은 다양한 분파의 개신교를 특징지을 세 개의 주된 가르침을 제공했다—이신칭의, 성경의 권위, 소명 교리. 앞의 두 개는 최근의 비판에도 불구하고 여전히 중요성을 가진다. 그러나 소명 개념은 서서히 사라졌다. 처음에 이 개념은 일의 윤리로 바뀌었다가 이후 구체적인 내용은 비어있는 경건한 태도로 바뀌었고, 마침내 직업의 또 다른 동의어로 축소됐다.

소명은 결코 "직업"을 가리키는 단어로 쓰일 것이 아니었다. 오히려 이 단어는 원래 온전히 통합되고 의미 있고 목적이 충만한 그리스도인의 삶에 관한 것이었다. 소명은 만인 사제직, 선행, 성화와 같은 다른 중요한 가르침의 발생지였다. 소명은 단순한 이론적 가르침이 아니었다. 오히려 초기 종교개혁의 교리문답과 설교에서 가르쳤듯이 소명 교리는 신자들에게 결혼 생활, 육아 활동, 시민으로서의 역할에 대한 실제적인 가이드를 주었다.

소명 교리는 그리스도인에게 세상에서 어떻게 신앙을 살아 내야 할지를 보여 준다. 이 교리는 세상 속 하나님의 현존에 관한 것이고, 하나님이 어떻게 인간을 통해 그의 목적을 성취하시는지에 관한 것이다. 그리스도인에게 소명은 매일의 삶의 영성을 드러낸다.

오늘날 그리스도인은 어떻게 세상과 관계 맺어야 할지 매우 혼란스러워한다. 이것은 정치 참여와 문화 개입에 관한 논쟁에서 잘 드러난다. 개인 차원에서는, "가정의 가치"를 옹호한 이들 중에서도 이혼율이 치솟고 있다. 많은 그리스도인이 자신의 매일의 삶과 거의 관련이 없는 초월적, 영적 경험을 추구하면서도, 소비 지상주의적이고 유물론적인 문화에 맞추면서 그들의 삶을 구획화한다. 오늘날 그리스도인은 다양하게—때로는 동시에—문화 전쟁을 치르거나, 세상으로부터 퇴거하거나, 세상에 순응하고 있다.

소명의 교리를 회복할 적기이다. 그렇게 한다면 현재의 기독교에 새로운 활력을 주고 그리스도인들에게 어떻게 그들이 다시 한 번 세상의 소금과 빛이 될 수 있을지 보여 줄 것이다.

성경 속 소명

　*소명vocation*은 "부름calling"의 라틴어식 표현이다. 이 개념의 가장 훌륭한 성경적 표현은 고린도전서 7장 17절에 나온다. "오직 주께서 각 사람에게 나눠 주신 대로 하나님이 각 사람을 부르신 그대로 행하라." 곧, 하나님은 각각의 그리스도인에게 각기 다른 종류의 삶을 "나눠 주"시고 각 사람을 이에 "부르신"다. 이 구절의 즉각적인 맥락은 민족(할례받은 유대인 또는 할례받지 않은 이방인), 사회적 지위(노예 또는 자유인), 가족 사항(결혼한 사람, 결혼하지 않은 사람, 홀로된 사람)과 관련 있다. 이것들은 모두 "소명"이다.

　사도 바울이 성경의 다른 부분에서 이 같은 소명에 대해 한 말이 많다. 그는 에베소서 5-6장에서 남편과 아내, 부모와 자녀, 주인과 종의 관계를 살핀다. 여기서 우리는 도덕적인 또는 실천적인 훈계만 발견하지 않는다. 오히려 우리는 하나님 자신이 이 평범한 지상의 관계들 속에 분명히 계시다는 말을 듣는다. 결혼은 그리스도와 교회의 이미지이다. 육아는 성부 하나님과 관련이 있으며, 은연중에, 성자 하나님과도 관련이 있다. 종(또는 노예)은 그들의 주인보다는 그리스도를 섬긴다. 주인은 자신을 섬기는 이들을 대할 때 자신도 역시 하늘에 계신 주인의 종(또는 노예)인 것을 기억해야 한다. 우리는 로마서 13장에서 모든 권위가 다양한 직무에 있는 사람들에게 자신의 권위를 주시는 하나님에게서 온다는 말을 듣는다. 하나님은 악을 제어하시고 선을 행하는 이들을 보호하시기 위해 그의 도구이며 대리인인 땅의 통치자들을 통해 일하신다. 이처럼 하나님은 사람들을 부르시고 삶의 다양한 위치에 놓으실 뿐 아니라 그 자신도 거기에 계신다.

　성경의 다른 본문들에서는 하나님이 백성을 부르셔서 그를 섬기게 하시고, 그

섬김을 수행할 수 있도록 구체적인 은사를 주시는 내용이 나온다. 하나님은 이것을 선지자와 왕―믿지 않는 나라의 왕도 포함―에게 하실 뿐 아니라 더 평범한 일에도 하신다. 예컨대 하나님은 성막을 치장할 예술가들을 부르시고 그들에게 달란트를 주신다.

> 모세가 이스라엘 자손에게 이르되 볼지어다 여호와께서 유다 지파 훌의 손자요 우리의 아들인 브살렐을 지명하여 부르시고 하나님의 영을 그에게 충만하게 하여 지혜와 총명과 지식으로 여러 가지 일을 하게 하시되 금과 은과 놋으로 제작하는 기술을 고안하게 하시며 보석을 깎아 물리며 나무를 새기는 여러 가지 정교한 일을 하게 하셨고 또 그와 단 지파 아히사막의 아들 오홀리압을 감동시키사 가르치게 하시며 지혜로운 마음을 그들에게 충만하게 하사 여러 가지 일을 하게 하시되 조각하는 일과 세공하는 일과 청색 자색 홍색 실과 가는 베 실로 수 놓는 일과 짜는 일과 그 외에 여러 가지 일을 하게 하시고 정교한 일을 고안하게 하셨느니라.(출 35:30-35)

우리가 브살렐과 오홀리압이 독특하고 초자연적 은사를 가졌다고 생각하지 않도록, 하나님이 다른 예술가들도 부르시고 은사를 주셨다고 기록되어 있다. "모세가 브살렐과 오홀리압과 및 마음이 지혜로운 사람 곧 그 마음에 여호와께로부터 지혜를 얻고 와서 그 일을 하려고 마음에 원하는 모든 자를 부르매"(출 36:2). 하나님은 우리의 다양한 소명을 통해 다른 사람을 섬기도록 우리를 부르시고 준비시키신다.

루터의 소명관

소명의 위대한 신학자는 마르틴 루터이다. 소명을 이해하려면 루터로부터 출발하는 것이 중요하다. 칼빈과 청교도도 소명에 대해 말했지만—이 주제를 연구하는 현대 학자들도 이들의 기여에 초점을 맞추는 경향이 있다—그들은 대체로 하나님의 소명을 하나님을 따르는 사람들에 대한 그의 요구의 관점에서 이해했다. 물론 그러한 측면도 있다. 그러나 이 가르침의 위대함을 파악하려면 먼저 소명은 *하나님의* 일이라는 것을 이해해야 한다.

루터는 어떻게 소명이 칭의처럼 하나님 은총의 기능인지를 강조했다. 소명 안에서 하나님은 그의 창조물을 돌보시고 선물을 나눠 주시기 위해 인간을 *통해* 섭리하신다. 우리의 쥐꼬리만 한 수고나 노력에 초점이 있지 않다. 우리를 통해 훨씬 위대한 일을 성취하시기 위해 우리를 사용하시는 하나님에게 초점이 있다. 이 일은 가끔씩만 일어나는 것이 아니다. 하나님은 날마다 풍성히 우리의 다양한 소명을 수단으로 그의 창조물을 축복하신다.

루터의 주기도 해설에 따르면, 우리가 주기도로 기도할 때 하나님이 우리에게 오늘 일용할 양식을 주시기를 기도하는 것이다. 하나님은 양식을 주신다. 하나님이 우리의 일용할 양식을 주시는 *방식*은 농부, 방앗간 주인, 제빵사의 소명을 *통해서*다. 우리는 트럭 운전사, 공장 노동자, 은행원, 창고지기, 외식업자를 추가할 수 있다. 사실상 우리의 경제 시스템의 전 과정이 우리가 아침에 먹는 간단한 베이글 조각 하나를 만드는 데 기여한다. 우리가 식사 전 음식에 대해 하나님께 감사하는 것은 옳은 일이다. 하나님은 우리의 음식을 공급해주시되 소명을 수단으로, 곧 자신의 일을 묵묵히 수행하는 보통 사람들을 통해 하신다.

루터가 드는 예를 하나 더 소개하자면, 하나님은 세상을 채우기 위해 첫 번째 사람처럼 흙에서 새로운 사람들을 창조하기로 결정하셨을 수 있다. 그러나 하나님은 가정이라는 소명 안에 있는 어머니와 아버지, 아내와 남편을 *수단*으로 새 생명을 창조하시기로—이것이 아무리 평범해 보여도 덜 기적적이지는 않다—결정하셨다. 하나님은 우리가 새 생명을 낳음으로써 그의 창조의 일을 계속하도록 위임하셨다. 하나님이 태초에 하신 말씀 "생육하고 번성하라"는 오늘 어머니와 아버지의 소명을 통해 계속 울려 퍼진다.

로마서 13장에 상세히 나와 있듯이 하나님은 지상 정부의 소명을 통해 우리를 보호하신다. 하나님은 목사를 수단으로 그의 말씀을 선포하신다. 하나님은 교사를 수단으로 가르치신다. 하나님은 그가 특별한 달란트를 주신 예술가를 수단으로 아름답고 의미 있는 작품을 만드신다. 우리가 아끼는 사람이 입원할 때 우리는 그의 치유를 위해 기도한다. 하나님은 이 치유를 베푸시기 위해 소명—의사, 간호사, 마취과 의사, 그 외 의료 종사자들의 일—을 사용하신다.

하나님이 이 세상에서 일하시는 일반적인 방식은 수단을 통하는 것이다. 하나님은 수단을 사용하실 필요가 없다. 하나님은 직접적으로 행하실 수 있는 능력이 있다. *직접적*이란 단어는 라틴어 *immediatus*에서 왔는데, 아무 것도 "중간에" 또는 "중재하는" 것이 없다는 뜻이다. 하나님이 이스라엘 자손에게 일용할 양식—광야의 만나—을 주셨을 때 농부와 제빵사 없이 직접적으로 일하셨다. 그러나 하나님이 일하시는 일반적인 방식은 인간을 통하는 것이다. 모든 창조물을 만드신 무한하시고 전능하신 하나님은 그의 일을 성취하시기 위해 평범한 사람들을 사용하신다.

왜 그럴까? 하나님은 우리가 서로를 섬기길 원하시기 때문이다.

루터에 따르면 소명은 "하나님의 가면"이다.[107] 루터는 하나님은 우유 짜는

---

107) "Exposition of Psalm 147." Gustaf Wingren, *Luther on Vocation* (Evansville, IN: Ballast Press, 1994), 138에 인용됨. 빙그렌의 책에 인용된 루터의 다른 실례들과 개념들도 보라.

아낙네의 소명을 통해 소젖을 짜신다고 말했다. 하나님은 소명 속에 숨어 계신다. 우리는 우유 짜는 아낙네, 농부, 의사, 목사, 예술가를 본다. 우리는 실험실 가운, 작업복, 작업용 덧옷, 성직자 셔츠를 본다. 그러나 하나님은 이 인간 가면들 뒤에 계시면서 그들이 우리를 위해 하는 일 속에 참으로 현존하시며 활동하신다. 마찬가지로 우리가 다양한 소명을 수행할 때 우리 역시 하나님의 가면이 된다.

복음주의자들은 그들의 삶 "속에서" 하나님이 하시는 것에 대해 자주 이야기한다. 소명은 하나님이 우리 삶을 "통해" 하시는 것을 숙고하라고 격려한다. 하나님이 우리를 축복하시기 위해 다른 사람들의 소명을 통해 일하시는 것처럼 그는 다른 사람들을 축복하시기 위해 우리를 통해 일하신다. 하나님이 자신의 피조물을 섭리 가운데 돌보실 때 우리는 소명 안에서, 그야말로, 그와 나란히 일하고 그의 끊임없는 창조 행위에 참여하며 그와 함께 일한다.

그리스도인의 여러 가지 소명

루터는 그리스도인에게 여러 소명이 있다고 가르쳤다. 이것은 하나님이 인간 삶에 질서를 주기 위해 세우신 네 개의 신분, 즉 교회와 가정과 국가 및 루터가 "그리스도인 사랑의 일반 명령"이라고 부른 것[108]으로 나뉜다.

교회의 신분

모든 그리스도인이 받은 첫 번째 부름 또는 소명은 교회의 신분이다. 모든 그리스도인은 복음의 말씀을 통해 믿음의 삶으로 "부름"받았고(롬 8:30) 그리스

---

108) "Confession of 1528" in LW 37:365.

도의 몸인 교회의 지체가 되었다. 루터는 소교리문답에서 말한다.

> 나는 나 자신의 이성이나 힘으로 예수 그리스도, 나의 주를 믿을 수 없으며 그에게 갈 수 없다는 것을 믿는다. 그러나 성령이 나를 복음으로 *부르셨으며* 그의 은사로 나를 계몽하셨으며 나를 참된 믿음 안에서 거룩하게 하시고 보존하셨다.
>
> 동일한 방식으로 *성령*은 지구상의 모든 그리스도의 교회를 *부르시고* 모으시고 계몽하시고 거룩하게 하시며 하나의 참된 믿음 안에서 예수 그리스도와 함께 보존하신다.
>
> 이 그리스도의 교회 안에서 하나님은 날마다 풍성하게 나의 모든 죄와 모든 신자의 죄를 사하신다.[109]

물론 하나님은 신자만 아니라 불신자를 통해서도 섭리하신다. 우리가 매일 먹는 빵을 위해 곡식을 키운 농부, 우리가 강도당하는 것을 막아 준 경찰관은 그리스도인이었던가? 엄격히 말해 하나님이 인간을 통해 일하시는 한 아무래도 상관없다. 하나님은 세속 영역을 통치하실 때 신자와 불신자를 통해 똑같이 일하신다. 그러나 원칙적으로는, *소명 vocation*은 그리스도인들—하나님 말씀에 의해 "부름"받은 이들—에게만 사용되어야 하며, 비그리스도인에게는 *위치 station* 또는 *직무 office* 같은 다른 용어가 해당된다. 어쨌든 그리스도인은 복음이 개인적으로 말을 건—곧 "부른"—이들이다. 성령은 세례 안에서 그들을 그리스도를 믿는 믿음으로 부르시며, 비슷하게 부름받은 사람들의 공동체 안으

---

109) Small Catechism, Apostles' Creed, Third Article. (저자의 강조)

로 부르신다. 이것은 하나님이 그들의 신앙을 살아 내도록 부여하시는, 세상에서 그들이 지닌 다른 소명들의 토대가 된다.

하나님은 또한 사람들을 그의 교회 안의 임무와 직무에 부르신다. 목사들은 지역 교회 신도들에 의해 목회의 부름을 받는다. 하나님은 그들을 통해 그의 말씀을 가르치시고 그의 성례전을 나눠 주시며 그의 백성에게 영적 돌봄을 행하신다. 평신도도 성가대 찬양, 위원회 참여, 식사 봉사 등 여러 방식으로 교우들에게 유익을 주도록 지역 교회의 임무에 부름받는다. 하나님은 목사 청빙을 위해 공동의회에서 투표하기, 성경 공부 인도를 부탁하기, 푸드 뱅크 재고 정리를 전화로 부탁하기 등 이러저러한 평범한 방식으로 사람들을 교회의 임무와 직무에 부르신다. 부름이 일어나는 이런 평범한 방식은 소명 안의, 소명을 통한 하나님의 일을 손상하지 않는다.

가정의 신분

루터에게 가정의 신분은 가정과 가정을 유지하기 위한 활동을 모두 포함한다. 루터는 그리스어 *oikonomia*(가정의 법칙들)의 개념을 염두에 두었다. 이것이 영어 *economy*의 뿌리다. 가족 기반 노동을 하던 그 당시, 루터에게 경제생활은 가정생활과 연결되었다. 이후 가정생활과 경제생활은 두 영역으로 쪼개졌으며 오늘날에는 자주 서로 갈등을 빚는다. 현대 그리스도인이 그들의 삶을 조정하려고 애쓰는 반면, 루터와 초기 개혁자들이 경제 활동을 가정에 종속시킨 것은 여전히 의미가 있다.

비록 오늘날에는 소명을 우선 경제 활동의 관점에서 생각하지만, 루터는 가정의 소명에 관해 더 할 말이 있었다. 하나님이 결혼 제도를 세우셨으며, 남편이나 아내가 되는 것은 소명이다. 아버지나 어머니가 되는 것도 소명이다. 아들이나 딸이 되는 것도 마찬가지다. 형제나 자매, 조카나 삼촌, 할머니나 할아버지가 되는 것도 마찬가지다. 사람은 가정에서 여러 소명을 갖는다. 여자는 남편의 아내, 자녀들의 어머니, 어머니의 딸, 오빠의 동생 등이 될 수 있다. 각각의 소명에는 독특한 섬김의 차원이 있다.

국가의 신분

이 신분은 지상의 정부를 포함하지만 그 이상이기도 하다. 우리는 이것을 사회라고 할 수 있다. 혹은, 더 독특하기 때문에 문화라고 보는 게 낫다. 이 신분은 우리가 속한 많은 사회적 네트워크를 포함한다. 가정이 (미시 경제학에서처럼) 개인이 수행하는 특별한 경제 노동을 포함한다면, 국가는 (거시 경제학에서처럼) 더 큰 경제적 상호 관계를 포함한다. 따라서 루터는 간혹 이 카테고리 안에서도 특정한 경제적 소명들을 논의한다.

이 세 번째 신분은 우리가 각기 특별한 시간과 장소와 사회에 태어났다는 것을 인정한다. 우리가 속한 문화적 맥락context은 하나님이 우리에게 맡기신 삶의 일부다. 따라서 우리는 우리의 정부와 우리의 문화 전반에 책임이 있다. 어떤 그리스도인들은 정부의 권위 있는 지위로 소명을 받았다. 민주주의 체제 안에 사는 지구상의 많은 사람은 피지배자와 지배자가 동시에 되는 특이한 소명을 가진다. 민주 공화국에서는 정부의 권위를 그들을 선출하는 국민의 권위 아래 두기 때문이다. 그리스도인은 이처럼 시민의 소명을 갖는데, 이는 정치, 시민 참여, 문화 참여 모두 그리스도인의 섬김의 영역임을 의미한다. (소명 교리가 그리스도인의 정치 참여에 대한 작금의 논쟁에 대해 어떻게 말하는지 주목하라. 교회는 정치적 의제를 가질 수 없다. 신분은 별개이며 하나님은 자신의 방식으로 각 신분을 운용하시기 때문이다. 그럼에도 그리스도인에게는 시민으로서의 소명이 있으며, 따라서 자신이 속한 사회 시스템의 향상을 위해 일할 의무가 있다).

그리스도인 사랑의 일반 명령

　가정, 직장, 교회, 문화 속의 공식적인 지위만이 하나님이 우리에게 맡기시고 우리를 부르신 섬김의 영역은 아니다. 기자와 뉴스 미디어에 종사하는 이들이 자신들을 "제4 계급"이라고 부르기를 좋아하지만 루터의 네 번째 신분은 그가 "그리스도인 사랑의 일반 명령common order of Christian love"이라고 부른 것이다. 이것은 각기 다른 소명을 가진 사람들이 비공식적으로 교류하는 영역이다. 선한 사마리아인의 비유(눅 10:25-37)에서 제사장과 레위인은 그들의 소명을 수행하기 위해 길을 가고 있었지만 길가에서 피 흘리고 있는 사람은 무시했다. 일상생활의 평범한 과정에서 또한 우리의 친구와 이웃, 심지어 원수와 이방인과의 관계에서 하나님은 우리를 섬김으로 부르신다.

그리스도인 삶의 소명의 중요성

　루터는 겉보기에 세속적인 신분들의 영적 의미를 강조하면서, *소명*과 *부름*이라는 말을 종교적 명령, 사제나 수도사나 수녀가 되라는 하나님의 개인적 부르심에 한정하는 로마 가톨릭의 관습에 도전했다. 이런 "영적" 직무에 들어가려면 독신(이로써 결혼과 부모 되는 것을 거부함), 청빈(이로써 일터에서 경제 활동에 전적으로 참여하는 것을 거부함), 순종(국가의 권위를 교회의 권위로 대체하는 것을 포함함)의 서약을 해야 했다. 루터는 서약이 포기한 바로 그런 삶—결혼, 육아, 경제 활동, 세속 시민 생활—을 하나님으로부터 온 참된 소명으로 긍정함으로써 중세 가톨릭에 반기를 들었다.

　지금도 평신도 교육 교재로 사용되는 루터의 소교리문답에는 의무표가 들어 있는데, 상단에 "다양하고 거룩한 신분과 지위에 관한 성경 구절. 이 구절들은 이들의 의무와 책임에 대해 권면함"이라고 쓰여 있다.[110] 물론 "거룩한 신분"은

---

110) Small Catechism, Table of Duties.

사제직 안수에 사용되는 개념이다. 그러나 소명 교리를 가르치기 위해 사용되는 이 교리문답 부분에서 "거룩한 신분"은 목사만 아니라 남편과 아내, 부모와 자녀, 고위 관리와 신하, 고용주와 상관 그리고 "모든 종류의 노동자"이다.[111]

루터는 그리스도인의 삶은 세상으로부터의 퇴거가 아니라 오히려 세상 속 참여를 요구한다고 주장했다. 그리스도인의 믿음은 주로 교회 활동—사람이 죄 사함 받는 복음의 영역—이 아니라 소명 안에서 실행된다. 선행은 교회에—그 예배 활동과 경건 훈련에—속하기보다 세상에 속한다. 우리의 가족, 일터, 국가, 지역 사회가 믿음이 사랑의 행위로 열매 맺어야 할 무대이다.

이것이 실제로 의미하는 것은 "영적 훈련"이 수도원에서 세속의 삶 속으로 이동했다는 것이다. 독신은 결혼 생활의 신실함이 되었다. 청빈은 검약과 근면이 되었다. 순종은 법에 대한 복종이 되었다. 가장 중요한 것은 기도, 묵상, 예배—여전히 모든 그리스도인의 교회 안 소명에 중심이 되지만—도 가정과 일터 속으로 이동했다는 것이다.

하나님을 섬기는 것은 엄격하게 "교회 활동"이나 영적 훈련에 제한되지 않는다. 그리스도인의 삶을 사는 것은 교회 위원회 봉사나 교회 잔디 깎기 같은 교회 활동을 함으로써만 되는 게 아니다. 일부 신자들은 "주님의 일"에 몰두하지만 그들의 결혼 생활을 파탄에 빠뜨리고 자녀의 필요는 챙기지 않고 그 밖에 하나님이 그들을 부르신 실제적 책임들에 대해 죄를 짓는다. 소명 교리는 그리스도인의 삶을 사는 것이 교회 건물 안의 일에만 제한되지 않음을 분명히 한다. 교회는 그리스도인이 그리스도의 죄 사함을 찾고 하나님 말씀을 먹고 믿음이 자라는 곳이다. 그런 다음 그들은 그 믿음이 열매 맺도록 그들의 소명—배우자, 자녀, 일, 문화—속으로 보냄을 받는다.

그리스도인의 삶이 소명 안에서 실행되어야 한다는 것은 소교리문답에 분명

---

111) Small Catechism, Table of Duties.

히 나와 있는데, 문답은 또한 목사 직무를 규정하는 "소명"을 통해 하나님이 어떻게 일하시는지 설명한다. 죄 고백—루터교인이 예배의 전례에서 개인적으로나 공동으로 행하는—에 관한 부분에서 이렇게 묻는다: "어떤 죄를 고백해야 합니까?" 죄를 고백할 때 소명의 관점에서 생각해 보라는 대답을 듣는다: "십계명에 따라 당신의 삶의 자리를 생각하십시오. 당신은 아버지나 어머니나 아들이나 딸이나 남편이나 아내나 종인가요? 당신은 불순종하거나 불성실하거나 게을렀나요? 당신은 화를 잘 냈거나 무례했거나 다투기를 좋아했나요? 당신은 말이나 행동으로 누군가에게 상처 주었나요? 당신은 도둑질했거나 게을렀거나 낭비했거나 어떤 해를 끼쳤나요?"[112]

죄인은 자신의 다양한 소명을 도덕적으로 면밀히 살핀 다음 목사에게 죄를 고백한다. 이때 "우리는 사면 곧 죄 사함을 하나님 자신에게서 받는 것처럼 목사에게서 받는데, 이를 통해 우리의 죄가 하늘에 계신 하나님 앞에서 사함받은 것을 의심치 않고 확실히 믿는다."[113] 목사는 그의 소명의 힘으로 하나님 은총의 통로가 된다. 물론 하나님만이 죄를 사하실 수 있지만 그는 목사를 수단으로 하여 그렇게 하신다. 농부의 소명을 통해 일상의 떡을 공급하시는 것처럼 하나님은 목사의 소명을 통해 말씀의 떡을 공급하신다. 목사가 회개하는 죄인에게 그리스도의 복음을 선포할 때 하나님 자신이 활동하시고 현존하신다.

따라서 목사는 죄 고백과 사면의 예식에서 묻는다: "당신은 나의 죄 사함이 하나님의 죄 사함인 것을 믿습니까?" 죄인이 "예"라고 답하며 복음에 대한 믿음을 확인하고 그리스도께서 목사의 소명 중에 현존하심을 인정할 때 그에게 사면이 선언된다: "당신의 믿음대로 될지라. 나는 우리 주 예수 그리스도의 명령에 따라 성부와 성자와 성령의 이름으로 당신의 죄를 사하노라. 아멘. 평안히

---

112) Small Catechism, Confession.
113) Small Catechism, Confession.

가십시오."[114] 그러면 사함받은 죄인은 복음으로 믿음이 세워지고 그 믿음을 살아 내도록 소명 안으로 다시 보내진다.

소명의 목적

그런데 소명 안에서 자신의 믿음을 실천한다는 것은 무엇을 의미하는가? 성경은 이 점에 대해 분명하다. 곧 믿음이 사랑 안에서 열매를 맺는다(갈 5:6; 딤전 1:5). 여기서 우리는 소명의 윤리적 함의, 그리고 이신칭의와 선행의 관계에 도달한다. 루터교 소명 교리에 따르면 모든 소명의 목적은 이웃 사랑과 섬김이다.

루터는 말한다. "하나님은 우리의 선행을 필요로 하지 않으신다. 그러나 우리의 이웃은 필요로 한다."[115] 우리와 하나님의 관계는 그리스도의 삶, 죽음, 부활 안에서 하신 우리를 위한 *하나님의* 일에 전적으로 기초한다. 우리는 소명 안에서 하나님을 섬김에 대해 말할 수 있지만, 엄밀히 말해 우리는 하나님을 섬기지 않는다. *하나님이 항상 우리를 섬기신다.* 이신칭의는 구원과 관련하여 우리 선행에 대한 어떠한 의존도 배제한다. 우리는 우리 행위나 공적이 아니라 우리에게 전가된 그리스도의 공적을 옷 입고서 하나님 앞에 간다. 그러나 믿음으로 의롭게 된 후, 하나님은 우리를 세상 안으로, 우리의 소명 안으로 보내시어 이웃을 사랑하고 섬기게 하신다. 우리 이웃은 우리가 일상의 소명을 수행할 때 하나님이 우리 삶에 보내 주시는 실제 인간이다.

루터는 최소한, 부분적으로는 자신의 선행—수도원에서 올리는 기도, 예배, 경건의 행위들—으로 구원받았다고 주장하는 수도사들에게 물었다. 이것들이 어떤 점에서 선한 행위인가? 이 행위들은 누구를 돕는가? 루터는 수도원주의가

---

114) Small Catechism, Confession.
115) Wingren, *Luther on Vocation*, 10. 루터의 *Kirchenpostille* 내용을 다른 말로 바꾸어 표현함.

세상으로부터의 구분만 아니라—가장 존경받는 몇몇 수도사, 남녀 은수자의 경우—이웃으로부터의 구분을 중시한 것을 비판했다. 루터에게 선행은 하나님을 향한 것이 아니었다. 선행은 이웃을 향해야 하며, 이는 소명 안에서 일어난다. 이렇게 하여 하나님을 사랑하라는 "온 율법과 선지자의 강령"이 성취된다(마 22:40). "우리가 하나님을 사랑한 것이 아니요 하나님이 우리를 사랑하사 우리 죄를 속하기 위하여 화목제물로 그 아들을 보내셨음이라"(요일 4:10). 곧, 이 사랑은 믿음에서 오는 사랑이며, 이웃을 향한 사랑이다. 이웃 사랑은 믿음의 작용이다(마 22:37-40).

모든 소명에는 각각 독특한 이웃이 있다. 교회에서 목사는 자기 교회의 교인들을 사랑하고 섬겨야 하며 교인들은 목사와 서로를 사랑해야 한다. 가정은 상호 간 사랑과 섬김의 네트워크다. 결혼의 소명에는 오직 한 명의 이웃이 수반된다. 남편은 아내를 사랑하고 섬겨야 하고 아내는 남편을 사랑하고 섬겨야 한다. 부모는 자녀를 사랑하고 섬겨야 하고 자녀는 부모를 사랑하고 섬겨야 한다. 국가의 소명에서 통치자들은 국민을 사랑하고 섬겨야 한다. 국민은 그들의 통치자들을 그리고 서로를 사랑하고 섬겨야 한다.

경제적 소명에서 모든 종류의 노동자는 그들의 일을 고객을 위한 사랑과 섬김으로 수행해야 한다. 솔직히 말해 사람들이 필요로 하는 물건이나 서비스를 제공하지 않거나 어떤 식으로든 그들에게 도움이 되지 않는 비즈니스는 오래가지 못할 것이다. 소명은 여러 면에서 노동의 분화와 경제 법칙을 따른다. 그러나 한 가지 차이가 있다. 자유 시장 자본주의는 각 사람이 경제 질서 속에서 현명한 이기심으로—즉, 자기를 사랑하고 섬기면서—일하는 것을 가정한다. 소명을 고려했을 때 경제는 동일한 공급과 수요, 경쟁과 시장의 법칙을 따를 수 있다. 그러나 그리스도인에게 경제적 생산성은 사리사욕을 훨씬 넘어선다. 오히려 이것은 타인을 사랑하고 섬기는 방식이다.

소명이 경제적 추구에 새로운 의미와 새로운 방향을 제시함으로써 그것의 물질주의와 자기중심주의에 맞서듯이, 소명은 권위의 성격도 변화시킨다. 어떤 소명은 분명 다른 사람 위에서 권위를 행사한다. 그렇다고 단지 힘을 행사하라는 게 아니다. 오히려 권위는 지배받는 사람들을 위해 사랑과 섬김 안에서 사용되어야 한다. 예수께서 말씀하셨다. "이방인의 집권자들이 그들을 임의로 주관하고 그 고관들이 그들에게 권세를 부리는 줄을 너희가 알거니와 너희 중에는 그렇지 않을지니 너희 중에 누구든지 크고자 하는 자는 너희를 섬기는 자가 되고 … 인자가 온 것은 섬김을 받으려 함이 아니라 도리어 섬기려 하고 자기 목숨을 많은 사람의 대속물로 주려 함이니라"(막 10:42-45). 예수님에 따르면, 권위를 가졌다는 것은 다른 사람 위에 "군림"한다는 것이 아니다. 오히려 권위는 사람을 섬기는 수단이다.

소명은 도덕적 이슈도 분명히 한다. 부모는 자녀를 학대하지 말고 사랑하고 섬기라는 부름을 받았다. 의사는 환자를 죽이지 말고 낫게 하라는 부름을 받았다. 정부 지도자의 소명에 관한 본문인 로마서 13장은 반대자를 억누르고 정치적 상황에 대한 절대복종을 정당화하는 데 자주 사용되었다. 그러나 하나님 권위의 대리인으로 묘사된 지도자는 악을 행하는 자들을 벌하고 선을 행하는 자들을 보호할 임무를 받았다. 이에 역행하는 지도자는 하나님의 소명을 받지 못한 자이다. 하나님은 그러한 행위를 인정하지 않으신다. 지도자는 하나님에게서 그들의 권위 아래 있는 사람들을 사랑하고 섬기라는 소명을 받은 것이지 그들을 착취하고 압제해도 된다는 보증을 받은 것이 아니다.

어떤 행위를 소명 밖에서 행하면 죄가 되고, 소명 안에서 행하면 선행이 된다는 점에서 소명에는 권위가 있으며 또한 권위를 위임한다. 루터는 이에 대한 예로, 로마서 13장의 "칼을 가지"는 지휘 계통에 있는 군인의 위임과 범죄자를 처벌하는 재판관의 위임을 든다. 한편 이러한 소명이 없는 그리스도인은 원수와 범죄자를 용서해야 한다(LW 46:87-137을 보라). 이 원칙은 또한 왜 혼외 정사가 부도덕한 반면 결혼 내 성교는 도덕적인지를 설명한다. 이 둘은 종이 한 장 차이가 아니다. 소명의 문제다. 우리에게는 결혼 상대자가 아닌 사람과 성교 해도 된다고 승인하는 소명이 없다. 성교는 결혼의 소명 안에서 인정받을 뿐 아 니라 하나님이 한 몸의 연합을 이루시고 새 생명을 만드시고 가정을 세우시는 수단이 된다.

만인 사제직과 그 제물들

소명은 "만인 사제직"이라고 알려진 루터교 가르침과 관련 있다. 이 가르침 은 모든 신자가 목사라거나 목사가 더 이상 필요 없다는 것을 의미하지 않는다. 우리가 보았듯이 소명 교리는 루터교인에게 목사직에 대한 높은 견해를 제공한 다. 그러나 성공회 성직자를 제외한 개신교 목회자를 사제라고 부르지 않는 것 을 주목하라. 대신 그들은 종을 뜻하는 사역자이거나 또는 더 일반적으로 그들 의 주된 직무에 초점을 맞춘 *설교자*이다. 루터교는 *목자 shepherd*를 뜻하는 목 *사 pastor* 개념을 선호하여 영적 돌봄을 강조한다. 이와 대조적으로 사제는 희 생 제사를 바치는 사람이다. 로마 가톨릭과 정교회의 사제는 미사에서 그리스 도의 희생을 바치는 사람으로 간주된다. 개신교회는 우리의 대제사장이신 그리 스도께서 단번에 모든 사람을 위한 희생 제물로 자신을 바치셨기에, 더 이상 우 리 죄에 대한 희생 제물이 필요 없다고 항상 가르쳐 왔다(히 9:26). 그러면서 도 신약은 다른 종류의 희생을, 따라서 다른 종류의 사제직을 말한다. 우리 죄 에 대한 그리스도의 희생에 비추어, 하나님은 우리에게 "너희 몸을 하나님이 기 뻐하시는 거룩한 산 제물로 드리라 이는 너희가 드릴 영적 예배니라"고 하신다 (롬 12:1).

소명 안에서 사랑하고 섬기는 것은 타인을 위한 자기부정의 행위를 포함한다.

즉, 희생을 포함한다. 세상은 자기주장과 자기 성취에 몰두해 있다. 소명은 이와 반대로 자기희생에 관한 것이다. 다시 말해 소명은 십자가 지는 것을 수반한다. "아무든지 나를 따라오려거든 *자기를 부인하고 날마다* 제 십자가를 지고 나를 따를 것이니라"(눅 9:23, 저자의 강조). 십자가에는 고난의 의미만 있지 않다. 십자가는 희생의 도구이기도 하다. *날마다*라는 말은 앞의 구절이 순교를 가리키기보다 소명 안에서 일어나는 매일의 단조로운 자기부정 행위를 가리킴을 암시한다. 이러한 자기희생은 교회, 사회, 일터, 가정 그리고 "그리스도인 사랑의 일반 명령" 안에서 매일매일 일어난다.

이웃을 위한 이 자기희생의 영성은 자기주장, 자기실현, 자기 성취를 추구하는 문화 속에서 사는 현대 그리스도인이 이해하기 매우 어려운, 다른 소명에 관한 성경 구절들을 조명한다. 예컨대 성경은 교회가 그리스도에게 복종하듯 아내가 남편에게 복종하라고 가르친다. 동시에 성경은 남편에게 "그리스도께서 교회를 사랑하시고 그 교회를 위하여 자신을 *주심 같이*" 아내를 사랑하라고 가르친다(엡 5:25, 저자의 강조). 남편은 아내를 지배하려고 또는 아내 위에 "군림하려고" 그녀의 복종을 받는 것이 아니다. 왜냐하면 그것은 그리스도가 교회를 사랑하는 방식이 아니기 때문이다. 오히려 그는 아내를 위해 "자신을 줌으로써" 그리스도를 따라야 한다. 이처럼 아내와 남편은 자신을 희생하도록 부름받았다. 둘 다 자신을 살아 있는 희생 제물로 바친다.

직장에서 파김치가 되어 집에 오지만 아내와 아이들을 보살필 기운을 차리는 아버지는 자기 몸을 가족을 위한 살아 있는 희생 제물로 바친 것이다. 아이들을 건사하느라 잠 못 자고 정신없이 지내는 어머니는 가족을 위해 자기 몸을 산제사로 바친 것이다. 회사의 고객들을 위해 할 수 있는 최상의 일을 하려고 장시간 일하는 노동자도 마찬가지다. 소명 안에 계시는 그리스도는 크든 작든 이 모든 희생 제사를 그분의 희생 안으로 들이신다. 그리스도는 우리의 소명 안에서 우리의 사랑과 섬김을 수단으로 그의 피조물을 사랑하고 섬기신다.

물론 우리는 자주 소명 안에서 그리고 소명에 반하여 죄를 짓는다. *우리는 섬기는 대신 섬김받기를 원한다.* 우리는 이웃을 사랑하는 대신 자주 이웃을 자신의 이기적 목적에 이용한다. 우리는 지속적으로 하나님의 계획과 그의 부르심을 어긴다. 그 결과 우리의 관계는 자주 뒤틀리고 불행해지며 이는 갈등과 고통의 원인이 된다. 우리는 우리의 소명에 반하고 이웃에 반한 죄를 고백해야 하며, 십자가에서 이 모든 죄를 그의 몸에 짊어지신 그리스도께 사함 받아야 한다. 그러고 나서 믿음 안에서 우리는 사랑을 되찾고 관계를 회복하기 위해 일한다. 이것이 그리스도인의 삶이다.

소명과 변화

스웨덴 신학자 에이나르 빌링 Einar Billing 은 소명에 관한 고전 《우리의 소명 *Our Calling*》에서 "우리는 모든 종교적이고 윤리적인 삶에서, 우리의 일상적인 것은 과소평가하면서 비범한 것은 놀라울 정도로 과대평가한다"고 관찰한다.[116] 우리는 우리의 종교가 기적, 장엄한 사건, 신비적 경험들을 주길 기대한다. 우리는 흔히 도덕성을 세계적 이슈와 영웅적 행동에 관한 주요 입장의 관점에서 생각한다. 그러나 소명은 매일의 삶의 영적 중요성을 드러낸다. 우리의 영적 삶과 도덕적 삶은 우리의 관계 안에서, 우리의 가족, 일터, 교회, 사회 속 임무 안에서 찾아야 한다. 소명은 우리 일상의 평범한 생활을 변화시키며, 이 생활을 영적인 의미로, 또한 하나님의 현존으로 가득 채운다.

루터는 아기 기저귀 가는 것을 거룩한 일이라고 했다(LW 45:39-40). 가사

---

[116] Einar Billing, *Our Calling* (Philadelphia: Fortress Press, 1964), 29.

를 돕는 아이와 집 안 청소를 하는 하녀는 그 거룩함이 카르투시오회 수도사를 능가한다.[117] 이 연장선에서 우리는 사무실 책상, 공장의 기계, 컴퓨터 스크린—마찬가지로 투표장 기표소, 부부의 침대, 집 안의 식탁—을 우리가 만인사제직을 수행하는 제단으로 볼 수 있다. 루터는 일상의 도구가 어떻게 이웃을 사랑하고 섬기는 신성한 도구가 되는지 열광적으로 말한다.

> 만일 당신이 육체노동자라면 당신은 성경이 당신의 작업장, 당신의 손, 당신의 마음속에 놓인 것을 발견할 것이다. 성경은 당신이 이웃을 어떻게 대해야 할지 가르쳐 준다. 그저 당신의 도구—바늘이나 골무, 맥주통, 상품, 저울이나 자나 되—를 바라보라. 그러면 당신은 이 진술이 그 위에 새겨진 것을 볼 것이다. 당신이 어디를 보든 이 진술은 당신을 응시할 것이다. 당신이 매일 다루는 어떤 것도 이를 계속해서 말하지 못할 정도로 작지 않다. 당신이 귀 기울이기만 한다면 말이다. … 이 모든 것은 당신에게 쉬지 않고 외친다. "친구여, 나를 당신과 이웃의 관계에서 사용해 주시오. 당신이 그가 당신과의 관계에서 그의 소유를 사용하길 원하는 것과 똑같이 말입니다." (LW 21:237)

소명은 우리가 하는 일의 질을 바꾼다. 소명 의식을 지닌 예술가는 자기표현이나 야망만을 위해서가 아니라 관객을 사랑하고 섬기기 위해—망가뜨리고 모욕하기 위해서가 아니라—작품 활동을 할 것이다. 자신의 고객을 그리스도인 사랑의 대상으로 보는 노동자와 기업 임원은 최상의 일로 그들을 섬길 것이다.

밖에서 볼 때 경제는 노동의 분화, 이기심을 좇는 개인, 공급과 수요의 법칙, 그 밖의 다른 비인격적인 힘들과 관련 있다. 그리고 그것은 하나님이 창조하신

---

117) Large Catechism, Part I, paragraphs 117-20.

질서의 일부다. 그러나 안에서 볼 때 경제는 상호 의존과 상호 섬김의 거대한 네트워크로 변화할 수 있으며, 경제 활동은 사랑의 표현이 될 수 있다. 일상의 단조로운 일이 무엇인가 거룩한 것이 된다.

　소명은 성화가 일어나는 곳으로서, 그리스도인은 믿음 안에서 그리고 선행 안에서 영적으로 자란다. 소명은 전도가 일어나는 곳으로서, 그리스도인은 자녀를 가르치며 예수님의 복음을 이웃에게 선포한다. 소명은 문화적 영향이 일어나는 곳으로서, 그리스도인은 자리를 잡고 자신의 신앙을 사회의 적재적소에서 살아 낸다.

　소명은 일과 삶의 통합보다 훨씬 더 큰 것으로서, 개인적인 것과 직업적인 것 사이의 균열을 메운다. 소명은 하늘과 땅, 하나님의 일과 우리의 일, 가정과 믿음, 매일의 삶과 신적 능력, 문화와 그리스도인 삶의 통합이다. 소명은 매일의 삶의 영성을 드러낸다.

토론을 위한 질문

1. 가정, 경제, 국가, 교회, 그리고 우리의 비공식적 관계들을 포함한 인간 삶의 다양한 신분에 대한 하나님의 계획은 각 사람이 서로 사랑하고 섬기라는 것이다. 모든 사람은 상호 의존성과 사랑의 거대한 네트워크 안에서 주고받아야 한다. 그러나 죄가 끼어든다. 당신이 각각의 소명 안에서 맞서 싸워야 하는 죄와 유혹은 무엇인가?

2. 당신 삶의 다양한 신분 안에 있는 다양한 소명을 말해보라. 하나님은 어떻게 그것들을 통해 일하시는가? 당신이 사랑하고 섬겨야 하는 각각의 소명 속 이웃은 누구인가?

3. 어떤 그리스도인은 소명을 자기 성취와 연결 짓고, 따분한 일이나 행복하지 않은 결혼은 참된 소명이 아니라고 말한다. 이 견해는 무엇이 잘못됐는가? 소명은 어떻게 희생과 관련되는가? 소명 안에서 "십자가를 지는 것"은 무엇을 의미하는가?

7장

교회와 세상

판 구조론은 지구의 가장 바깥쪽 표면이 내부 맨틀mantle 위에서 움직이고 미끄러지는 과정을 설명한다. 비록 이 판들의 표류는 감지할 수 없을 정도로 느리지만 그것들이 충돌할 때 발생하는 마찰은 즉각 모든 사람이 볼 수 있다. 수렴收斂하고 분기分岐하는 지점은 그야말로 장관이다. 곧 대변동의 지진이 지구를 뒤흔들고 화산이 맹렬한 마그마를 쏟아 낸다. 움직임은 점진적이지만 일단 충돌이 일어나면 폭발적이다.

기독교와 문화는 여러 면에서 판 구조론과 같다. 이 거대한 두 암체monoliths의 수렴과 분기는 감지할 수 없을 정도로 느리다. 몇 날이나 몇 년 단위로 잴 수 없다. 수많은 세대가 지나야 기독교와 문화가 서로의 관계 안에서 어떻게 움직이고 미끄러지는지 알 수 있다. 그러나 판 구조론처럼 둘이 부딪힐 때 발생하는 마찰은 모두에게 분명하고 자주 폭발적이다. 오늘날 기독교와 문화 사이에는 수많은 마찰의 접점—종교의 자유, 교회의 정치 참여, 도덕적 이슈들과 결혼 제도에 관한 교회와 국가의 대립되는 주장들—이 있다. 교회 안에서는 그리스도인이 문화적 트렌드와 이념에 맞추기 위해 자신의 예배, 도덕적 가르침, 심지어 신학을 바꿔야 하는지에 대한 논쟁이 있다. 이 이슈들은 문화가 점점 더 세속화되고 그리스도인의 신앙과 실천에 자주 적대적이 되면서 격화된다.

이러한 마찰의 기저에는 그리스도인이 어떻게 교회 밖 세상을 상대할 것인지에 대한 질문이 있다. 한 극단에서 세계교회협의회(World Council of Churches)는 주류 자유주의 개신교도들을 위한 슬로건을 내걸었다. "세상이 교회의 의제를 정한다." 다른 극단에서 수도원주의자들, 아미시파, 그밖의 다른 종교 공동체는 죄 많은 세상에서 그리스도인은 완전히 물러나야 한다고 주장한다. 리처드 니부어 Richard Niebuhr는 그리스도인들이 추종하는 몇 가지 유형을 나누었다[118]: 그리스도인은 세상과 분리되어야 하는가? 세상을 통치하거나 변혁하도록 노력해야 하는가? 아니면 세상이 교회를 지배하게 해야 하는가? 혹은 "세상에 집착"하는 악에 빠지지 않으면서 세상을 긍정하고 세상에 참여할 수 있는 길이 있는가?

루터교는 이 이슈를 정리할 수 있는 틀이 있다. 이 틀은 이런 갈등에 휘말린 모든 그리스도인에게 도움을 줄 수 있는데, 곧 두 왕국 교리다. 하나님의 세속 왕국과 영적 왕국—간혹 세상 왕국과 천상 왕국, 현세적 왕국과 영원한 왕국, 하나님의 왼쪽 왕국과 오른쪽 왕국으로 불린다—의 구별은 중요하고 실제적이며 엄청난 도움이 되는 가르침인데도 잘 알려지지 않았고 오늘날 거의 적용되지 않는다. 그 이유는 이 교리가 비판자들만 아니라 이것을 믿는다고 주장하는 이들에게도 널리 오해받고 있기 때문이다.

---

118) H. Richard Niebuhr, *Christ and Culture* (New York: Harper & Row, 1951).

두 왕국 교리는 분리(그리스도인은 죄 많은 세상에서 손 떼야 한다는 것), 이원론(그리스도인의 삶은 세상 속의 삶과 연관성이 없다는 것), 정치적 정적주의(그리스도인은 악한 통치자라도 무비판적으로 따라야 한다는 것), 자유주의(그리스도인은 세속의 모든 트렌드와 이념을 따라야 한다는 것)를 가르치는 것으로 해석되어 왔다. 그러나 제대로 이해될 때 두 왕국 교리는 그리스도인이 세속 세상에서 어떻게 자신의 믿음을 생산적으로 또한 긍정적으로 실천할 수 있을지를 보여 준다. 이 교리는 하나님이 어떻게 세속 영역에서조차—비록 숨으신 채로—현존하시고 활동하시는지를 보여 준다. 두 왕국 교리는 정치적, 문화적, 지성적 *현 상태* status quo를 수용하기 위한 공식과는 거리가 멀며, 이 영역들에 대한 뚜렷하고 구체적인 가르침을 제공하고, 세속 세상에 대한 긍정적이면서도 비판적인 참여의 틀을 제공한다.

두 왕국 교리에 대한 오해들

이 가르침에 대한 가장 흔한 오해들을 다루는 것이 중요하다. 루터교의 두 왕국 교리는 성 어거스틴의 하나님 도성과 인간 도성 구분과 자주 결부된다. 그러나 성 어거스틴의 인식을 폄하할 생각 없이, 이 둘은 동일한 주제를 다루지 않는다는 점에서 매우 다르다. 어거스틴은 말한다. "두 도성은 두 사랑에 의해, 땅의 도성은 심지어 하나님을 멸시할 정도의 자기 사랑에 의해, 하늘의 도성은 심지어 자기를 멸시할 정도의 하나님 사랑에 의해 형성되어 있다"(《신국》14.28). 어거스틴은 그의 장대한 저작인 《신국》에서 자기 사랑과 하나님 사랑 간의 갈등을 탐구하면서 이 사랑의 사회적 결과를 설명하기 위해 "도성"의 비유를 사용한다. 어거스틴은 인간의 도성을 그 위대한 성취에도 불구하고 얼마 전 무너진 로마와 동일시한다. 그는 하나님의 도성을 교회와 동일시한다. 그리스도인, 곧 하나님을 사랑하는 이들은 인간의 도성에서 살아야 하지만 자기 사랑은 그들이 계속해서 극복해야 할 유혹으로 남는다. 성 어거스틴에게, 두 도성은 본질적으로 서로 갈등한다.

그러나 루터에게 두 도시는 하나님이 통치자이신 더 큰 두 왕국 안에 속한다. 하나님은 하나님의 도성과 인간의 도성 모두의 주권자이시다. 루터는 자기 사랑과 하나님 사랑이 서로 갈등한다는 그의 수도회 수호성인(어거스틴을 가리킴. 루터는 한때 어거스틴회 엄수파 수도원의 수도사였다―옮긴이)의 생각에 동의할 의향이 있었다. 이것은 죄의 문제로서 세속 왕국과 영적 왕국 둘 다 괴롭힌다. 사실, 우리는 하나님의 왕국에 더해 마귀의 왕국에 대해서도 말할 수 있다. 마귀는 두 영역을 허물고 강탈하려고 한다. 그러나 인간의 영역은 아무리 죄악으로 가득 차 있어도 인간의 도성에도 강력하게 계시는 하나님이 돌보시고 지지하시고 통치하신다.

루터는 세속적, 현세적 왕국에 다른 종류의 사랑을 적용한다. 곧 (영적 왕국에 속하는) 하나님 사랑도 아니고 (죄의 증상일 수 있는) 자기 사랑도 아닌 이웃 사랑이다. 세속 왕국은, 루터의 표현대로 하면 자기 자신에게로 구부러져 있는 죄인들로 가득 차 있지만 그리스도인은 그들의 세상 속 소명 안에서 이웃을 사랑하고 섬기도록 부름받았다. 세상 왕국이―오직 은총과만 관련 있는 천상의 왕국이 아니라―선행이 일어나야 할 곳, 믿음이 사랑 안에서 열매 맺는 곳이다. 실제로, 자신의 모든 피조물 뒤에 계시며 그것을 통해 일하시는 하나님은 불신자, 이기적인 자, 심지어 악한 자들조차 자신의 직무와 소명으로 인해 이웃을 어쩔 수 없이 (심지어 그들의 의지에 역행하여) 섬기는 식으로 세상을 움직이신다. 하나님의 왼쪽 왕국인 인간 삶의 "도시"를 구성하는 사회적 관계는 서로 주고

받는 거대한 네트워크로, 그 안에서 각자가 서로를 섬긴다. 곧, 인간 삶의 도시는 죄에 의해 훼손되었음에도 하나님의 왕국 아래에서 상호적 사랑을 구현하도록 디자인되었다.

영적 영역과 지상의 영역이 서로 대립한다고 보는 것은 하나님이 전체 피조물을 통치하심을 부정하는 것이다. 이것은 그리스도인은 죄 많은 세상에서 퇴거해야 한다는 분리주의에서 명백히 나타난다. 수도원주의, 근본주의, 재세례파 공동체주의에서는 그리스도인이 온전한 기독교적 삶을 살려면 일상의 사회로부터 자신을 철저히 분리해야 한다고 느낀다. 사람이 세상일에 덜 참여할수록 더 온전히 그리스도인의 삶을 산다. 이러한 억측이 수도원의 독신, 청빈, 순종의 서약—이는 결혼, 부모됨, 경제, 국가의 소명을 거부하는 것이다—으로 표현되든 전기와 자동차, 또는 세속 음악과 오락을 거부하는 기독교 하위문화로 표현되든 그러한 분리주의는 하나님의 통치 범위를 과소평가한다.

지상 영역과 영적 영역이 절대 양립불가능하다고 보는 사람은 이원론자로, 그에게 두 영역은 서로 아무 관련이 없다. 분리주의자에게 이 둘은 서로 관련이 있긴 하지만 그 관계는 대립과 갈등이다. 하지만 이원론자에게 지상 영역과 영적 영역은 서로 아무런 관련이 없다. 사람이 육체적으로 하는 일은 그의 영적 상태와 아무 관련이 없다. 마찬가지로 사람의 영적 상태는 육체적 삶에 어떤 영향도 주지 않는다. 이원론자의 예에는 다음이 있다: 성생활을 포함한 자신의 육체적 삶이 영적 삶과 관련 없다고 믿는 영지주의자, 하나님이 세상사나 인간의 삶에 개입하지 않는다고 믿는 이신론자, 교회 출석을 전혀 하지 않거나 종교적 믿음과 행동이 따로 놀면서도 자신은 그리스도를 믿는다고 주장하는 이름뿐인 신자, 간혹 종교적 묵상이나 기도를 하지만 완전히 세속주의적인 삶과 세계관을 포용한 "영적이지만 종교적이 아닌" 밀레니얼 세대와 기타 사람.

두 왕국 교리는 물질적인 것과 영적인 것의 이원론적 구분과 거리가 멀고 둘을 실제적으로 통합하여 서로 연관시키는 모델이다. 두 영역에는 동일한 왕이 계신다. 우리가 경험하는 다른 종류의 실재들이 있다는 것은 자명하다. 그러나 니케아 신조의 고백에서 하나님은 "하늘과 땅 그리고 보이는 것과 보이지 않는 모든 것의 창조자"이시다. 이것들은 다른 범주이며 창조주는 이것들을 다른 방식으로 통치하신다. 그러나 이것들은 모두 "전능하신 아버지"의 일이다.

두 왕국 교리는 보통 분리된 것을 결합하고 *이원*론을 극복하며, 하나님이 심지어 세속적이고 영적이지 않고 평범해 보이는 것 안에서 친밀히 관여하신다는 것을 드러낸다.

아마도 두 왕국 교리에 관한 가장 심각한 오해는 이 교리가 현 *상태status quo*에 신적 승인을 부여한다는 것이다. 하나님이 지상의 정부를 포함해 피조물과 사회 질서들을 통치하시기 때문에 이것들은 하나님의 뜻과 일치해야 하며, 따라서 인간은 이것들을 받아들여야 한다는 식의 추론이 전개된다. 이 오해는 너무나 보수적으로 흐른 나머지 사회 변화를 거부하고 아무리 압제적이고 부패했을지라도 모든 통치자를 하나님의 대리인으로 받아들일 가능성이 크다(정치적 정적주의). 아니면 너무나 자유주의적으로 흐른 나머지 모든 사회적 트렌드와 문화적 변화와 세속 이념을 "하나님이 행하시는 새로운 일"로 받아들일 가능성이 크다(자유주의).

이러므로 두 왕국 교리는 자주 20세기 독일 루터교인들의 정치적 수동성과 관련해 비난받는다. 많은 이들이 이 교리가 히틀러의 정권 장악을 허용했을 뿐만 아니라 많은 사람을 나치 정권의 열광적 지지자로 만들었다고 말한다. 실은 국가 교회를 대신한 독일적 그리스도인 운동은 정치적인 정적주의 운동으로부터 온 것이 아니라 신학적 자유주의로부터 왔는데, 이 운동은 성경을 "유대인의 문서"라고 거부했으며, 다윈, 니체, "인종 과학자들"의 사상으로 교회를 근대화

하려고 했고, 나치 이념에 기초한 사회 복음을 전파했다.[119]

정치적 정적주의와 권위의 수동적 수용과 거리가 멀었던 종교개혁은 정치적 격변, 반항, 권위에 대한 철저한 의문 제기를 자극했다. 루터는 교황과 황제 둘 다 거부했다. 농민들이 봉기했다. 루터주의의 진리를 확신한 지방 군주들은 그들의 봉건 대군주들과 특히 황제에게 반항했다. 이는 루터파 군주들과 신성로마제국 간의 무력 충돌로—처음 슈말칼드 전쟁부터 이후 30년 전쟁으로—이어졌다. 맞다, 루터는 군주들이 그를 황제에게 넘겨 죽임 당하도록 권할 정도로 복종을 조언했다. 맞다, 루터는 군주들에게 유혈 무정부 상태로 전락한 농민 반란을 진압할 것을 촉구했다. 그러나 루터는 영국 왕 헨리 8세부터 동맹 진영의 몇몇 독일 군주에 이르기까지 세상의 권력자들에 대한 비판을 결코 주저하지 않았다. 두 왕국 교리는 16세기 군주들에게, 20세기 나치에게, 오늘날 세상의 권력자들에게 그리스도인이 할 말을 하는 것을 막지 않는다.

하나님은 세상 안에 숨어 계시되 모든 것을 통치하신다. 그러나 동시에, 루터가 "내 주는 강한 성이요"에서 말하듯 사탄은 "이 세상의 군주"다(*Lutheran Service Book* 656:3). 이처럼 세상은 사탄과 하나님 사이의 전쟁터, 끊임없는 갈등의 영역, 그리스도인이 그들의 믿음을 살아 내는 현장이다. 이것은 두 왕국 간의 갈등이 아니다. 오히려 두 왕국 내부의 갈등이다. 그리스도인은 죄와 유혹과 싸우고 시련과 역경을 겪을 때 이 갈등에 참여한다. 그들이—두 왕국 안에서—이렇게 할 때 하나님을 더욱더 의지할 수밖에 없으며, 그렇게 믿음 안에서 자란다.

루터는 소교리문답에서 하나님께 "우리를 시험에 들게 하지 마시옵고"라고 기도할 때 우리는 "하나님이 우리를 지키시고 보호해 주셔서 마귀, 세상, 우리

---

[119] 다음을 보라. Gene Veith, *Modern Fascism: The Threat to the Judeo-Christian Worldview* (St. Louis: Concordia, 1993).

의 죄 된 본성이 우리를 속이거나 거짓 믿음, 절망, 그 밖의 커다란 수치와 악으로 그릇 인도하지 못하도록" 간구한다고 썼다.[120] 이는 자기만족이나 무비판적인 세상 수용과 전혀 다르다.

시민 정부에 대한 두 왕국 교리의 의미는 아우그스부르그 신앙고백 제16조에 명료하고도 섬세하게 표현되어 있다.

> 우리의 교회는 합법적인 시민 법규가 하나님의 선한 일이라고 가르친다. 그들은 그리스도인이 공직을 갖고, 판사로 섬기고, 제국법과 또 다른 현행법으로 사안을 판단하고, 정당한 벌을 내리고, 정당한 전쟁에 참여하고, 군인으로 복무하고, 법적 계약을 맺고, 재산을 소유하고, 법관이 요구할 때 선서하고, 남자가 여자와 결혼하고, 여자가 남자와 결혼하는 것이 옳다고 가르친다 [롬 13; 고전 7:2].
>
> 우리의 교회는 그리스도인에게 이 공직들을 금하는 재세례파를 정죄한다. 또한 복음적 완전을 하나님 경외와 믿음에 두지 않고 공적 직무의 포기에 두는 이들을 정죄한다. 복음은 마음의 영원한 의를 가르치기 때문이다(롬 10:10). 동시에 복음은 시민 국가나 가정의 파괴를 요구하지 않는다. 복음은 이것들이 하나님의 법령으로 보존되어야 하며 사랑이 그러한 법령 안에서 실천되어야 함을 지극히 요구한다. 그러므로 그리스도인은 그들의 통치자와 법률에 순종하는 것이 필요하다. 유일한 예외는 그들이 죄를 범하도록 명령받을 때이다. 그럴 때는 사람보다 하나님께 순종하는 것이 마땅하다(행 5:29).

---

120 The Lord's Prayer, Sixth Petition.

여기서 시민 법령이 "하나님의 선한 일"이라고 불리고 있다. 하나님은 이를 인간의 소명을 통해 성취하신다. 그래서 그리스도인은 관료, 재판관 또는 군인의 공적 직무 안에서 이웃을 섬기며, 시민으로서 일상생활에서 재산을 소유하고, 계약을 맺으며, 법정에서 서약할 수 있다. 결혼도 시민적 제도, 하나님의 지상 왕국의 중요한 부분이므로 그리스도인은 결혼할 수 있다. 아우그스부르그 신앙고백서는 여기서 재세례파와 수도사들을 정죄하면서 복음이 "시민 국가나 가정의 파괴를 요구하지 않"고, 이를 하나님의 법령—여기서 "사랑"이 실천된다—으로서 지지해야 한다고 결론 내린다. 이처럼, 그리스도인은 그들의 세속 통치자와 시민법에 순종해야 하지만, 여기엔 한 가지 중요한 제한이 있다. 신앙고백서는 사도행전 5장 29절을 인용하면서 "유일한 예외는 그들이 죄를 범하도록 명령받을 때이다. 그럴 때는 사람보다 하나님께 순종하는 것이 마땅하다"고 말한다.

두 왕국 교리를 이해하는 그리스도인은 세속 영역을 생각할 때 그 모든 세속성 가운데 있는 세상 안에서 자신의 삶을 받아들일 수 있는데, 이는 하나님이 거기서도 통치하시기 때문이다. 동시에 이 교리는 세상 안에서 죄와 싸우고 문화와 이념 그리고 하나님의 통치를 약화하려는 실천을 비판할 수 있는 틀을 제공한다. 이 틀은 하나님이 그의 세속 왕국을 통치하시는 세 가지 방식, 곧 그의 율법과 창조와 소명에서 비롯된다.

세속 왕국과 율법

두 왕국 교리에 의하면 하나님은 율법을 수단으로 세속의 지상 왕국을 다스리신다. 도덕법은 특히 세속 영역에 적용된다. 엄밀히 말해, 그것은 영적 왕국에 적용되지 *않는다*. 하나님의 천국은 율법으로부터가 아니라 복음으로부터 오며, 오직 예수 그리스도의 십자가를 통한 죄 사함을 주는 복음 속 하나님의 은총에 의해서만 통치된다.

오늘날 사람들은 흔히 도덕성이 종교와 동일한 범주에 속해야 할 것으로 생각한다. 예컨대 낙태에 반대하는 그리스도인을 "그들은 자신의 종교적 신념을 타인에게 짐 지울 권리가 없어"라고 일축한다. 그러나 낙태에 반대하는 것은 보통 말하는 종교적 신념이 아니다. 기독교의 핵심은 복음으로서, 복음은 도덕성에 관한 것이 아니라 도덕적이지 못한 것의 죄 사함에 관한 것이다. 그리스도인은 참으로 하나님의 율법을 믿으며, 죄를 깨닫기 위해 그리고 삶의 인도를 받기 위해 율법을 사용한다. 그러나 영적 왕국—그리스도 신앙의 영역—은 율법으로부터 자유로운 영역이다. 그리스도인은 세상 속에 살면서 태아 살해를 지독한 잔인성과 불의의 행위로 본다. 그러나 기독교는 낙태한 여인에게 어떻게 하면 죄 사함 받을 수 있을지를 보여 주는 종교이다.

그리스도인은 두 왕국의 시민이다. 영적으로, 그들은 율법의 행위와 무관하게 믿음으로 의롭게 된다. 그러나 그들이 육체로 사는 한, 자신의 죄 그리고 세상을 괴롭히고 이웃을 해롭게 하는 죄와 싸워야 한다. 율법은 그리스도인을 지속적으로 정죄하고 복음으로 이끈다(율법의 신학적 사용). 또한 율법은 그들이 하나님을 기쁘시게 하는 삶을 살도록 돕는다(율법의 교육적 사용).

그러나 세속 왕국에 가장 중요한 것은 율법의 첫 번째 사용, 곧 시민적 사용으로서 이는 외적인 죄에 대한 재갈로서 기능한다. 도덕법의 시민적 사용은, 국가의 법률처럼, 외적 준수를 겨냥한다. 이것은 사람의 내면을 바꾸거나 하나님 앞에서 의롭게 만들지 못한다. 그러나 우리의 행동에 대한 외적인 도덕적 제약—시민 정부와 문화적 규범과 처벌의 위협에 의해 주어지고, 죄책감과 수치심과 남의 비위를 맞추려는 마음으로 강화되는—없이는 죄 있는 인간이 같이 모여 사회를 이룰 수 없다.

그러므로 그리스도인이 세속 영역에 도덕적 기준을 적용하는 것은 옳다. 그들은 공의를 위해 일하고 공동선을 증진해야 한다. 여기에는 민법과 선한 정부를 수단으로 악을 억제하는 것이 포함된다. 그리스도인은 그들의 지도자와 기관과 문화를 비판하기 위해 도덕적 진리를 적용할 수 있다.

하나님의 세속 왕국이 율법으로 통치되기에 도덕법의 실재를 부정하는 이념과 실천—도덕적 상대주의, 공리주의, 자유방임, 도덕은 사회적 또는 개인적 구축물에 불과하다는 개념—은 두 왕국 교리에 부합하지 않는다.

세속 왕국과 창조

하나님은 또한 창조를 통해 세속 왕국을 통치하신다. 두 왕국 교리에 관한 또 다른 오해는 왼쪽 왕국이 오로지 인간에 대한 통치와 관련된다는 것이다. 왼쪽 왕국은 그것을 물론 포함하지만 하나님의 창조와 온 우주의 보존과도 관련 있다. 물질적 실재가 일관되고 예측 가능한 방식으로 기능한다는 소위 자연법은 그것을 창조물 안에 붙박으신 하나님으로부터 온다. 과학이 발견하고 기술자들이 따르는 이 법은 비행기, 인공위성, 컴퓨터 제조를 가능하게 하며, 피조된 물체뿐 아니라 피조된 질서도 구성한다.

하지만 하나님이 자신의 피조물 속에 하시는 관여는 자연법의 기계적 반복을 넘어선다. 하나님의 능력은 그의 피조물 전체를, 또한 그 낱낱을 섭리적으로 돌보시는 것과 같다. 예수님은 참새 한 마리도 "아버지께서 허락하지 아니하시면" 땅에 떨어지지 않는다고 말씀하신다(마 10:29). 하나님은 무상한 "들풀"의 일부인 백합화를 아름답게 "입히"신다(마 6:30). 시편 104편은 하나님의 지속적인 창조와 섭리의 범위를 기리며, 젊은 사자, 학, 너구리, 바닷속 무수한 크고 작은 동물들 그리고 그의 모든 "피조물"에 대해 말한다.

> 이것들은 다 주께서
> 때를 따라 먹을 것을 주시기를 바라나이다
> 주께서 주신즉 그들이 받으며
> 주께서 손을 펴신즉 그들이 좋은 것으로 만족하다가
> 주께서 낯을 숨기신즉 그들이 떨고
> 주께서 그들의 호흡을 거두신즉 그들은 죽어
> 먼지로 돌아가나이다
> 주의 영을 보내어 그들을 창조하사
> 지면을 새롭게 하시나이다 (시 104:27-30)

심지어 동물들도 하나님이 그들의 필요를 채워 주실 것을 "바란다." 동물들은 그의 존전에 있는 것을 기뻐하며 그를 볼 수 없을 때 "떤다." 핵심은, 두 왕국 교리가 구체적인 창조 신학을 내포한다는 것이다.

물질적 실재에 대한 다른 이해를 가진 이념과 세계관은 두 왕국 교리에 부합하지 않는다. 분명, 하나님의 창조를 믿지 않는 이들은 두 왕국 교리를 믿지 않는다. 이것은 창세기의 창조 기사가 역사적이라고 주장하는 창조론을 고수하는 것을—물론 이를 틀림없이 포함하지만—넘어서는 것이다. 우주의 "피조성"에는 다른 함축적 의미가 있다. 예컨대 물질 영역은 환영이라고 가르치는 힌두교와 불교의 생각과 반대로 우주는 존재한다. 그러나 물질적 실체는 자연주의자와 유물론자의 주장과는 반대로, 존재하는 *전부*가 아니다. 또한 물질적 우주나 자연력은 범신론과 애니미즘에서처럼 하나님 또는 신들과 동일시될 수 없다.

우주가 창조되었다고 믿는 것은 또한 그 질서와 설계를 인정하는 것이다. 이처럼 우주는 이성으로 알 수 있다. 우주는 하나님 마음속 기원의 흔적을 보여주므로 다른 마음들이 알 수 있다. 이것은 객관적 진리는 존재하지 않거나 알 수 없다는 포스트모던적 견해인 비합리주의와 주관주의에 반대된다. 이것은 또한 객관적 우주는 의미 없다는 실존주의의 주장과도 반대된다.

다윈주의는 창세기의 창조 기사를 부정하고 그럼으로써 성경의 약화시킨다. 혹자는 우리가 영적 왕국을 알 수 있는 방법인 하나님 말씀을 참조하지 않고 이성만으로 자연을 이해해야 한다고 주장할 수 있다. 따라서 과학자들은 자연 질서에 대한 결론을 내릴 때 어떤 종류의 신적 계시와도 무관하게 그들의 합리적 방법론을 따라야 한다고 한다. 그러나 우리는 두 왕국이 구별된 반면에 서로 연결되어 있다는 것을 기억해야 한다. 하나님 말씀에 계시된 천국은 하나님 아들의 성육신, 그의 십자가 대속의 죽음, 그의 부활과 같은 특정한 역사적, 객관적, 물리적 사실에 근거한다. 이 구원의 사건은 하나님 말씀 안에 계시되었으며 실제 사건이다. 이것은 초자연적이며 따라서 이성만으로는 추론 가능하지 않지만, 세상 안에서 일어났다. 창조에 대해서도 똑같이 말할 수 있다. 과학이 창조의 세세한 것을 발견하리라 기대하기 어렵다. 그것은 경험적 관찰을 벗어나며 말씀을 통해서만 알려질 수 있기 때문이다. 그러나 창조 교리가 진실이라면 그것은 실제로 일어났어야만 한다.

다윈주의와, 이것이 두 왕국 교리가 가르치는 "피조성"과 양립 불가능한 또 다른 문제는 진화가 돌연변이의 기능이라는 주장이다. 즉, 인간 종은 생존가 survival value(생물체의 여러 특성이 그 생물체의 생존과 번식에 기여하는 정도-옮긴이)가 있다고 증명된 수많은 우연한 변이의 결과 *무작위*로 생겨났다. 다윈주의자들에 따르면, 자연 선택에 의해 걸러진 이 우연한 사건들의 순서가 인간이 어떻게 해서 의식, 지성, 문명을 갖게 되었는지를 설명한다. 어떤 그리스도인들은 하나님의 창조주 역할을 진화론과 조화시키려 하면서, 하나님이 다윈이 묘사한 자연주의적 과정을 *수단*으로 생명을 창조하셨다고 주장한다. 그러나 다윈주의는 진화가 "지시되지 않은 것"이라고 주장한다. 자연 선택의 핵심은 그 무작위성이다. 창조론이 다윈주의와 합의점이 없듯이, 유신론적 진화론도 다윈주의와 아무런 합의점이 없다.

아마도 창조 교리에 대한 가장 강력한 반대는 (그나마 객관적 존재와 물리적 실제의 질서에 대해 그리스도인과 함께 동의하는) 과학자들에게서 오지 않고 포스트모더니스트들에게서 온다. 이 현대 사상의 변종을 따르는 이들은 실재가 피조물이 아니라 구축물이라는 것, 진리 주장과 도덕 체계와 사회적 가치는 문화적 구축물과 정치권력의 부과물에 불과하다고 믿는다. 이 견해에 따르면 진리와 도덕은 상대적이다. 또한 객관적 진리 주장과 도덕적 절대주의는 늘 의심해 봐야 하는데, 그것들은 압제의 행위이기 때문이다. 해방을 위한 유일한 수단은 개인과 소외 집단들이 *현 상태*의 사고를 해체하고 그들 자신의 대안적 진리와 도덕적 명령을 구축하는 것이다. 포스트모더니스트들에게 하나님은 더 이상 진리와 법률의 근원으로 인정되지 않는다. 오히려 인간이 그들 자신의 창조주와 입법자로서 하나님 자리에 앉는다.

루터교의 두 왕국 교리는 이성의 시대의 환원주의와 모더니즘의 유물론적 합리주의에 굴복하지 않으면서도 이성과 합리성의 토대를 제공한다. 창조에 관한 두 왕국 교리는 과학, 객관성, 자연법의 토대를 제공하고 포스트모더니즘에 대응하는 한편, 여전히 신비에 대한 공간을 마련한다.

세속 왕국과 소명

하나님은 소명을 수단으로 세속 왕국에서 일하신다. 즉, 지상의 삶의 일상적 임무들과 관계들 속에 있는 인간을 통해 일하신다.

그리스도인이 하나님의 두 왕국 시민으로서 이중의 삶을 산다는 것은 루터의 글에 지속적으로 등장하는 주제다. 그리스도인은 성인인 동시에 죄인이다. 영적으로 그들은 그리스도의 의를 입었다. 그러나 그들은 아직 육체 안에 사는데, 거기서 죄와 싸워야 하고 선행을 해야 한다. 이 역설은 다른 역설로 이끈다: "그리스도인은 더할 나위 없이 자유로운 만물의 주인이며, 아무에게도 예속되지 않는다. 그리스도인은 더할 나위 없이 충실한 만물의 종이며, 만인에게 예속된다"(LW 31:344). 그리스도인은 세례의 힘으로, 또한 예수 그리스도를 믿음을 통해 은총으로 의롭게 되었기에 죄와 사망과 율법으로부터 자유롭다. 그래서 하나님은 그리스도인을 세상으로 보내셔서 모든 사람, 곧 그들의 이웃을 섬기며 이 믿음을 살아 내게 하신다. 이것은 소명 안에서 일어난다.

6장에서 논의했듯이 우리 소명의 목적은 각각의 소명이 우리의 삶 속으로 이끄는 이웃을 사랑하고 섬기는 것이다. 따라서 우리는 결혼 생활에서 배우자를 사랑하고 섬겨야 한다. 부모로서 자녀를 사랑하고 섬겨야 한다. 일할 때 고객을 사랑하고 섬겨야 한다. 시민으로서 동료 시민을 사랑하고 섬겨야 한다. 교회에서 교우를 사랑하고 섬겨야 한다. 우리가 이웃을 사랑하고 섬길 때 하나님은 우리의 소명을 통해 그의 축복—일용할 양식, 가정의 기쁨, 평화, 안전, 말씀과 성례전—을 주신다.

우리가 보았듯이 인간 사회를 위한 하나님의 뜻은 모든 사람이 각자의 자리에서 서로 사랑하고 섬기는 것이다. 그러나 늘 그렇듯 죄가 하나님의 뜻을 어긴다. 소명 교리는 왜 의무와 관계가 잘못되어 가는지 볼 수 있는 하나의 비판적 모델, 하나의 방법 역할도 한다.

우리는 소명 안에서 이웃을 섬기는 대신 섬김받기를 원한다. 이웃을 사랑하는 대신 자주 그들에게 해를 끼치거나 우리 유익을 위해 그들을 사용한다. 부모는 자녀를 사랑하고 섬겨야지 학대하거나 유산시키면 안 된다. 남편은 아내를 사랑해야지 얕보거나 구박하면 안 된다. 비즈니스맨은 고객을 섬겨야지 속이면 안 된다. 정부 관료는 그들의 권위 아래 있는 이들을 사랑하고 섬겨야지 학대하거나 착취하면 안 된다. 교회에서 교인은 서로 사랑하고 섬겨야지 자기 방식을 고집해 갈등을 부추기면 안 된다.

그리고 일반적으로, 결혼을 거부하고 부모 됨을 훼손하고 경제 활동을 이기적 탐욕으로 전락시키고 모든 시민 정부를 거부하고 교회 기관을 필요로 하지 않는 이념과 실천은 두 왕국 교리에 부합하지 않는다.

하나님 임재 방식으로서의 숨으심

루터의 두 왕국 신학에 따르면 하나님은 그의 세속 왕국에 숨어 계신다. 하나님은 그의 영적 왕국에서 계시되신다. 그러나 숨으심은 현존의 한 방식이다. 집에서 숨바꼭질하는 아이는 *있다*. 단지 안 보일 뿐이다. 숨어 있다는 것은 감지되지 않은 채로 있다는 것을 의미한다.

하나님이 세상 안에 숨어 계신다고 말하는 것은 그가 *거기* 계시다는 것, 그가 *여기* 계시다는 것을 의미하지만 우리는 그를 보거나 다른 방법으로 발견할 수는 없다. 하나님의 존재와 기독교의 진리를 증명하기 위한 명백히 과학적으로 입증된 증거—신新무신론자들이 이를 계속 요구한다—는 언제나 찾기 힘들다.

우리에게는 자신을 숨기는 하나님이 계신다(사 45:15). 루터는 어떻게 하나님이 성례전 안에 자신을 숨기시는지, 어떻게 하나님이 그의 진노 안에 자신의 사랑을 숨기시는지, 어떻게 그의 영광이 십자가 안에 숨겨져 있는지, 어떻게 인간의 소명이 하나님이 뒤에서 일하시는 가면인지에 대해 썼다.

그럼에도 하나님은 우리에게 자신을 드러내신다. 하나님은 그의 말씀을 수단으로 그렇게 하시는데, 말씀 안에서 계시되시고 말씀으로써 영적 왕국을 세우신다. 이 말씀은 예수 그리스도 안에서 그분이 성육하심을 계시한다. 이 말씀은 우리에게 그분의 십자가에 대해 말하는데, 그는 십자가 안에서 세상 죄를 짊어지셨으며 자신의 부활을 선포하신다. 나아가 하나님 말씀은, 루터가 강조하듯, 단지 역사적이고 신학적인 정보의 기록이 아니다. 이 말씀은 하나님의 도구로서 이를 통해 성령이 우리의 죄를 깨우치시고 우리 마음에 믿음을 창조하신다. 이처럼 성령 하나님은 말씀 안에 참으로 현존하신다.

죄인은 말씀과 성례전을 수단으로 하여 그리스도인으로 만들어진다. 그들은 세례와 세례의 결과로 일어나는 그리스도 신앙을 통해 하나님의 영원한 왕국의 시민이 된다. 하지만 그들은 죽어서 하나님이 예비해 놓으신 영원한 생명에 들어갈 때까지 하나님의 세속 왕국의 시민으로 남아 있다. 여기서 그들은 자신의 믿음을 하나님이 주신 소명 안에서—죄와 싸우고, 십자가를 지고, 믿음과 거룩함 안에서 자라면서—살아 낸다. 그들은 교회에 참여함으로써 영적으로 도움 받고 지지받는다. 그들은 교회에서 지속적으로 말씀과 그리스도의 몸과 피를 공급받고 죄 사함과 그리스도 자신을 받고 또 받는다. 영적 왕국과 세속 왕국 둘 다에 거하는 교회는 하나님 백성이 하늘과 땅의 이중 시민권을 갖고 있다고 인정한다.

영적 교회는 역사상의 모든 신자로 이루어져 있다. 이 영적 교회는 벽돌로 만든 빌딩, 교인 명단 또는 지역 교회에 제한되지 않는다. 오히려 하나의 거룩한

una sancta 교회는 성도의 회합이다.

만일 우리가 교회를 선인과 악인의 외적인 정치적 질서로만 규정한다면 사람들은 그리스도의 왕국이 마음의 의이며 성령의 선물인 것을 이해하지 못할 것이다〔롬 14:17〕. 사람들은 교회를 단지 특정 형태의 예배와 의식을 외적으로 준수하는 곳으로 생각할 것이다.[121]

그러나 교회는 평범해 보이는 물질적인 지역 교회와 떨어져 존재할 수 없다. 영적 교회는 바로 저 물질적 교회 안에, 함께, 아래에 거한다. 다시 말하면, 영적 교회는 물질적 교회 안에 현존한다. 물질적 교회는 구식 제단 카펫이 깔린 보잘것없는 건물일 수 있다. 교회 안 사람들은 백발의 노부인과 트림하는 아기가 대부분일지 모른다. 그럼에도 교회는 여전히 하나님이 숨어 계신 특별한 곳이다.

교회는 다른 정부들처럼 외적인 사물과 의식의 교제일 뿐 아니라, 그 핵심은 믿음의 교제이며 마음속 성령의 교제다. 그럼에도 이 교제에는 외적인 표지가 있어 알아볼 수 있다. 그 표지는 복음의 순수한 교리와, 그리스도의 복음과 일치한 성례전의 집행이다. 이 교회만이 그리스도의 몸이라 불리며, 이 교회를 그리스도께서 그의 성령으로 새롭게 하시고, 거룩하게 하시고, 통치하신다.[122]

---

[121] Apology of the Augsburg Confessions, Article VII and VIII (IV), paragraph 13.
[122] Apology of the Augsburg Confessions, Article VII and VIII (IV), paragraph 5.

교회는 영적 왕국의 일부로서 하나님 말씀의 지배와 통치를 받는다. 그러나 교회는 세상 속에 존재하며, 따라서 왼쪽 왕국 일에 지배를 받는다. 두 왕국 교리의 개혁교회 버전에 따르면, 영적 왕국은 바로 *지역 교회*다.[123] 지상 왕국은 불신자로 이루어지는데 그리스도인은 이 위협적인 환경에서 믿음을 지키며 살아 내야 한다. 그러나 루터파 견해에 따르면, 두 왕국은 모두 선하며, 동일한 왕의 서로 다른 두 영토다. 교회는 그리스도인과 마찬가지로 두 왕국에 거주한다. 지역 교회는 국가의 법—지역제 법규(토지 이용 시 공공의 이익을 위해 개인의 신분과 재산에 대한 권리를 제한하고 규제하는 법-옮긴이)와 안전 규정과 세법—에만 종속되지 않고, 구성원이 어떻게 서로 지내는지를 가르쳐 주는 도덕법에도 종속된다. 그러면서도 영적 왕국—모든 세기에 걸쳐 있고, 하늘의 모든 성도를 포함하는—은 다만 숨겨진 채로, 복음이 선포되고 성례전이 올바로 집행되는 평범한 지역 교회 안에 있다.

그리스도인의 이중 시민권은 소명 안에서 경험된다. 각 사람은 교회에 참여함으로써 영적으로 도움받고 격려받는다. 하나님은 그들을 소명 안으로, 그분의 세속 왕국으로 보내신다. 여기서 하나님은 숨어 계시며, 그리스도인 역시 숨어 있다. 그리스도인이나 비그리스도인은 그들이 행하는 일에서, 그들의 행운이나 불운에서, 그들의 겉모습에서 큰 차이가 없어 보인다. 그러나 그리스도인은 믿음이 있다. 그들은 믿음의 눈을 가지고 본다. 바울은 말한다. "위의 것을 생각하고 땅의 것을 생각하지 말라 이는 너희가 죽었고 너희 생명이 그리스도와 함께 하나님 안에 감추어졌음이라"(골 3:2-3). 그리스도인은 세상에서 살지만 마

---

[123] David VanDrunen, *Living in God's Two Kingdoms: A Biblical Vision for Christianity and Culture* (Wheaton, IL: Crossway, 2010)을 보라. 이러한 두 왕국 교리의 개혁교회 버전과 루터교 가르침의 차이에 대해서는 다음을 보라. Jordan Cooper, "Lutheran Two Kingdom Theology Is Not Escondido Theology," *Just and Sinner* (blog), June 3, 2014, www.patheos.com/blogs/justandsinner/lutheran-two-kingdom-theology-is-not-escondido-theology 그리고 "A Critique of Escondido Two Kingdom Theology," *Just and Sinner* (blog), June 3, 2014, www.patheos.com/blogs/justandsinner/lutheran-two-kingdom-theology-is-not-escondido-theology and "A Critique of Escondido Two Kingdom Theology," *Just and Sinner* (blog), November 1, 2016, www.patheos.com/blogs/justandsinner/a-critique-of-escondido-two-kingdom-theology.

음은 위에 있는 것에 맞춰져 있다. 그리스도인의 영적 왕국 참여는 그들에게 세속 왕국을 달리 볼 수 있게 해 준다. 하나님 말씀을 통해 하나님을 알기 때문에, 그들은 그분이 또한 세상 안에 그리고 그들 세속의 삶 안에 계시며 활동하신다는 것을 믿음으로 안다. 하나님은 보이지 않으시지만 그리스도인은 그가 임재해 계신다는 것을 믿음으로 안다. 그리하여 그들은 그들 삶의 모든 것에 대해 감사할 수 있으며 아무리 평범한 것도 다 예수님의 이름으로 행한다. 바울은 계속한다. "무엇을 하든지 말에나 일에나 다 주 예수의 이름으로 하고 그를 힘입어 하나님 아버지께 감사하라"(골 3:17). 인용한 골로새서는 그리스도인이 아내와 남편, 자녀와 부모, 피고용인과 고용주로서 어떻게 그들의 소명을 이 세상에서 실천할 것인지에 대한 권면으로 끝난다(골 3:8-4:1).

하나님의 가면

루터교인에게는 *실재*의 신학이 있다. 하나님은 살과 피를 취하심으로써 살과 피를 지닌 우리 피조물에게 오신다. 하나님은 물질적인 것을 수단으로 영적 왕국을 세우신다. 그리하여 "성육하신 인간 하나님"은 그의 말씀(공기 중 음파, 종이에 인쇄된 잉크)과 성례전(거룩한 세례의 물, 성찬의 떡과 포도주)을 통해 우리에게 오신다.

마르틴 루터가 하나님이 물질적인 것을 수단으로 영적 왕국을 세우시는 방식을 처음부터 이해한 것은 아니었다. 루터는 한동안 수도사로서 극도로 고행하며 지냈다. 그가 이렇게 산 이유는 더 영적이고 덜 세속적이 되고 싶었기 때문이었다. 그러나 그가 복음을 발견했을 때 하나님의 창조물을 선한 것으로, 심지어 영적으로 중요한 것으로 포용하게 되었다. 루터는 영적인 것이 물질적인 것 안에 구성되어 있음을 깨달았다. 루터는 물질세계를, 하나님이 피조물에 현존하시는 수단으로 보게 되었다.

루터가 "하나님의 가면"에 대해 말할 때 영적인 것과 물질적인 것의 상호 작용이 한층 더 명확히 설명된다. 앤서니 스타인브론 Anthony Steinbronn 은 이 개념을 모든 루터교 신학의 기초로 본다. 우리의 죄 된 상태와 하나님의 은총으로 인해 그는 우리에게 수단을 통해 오신다.

> 죄 된 본성의 결과, 인간은 그 적나라한 초월성 안에 계신 하나님을 보고도 살아남을 수 없다. 그러므로 하나님 뜻에 대항한 아담과 하와의 반역으로 인간이 죄 속으로 떨어진 이후, 하나님과 인간 사이에 무매개적인 관계란 있을 수 없다. 하나님은 인간을 다루실 때 항상 가면 MASK을 쓰셔야 한다.[124]

우리를 죄에서 구원하시기 위해 하나님은 우리의 중재자 되신 예수 그리스도 안에 성육하셨고, 그의 영광이 그의 고난 안에 숨겨진 십자가 안에서 자신을 계시하신다. 스타인브론은 말한다.

> 참되고 올바른 하나님 지식은 십자가의 신학 안에서만 끌어낼 수 있다. 우리는 성부의 마음과 뜻을 계시하시는 성자 안에서만 참으로 하나님을 바르게 보고 안다. 이 하나님 지식은 하나님이 정하신 저 가면들MASKS—(1) 하나님 말씀 (2) 그분의 성육신 (3) 세례 (4) 성찬—을 통해 우리에게 계시된다.[125]

---

124) Anthony Steinbronn, *The Masks of God: The Significance of Larvae Dei in Luther's Theology* (Fort Wayne, IN: Concordia Theological Seminary, 1995), 4-5. 온라인으로 다운로드가 가능하다. www.reverendluther.org/pdfs2/The-Masks-of-God-Rev.Dr.Steinbronn.pdf.
125) Steinbronn, *The Masks of God*, 1.

하나님이 영적 왕국에서 가면들을 통해 일하시듯이, 물질적 왕국에서도 가면들을 통해 일하신다고 스타인브론은 말한다.

왜 하나님은 외적 수단을 통해 자신을 제한하시는가를 설명하면서 루터는 그분의 질서 지워진 권능HIS ORDERED POWER에 대해 말한다. 하나님은 외적 수단과 질서 없이 구원하시고 일하실 수 있지만, 우리 가운데 일하실 때 자신의 능력을 제한하는 것이 그분의 뜻이다. 하나님이 이렇게 행하시는 것은 그분이 교회와 가정과 정부라는 피조된 질서를 통해 일하실 때 피조물들이 그분의 일에 참여할 기회를 얻게 하기 위해서다. 하나님은 인간의 선을 위해 이 세 질서 안에서 세상을 통치하기를 원하시며, 온 인류에 대한 돌보심을 일상적인 방식으로 드러내길 원하신다.[126]

결론

그러니 두 왕국 교리는 교회가 *현 상태*를 보호하거나 무비판적으로 문화 트렌드를 따르는 구실로 이용되어서는 안 된다. 이 교리의 패러다임은 분리주의도 이원론도 아니라, 다른 두 영역의 특성을 존중하는 한편 그 둘을 합치는 방식이다. 이처럼 그리스도인은 영적인 동시에 세속적일 수 있다. 그들은 속될 필요 없이 세상에 전적으로 참여할 수 있다. 두 왕국 교리는 그리스도인에게 어떻게 세상에 "속하지" 않으면서 세상 "안에" 사는 것이 가능한

---

126) Steinbronn, *The Masks of God*, 10.

지 보여 준다. 이는 그리스도께서 그분의 "대제사장의 기도"로 그들을 위해 간구하신 내용이다(요 17:15-16).

토론을 위한 질문

1. 오늘날 그리스도인들이 교회와 세상의 관계에 대해 혼동하는 몇 가지 형태를 설명해 보라. 두 왕국 교리가 세상 속 그리스도인의 삶을 규명하는 데 어떤 도움이 되는가?

2. 두 왕국 교리에 대한 오해에는 어떤 것들이 있는가?

3. 하나님은 어떻게 세속 영역 안에, 심지어 그를 알지 못하는 사람들 가운데 역동적으로 임재해 계시는가?

8장

성화와 그리스도인의 삶

순간instant은 인터넷 세상에서 너무 느리다. 다운로드할 때 버퍼링과 인터넷 접속할 때 렉lag 걸림은 많은 욕구 불만의 근원이다. 만일 5초 이상 걸리면 인터넷 연결에 뭔가 문제가 있는 것이다. 만일 10초 이상 걸리면 새 스마트폰 기기를 살 때가 된 것이다. 월드 와이드 웹World Wide Web은 엄청난 양의 정보를 즉각적으로 검색하고 그 정보를 스마트폰으로 다운로드할 수 있는 방식을 제공했다. 그리고 그것은 우리를 참을성 없고 성급하게 만들어 모든 것이 즉각 우리 손에 쥐어져야 한다고 주장하게 만들었다.

우리의 인스턴트 문화에서 느림은 시대착오적이다. 그럼에도 인내와 끈기를 요구하는, 느릿느릿하면서도 꾸준한 진전의 중요성을 귀하게 여기는 사람들이 아직 있다. 대항문화 운동은 이 인스턴트 문화 한가운데에서 형성되었다. "느리게 살기 운동Slow Movement"으로 알려진 이 트렌드는 빠름의 세계에서 느림의 감각을 되찾으려고 노력해 왔다. 슬로푸드는 패스트푸드에 대한 응답이다. 느림의 삶은 단순함과 지속 가능성을 강조한다. 더, 더, 더가 아니다. 오히려 느리면서도 지속적인 진전에 초점을 맞춘다.

   칭의는 즉각적이다. 성화는 슬로우다. 성령이 어떤 사람을 그리스도 예수를 믿는 믿음으로 이끄시는 순간이 바로 구원의 순간이다. 칭의에 관한 한 버퍼링도 없고 장시간 다운로드도 없다. 칭의는 그리스도 예수를 믿음을 통해 오는 즉각적이고 순간적인 구원이다. 그러나 성화는 인스턴트와 거리가 멀다. 성화는 거룩한 삶을 향한 느리고 지속적인 진전이다. 물론 간혹 지속적이지 않을 때도 있다. 오히려 지속적으로 갈등하고, 기복을 심하게 겪고, 실패와 새로운 시작을 반복할 수 있다. 게다가 이것은 나이 든 사람이 젊은이보다 더 거룩해지는 식으로 점점 나아지고, 앞으로 나아가고, 위로 올라가는 모더니즘적 의미의 진전이 아니다. 그러나 이것은 어딘가를 향한 여정이라는 의미의 진전이다. 성화는 우리를 각자의 소명으로 부르시고, 다양한 경험을 통해 우리의 믿음과 사랑이 자라도록 섭리하시며, 말씀과 성례전을 통해 성령을 주시는 하나님의 일이다. 이것은 즉각적인 만족감이나 순간적인 거룩함이 아니다. 이것은 그리스도인의 아름답고도 다사다난한 삶의 여정이다.

자유

   오늘날 사람들안에 가장 열렬하면서도 깊이 자리잡고 있는 가치 중 하나는 자유에 대한 저 욕망, 저 갈망이다. 물론 자유를 가장 열망하는 사람들은 자유가 없는 이들이다. 사실 사람들은 자신이 바라는 만큼 자유롭지 못하다. 루터교인들의 특징은 자유이다. "원하는 것은 무엇이든 한다"는 의미에서가 아니라—우리가 원하는 것은 흔히 우리와 다른 사람들의 자유를 파괴하기 때문에—영적 속박으로부터 해방되었다는 의미에서 말이다.

루터교 이민자들이 독일, 스칸디나비아, 동유럽에서 미국으로 왔을 때, 그들은 간혹 미국 개신교도로부터 냉랭하고 당혹스러운 환영을 받았다. 안식일 성수는 19세기 개신교의 주된 강조점이었는데 루터교인들은 주일 아침 예배 후 노천 맥줏집에 갔다! 콘서트에 가기도 했다! 스포츠 경기를 관전했으며 직접 경기를 하기도 했다! 성탄절에는 드루이드교 나무 숭배자들처럼 집만 아니라 교회 안을 상록수로 장식했다! 이들이 그리스도인 맞나?

이 이민자들이 소명 의식에 근거한 인상적인 직업윤리를 지니고 있으며 성경과 복음을 열렬히 신뢰한다는 것은 곧 밝혀졌다. 그러나 그들은 오락과 미학, 그리고 흡연, 음주 같은 행위에 대해 당시 대부분의 개신교도보다 더 자유로워 보였다. 결국, 루터교는 청교도 전통을 가져 본 적이 없다. 루터교인들 가운데는 세상적인 추구를 거부한 경건주의자들이 있었지만, 그들은 이를 사회적 명령으로서가 아니라 개인의 훈련 차원에서 그렇게 했다. 루터교와 미국 개신교 사이의 주된 갈등은 금주 운동에서 촉발되었다. 아마 루터교인과 가톨릭 신자만이 알코올 금지에 적극적으로 반대한 종교 그룹이었을 것이다.

오늘날에도 여전히 루터교는 "붙잡지도 말고 맛보지도 말고 만지지도 말라"(골 2:21을 보라)고 가르치는 교파와 확연히 다른 경향을 보인다. 그들은 어떤 종류의 음악을 들어야 하는지, 오직 "기독교" 비즈니스만 장려해야 하는지 장황하게 논쟁하지 않는다. 그들의 소명 교리와 두 왕국 교리는 하나님이 교회 안에 계시되신 것처럼 세상 속에 숨어 계신다고, 그래서 그들은 보통 세속적이라고 간주되는 영역에서도 기독교적 차원을 본다고 가르친다. 더 중요하게, 루터교인들은 그들과 하나님의 관계가 자신의 행위가 아니라 하나님 은혜, 곧 그리스도를 통한 죄 사함에 기초한다고 믿는다. 은총은 끊임없는 자기반성, 하나님 율법의 세밀한 분석, 우리 의의 완성에 대한 강박을 종결한다.

이것은 루터교인이 죄의 위험성과 선행의 중요성에 무관심함을 의미하지 않는다. 전형적인 루터교인은 전형적인 다른 교파 신자보다 더 나쁘지도 더 낫지도 않으며, 루터교회는 존경할 만하다는 평판을 받는다. 그러나 복음에 비추어, 선행은 자유의 영 안에서 수행될 수 있다.

물론 루터교 전통에서 죄와 선행에 무관심한 사람들이 있었다. 그러나 루터와 그를 따르는 정통주의 신학자들은 소위 반율법주의자(율법에 반대하는 자)와 싸웠다. 오늘날 율법주의적 종교에 짓눌리고 있다고 느끼는 사람들이 루터주의를 발견할 때 자유의 환희와 감격이 너무나 커서 간혹 반율법주의 쪽으로 향한다. 또한 율법의 제3용법(그리스도인을 위한 가이드)을 얕잡아 보는 소위 급진적 루터교인도 있는데, 이들은 복음으로 변화된 사람은 하나님이 요구하시는 것을 자동적으로 행할 것이라고 주장한다. 물론 이 주장에 일부 진실은 있지만, 총체적 진실은 아니다.

마르틴 루터의 저작 중 가장 위대한 두 편은 《노예의지에 관하여》(LW 33)와 《그리스도인의 자유》(LW 31)다. 앞의 글에서 루터는 위대한 인문주의자 에라스무스를 논박하면서 인간은 죄에 묶여 있기 때문에 자연 상태에서 어떠한 자유의지도 갖고 있지 않다고 주장한다. 뒤의 글에서 루터는 그리스도인이 복음을 통해 얻는 자유를 칭송한다. 이 두 저술의 주장은 대치되는 것처럼 들리지만 실제로는 전혀 그렇지 않다.

루터는 우리의 의지가 죄에 속박되어 있다고 주장한다. 우리는 항상 옳은 것 행하기를 "선택"하지 못한다. 우리는 참으로 마음속 깊이 하고 싶은 것을 선택하려는 의지를 실행하려 하지만 그 속박 상태로 인해 항상 죄를 선택한다. 매 순간.

오늘날 자유는 자주 죄와 결부된다. 그리고 속박은 자주 미덕과 결부된다. "해방된" 청소년은 대중문화에 반복적으로 등장하는 주제다. 한 청년이 가족, 소도시 공동체, 교회, 그리고 이것들의 모든 요구와 기대로 인해 숨이 막힌다. 그는 탈출한다. 대학이나 대도시로 간다. 그는 자유롭다! 더 이상 규칙도 없고 구속도 없다! 그는 이전에는 절대 허용되지 않았던 즐거움에 탐닉한다! 성적인 자유! 환각에 빠지게 하는 약물! 해방이다!

그러나 루터는 죄를 노예로 만드는 것으로 보고, 덕을 해방하는 것으로 본다. 루터는 이 생각을 예수님 말씀의 기반 위에 둔다. "진실로 진실로 너희에게 이르노니 죄를 범하는 자마다 죄의 종이라"(요 8:34).[127] 인생을 어느 정도 산 사람은 이것이 진실임을 안다. 포르노 중독자는 자유롭지 못하다. 알코올 중독자나 약물 중독자는 자유롭지 못하다. 그 밖의 다른 악과 나쁜 습관―관계를 파괴하는 이기적인 반사 작용, 사랑을 계속 멀어지게 만드는 교만, 모든 것을 지속적으로 파괴하는 잔인함의 경향―의 속박 상태에 있는 이들도 자유롭지 못하다. 가정으로부터 도망치는 자유를 즐긴 저 청년은 자신의 열정과 동료들과 가장 파괴적인 욕망에 속박되어 있음을 알게 될지도 모른다. 그러나 자기혐오와 맹렬한 의지력에도 불구하고 그는 스스로를 바꿀 수 없다.

그러나 예수님의 다음 말씀은 복음의 능력을 보여 준다. "아들이 너희를 자유롭게 하면 너희가 참으로 자유로우리라"(요 8:36). 행위가 아니라 그리스도를 믿음으로 의롭게 될 때 우리는 죄에 대한 의지의 속박에서 자유롭게 된다. 이것은 우리가 마침내 죄짓는 의지의 속박에서 자유롭게 되었다는 것을 의미한다. 우리가 옳은 것을 하는 것은 구원을 얻기 위해 *해야만 하기* 때문이 아니라 그것을 *원하기* 때문이다. 우리가 이웃을 위해 선행하는 것은 우리가 응당 그래야 하고 이웃을 자기 의를 과시하기 위한 받침대로 사용하지 않기 위해서만이 아니

---

[127] 성 바울은 로마서 6장에서 이와 동일한 생각을 전개한다. 그가 갈라디아서 5장에서 그리스도인의 자유를 다루는 내용도 보라.

다. 오히려 하나님의 사랑을 얻으려는 데서 자유롭게 되었기 때문에 우리는 이웃의 유익을 위해 그를 사랑할 수 있다. 다시 말해, 우리는 이웃을 보살피도록 안으로부터 자유롭게 되었다.

그러나 자주 우리의 도덕적 행위는 마음에서 우러나오지 않고 단지 외적인 행동을 통해 보여진다. 물론 외적인 행동은 가치 있는 도덕적 훈련일 수 있다. 그러나 믿음은 마음의 문제이며 믿음이 우리 마음을 바꾼다. 우리가 자신의 죄성을 솔직하게 맞닥뜨리고 그리스도 안에서 의를 찾는다면 어떻게 이웃의 잘못에 집착할 수 있을까? 그리스도는 이웃을 사랑하시고 그를 위해 죽으셨다. 그러니 우리가 그리스도 안에 있으면서 어떻게 그 사랑과 자기희생에 동참하지 않을 수 있을까?

이신칭의는 우리가 자유롭게 선행하도록 해 준다. 우리가 믿음 안에서 행하는 선행은 단지 의미 없는 움직임과 공허한 노력 이상이다. 그것은 참으로 선한 행위이다. 간혹 윤리학자들은 도덕적 행위가 사심 없어야 하며 개인의 유익이나 이기심으로부터 초연해야 한다고 말한다. 만일 우리가 선거에 쓸 사진을 찍기 위해 노숙인 보호 시설에서 자원봉사를 한다면 도덕적인 미덕이 상당히 퇴색할 것이다. 자신을 섬기기 위해 다른 사람을 섬기는 것은 노숙인에게 순수한 관심을 갖는 것과 다르다. 이신칭의는 우리가 자신을 위해 선행하지 않음을 의미한다. 우리는 구원을 얻기 위해 선행할 필요가 없다. 우리가 "선행으로 얻는 게 아무것도 없기" 때문에 우리가 자유롭게 하는 선행은 진정한 도덕적 의의를 얻는다.

물론, 그리스도인은 죄를 범한다. 우리가 늘 이웃을 사랑하는 것도 아니고 자발적으로, 자유롭게 사랑하지 않을 때도 있다. 우리의 일부분은 여전히 속박 가운데 있다. 우리는 비록 구속받았지만 여전히 "육체 안에" 있으며, 여전히 우리 죄의 본성과 싸워야 한다. 복음은 우리가 응당 선을 행하고 이웃을 사랑하도록 우리를 참으로 자유롭게 만든다. 그러나 우리가 항상 그렇게 행하는 것은 아니다. 혹은 우리는 어느 정도 그렇게 하지만 우리 삶의 어떤 부분은 아직 도덕적 시궁창 속에 있다. 이는 그리스도인이 여전히 율법을 필요로 하며, 여전히 회개로 이끌려야 하며, 여전히 복음이 필요하다는 것을 의미한다.

이것은 고전적인 루터파 역설의 근거다. 그리스도인은 의인이면서 동시에 죄인이다. 그리스도와 그의 의로 옷 입은 그리스도인은 하나님 앞에서 거룩하다. 그러나 그리스도인은 또한 죄인으로서 그리스도의 죄 사함을 지속적으로 받아야 할 필요가 있다. 이것은 양자택일의 문제가 아니다. 오히려 죄인 됨 *그리고* 성인 됨 둘 다이다. 그리스도인은 두 개의 정체성을 가지며 둘 사이의 갈등은 그리스도인의 영적 삶을 빚어낸다. 죄와 은총의—성경에서 "육신"과 "영"(롬 8:1-17), "옛 사람" 대 "새 사람"(엡 4:22-24)으로 묘사되는—이 투쟁은 성화의 투쟁이다.

이것은 "죄 죽임mortification," 곧 죄악 된 본성을 죽이는 것을 수반한다. 필립 멜랑히톤은 아우그스부르크 신앙고백 변증서에서 설명한다. "우리는 육을 죽임과 몸의 훈련에 대해 가르친다. … 참되고 거짓되지 않은 죽임[죄 죽임]은 하나님이 우리를 훈련하시는 십자가와 역경을 통해 일어난다."[128] 삶의 문제와 고난은 하나님이 우리를 거룩하게 하시는 수단들이다! (이 주제는 나중에 더 다룬다.) 멜랑히톤은 말한다. "또한 필수적이고 자발적인 훈련이 있다." "이 [죄 죽임의] 노력은 지속적이야 한다."[129] 이 후자의 요점은 중요한 결론을 암시한다. 곧, 그리스도께서 우리를 자유롭게 하셨으므로 이제 우리는 자유롭게 우리의 성화에 성령과 협력할 수 있다.[130]

선행이 믿음의 열매이므로 선행의 부재는 더 강한 믿음의 필요성을 증언한

---

128) Apology of the Augsburg Confession, Article XV (VIII), paragraph 45.
129) Apology of the Augsburg Confession, Article XV (VIII), paragraphs 46-47.
130) 다음을 보라. Epitome of the Formula of Concord, Article II, paragraph 17과 Solid Declaration of the Formula of Concord, Article II, paragraphs 65-66.

다. 반복하지만 믿음은 복음에서 온다. 죄 많은 그리스도인은 죄에서 자유롭게 되기 위해 *믿음*이 *더* 필요하다. 이것이 그리스도인이 교회에 가야 하는 이유다. 루터는 대교리문답에서 성화는 성령의 일이라고 설명한다. 사도신조 제3항 해설에서 설명하듯 성령은 교회를 통해 일하신다. "성령은 다음을 통해 우리의 성화를 성취하신다: 성도 혹은 그리스도 교회의 교제, 죄 사함, 몸의 부활, 영생."[131]

우리의 죄 죽임—죄에 대해 죽고 예수 안에서 다시 사는 것—은 세례와 함께 시작한다. 세례에서 우리는 그리스도와 함께 죽고 그와 함께 부활했다(롬 6:3-4). 루터는 죽음과 새 생명의 세례가 오래전 일어난 단회적 사건이 아니라 "날마다" 작동된다고 하면서, 이를 성화의 투쟁과 연결한다. "[세례는] 우리 속 옛 아담이 매일의 참회와 회개로 물에 빠져 죽고 모든 죄와 악한 욕망과 함께 죽는 것, 그리고 새 사람이 날마다 나타나고 일어나 의와 순전함 가운데 하나님 앞에서 영원히 사는 것을 뜻한다."[132] 세례는 또한 "죄 고백과 사면 예식"을 빚는데, 이 예식은 통회와 회개 및 의롭고 순전한 새 사람의 등장을 포함한다. 세례는 또한 예배에서 상기되는데, 이 예배는 하나님의 이름 곧 우리가 세례받은 동일한 이름을 부름으로써("성부와 성자와 성령의 이름으로") 시작한다. 예배는 또한 세례의 신조(사도신조)의 암송을 포함하며 세례에서 주어진 것들을 상기하는 축복("평화의 인사"와 같은)으로 끝난다. 설교 역시 회개와 믿음을 창조하는 율법과 복음을 선포한다. 성찬에서 그리스도는 자신의 몸과 피와 함께 죄 사함을 주신다.

그리스도인은 이 모든 것을 필요로 한다. 성화의 교리를 바로 이해하는 것이 매우 중요하다. 루터교인은 복음에 의한 구원의 확신을 강하게 강조하지만, 칼빈주의자와 침례교도처럼 그리스도인은 "한번 구원받았으면 영원히 구원받았

---

131) Large Catechism, Part II, paragraph 37.
132) Small Catechism, The Sacrament of Holy Baptism.

다"고 믿지 않는다. 끈질기고 회개하지 않는 죄, 그리고 교회에서 주어지는 은총의 수단들에 대한 무시는 믿음의 사망을 초래할 수 있다.[133] 그러나 이 일이 일어날 때 가장 완고한 죄인이라도 회개하고 그리스도를 받아들이며, 세례받은 자의 구속된 신분으로 돌아갈 수 있다.

그리고 죽음의 순간에 우리의 육, 우리의 죄 된 인간 본성은 영원히 멸망할 것이다. 남는 것은 영생을 온전히 받을 준비가 되어 있고 새 창조 안의 부활을 기다리는 새로운 자아뿐이다. 우리는 성화될 것이다. 우리는 완전하게 자유롭게 될 것이다.

자유 → 그리스도인의 삶

루터는 《그리스도인의 자유》에서 우리가 사랑 안에서 이웃에게 묶여 있으면서도 자유가 어떻게 그리스도인 삶의 심장이 되는지를 설명한다. 이 논문은 하나의 역설로 시작한다: "그리스도인은 더할 나위 없이 자유로운 만물의 주인이며, 아무에게도 예속되지 않는다. 그리스도인은 더할 나위 없이 충실한 만물의 종이며, 만인에게 예속된다"(LW 31:344). 그렇다. 우리는 죄로부터, 율법의 저주로부터 자유롭다. 또한 루터는 자유 그 자체로 인해 뛸 듯이 기뻐한다. 곧, 모든 그리스도인은 제사장일 뿐만 아니라 왕이기도 하다(이 주장은 당시 사회적, 정치적 상황을 고려할 때 더욱 놀라운 발언이다). 루터는 말한다. 모든 신자에게 주어진 이 왕권 안에서 "그리스도인은 누구나 믿음으로 만물 위에 지극히 높여졌으므로 영적 능력으로 말미암아 예외 없이 만물의 주인이다. 그러므로 어떤 것도 그에게 해를 끼칠 수 없다. 사실 만물은 그에게 예속되었고 구원

---

133) 다음을 보라. Solid Declaration of the Formula of Concord, Article IV, paragraphs 31-33.

을 얻기 위해 그를 섬기지 않을 수 없다"(LW 31:354).

  동시에 이 역설의 반대쪽도 진실이다. "자유로운 이상 그는 일하지 않는다. 그러나 종인 이상 그는 모든 종류의 일을 한다"(LW 31:358). 루터의 설명이다.

> 사람은 신앙을 통해 내적으로 그의 영 안에서 풍족하고 충분히 의롭게 되며, 따라서 그가 필요로 하는 모든 것을 갖고 있다. 다만 이 신앙과 부요함이 날마다 장래의 삶으로까지 자라야 한다. 하지만 아직 그는 이 땅의 필멸의 삶 안에 있다. 이생에서 그는 자신의 몸을 통제해야 하며 사람들과 관계를 맺어야 한다. 여기서 일이 시작된다. 여기서 사람은 한가로이 지낼 수 없다. 여기서 그는 참으로 금식, 경계, 노동 및 다른 합당한 훈련으로 몸을 단련해야 하고, 몸을 성령에 복종시켜 속사람과 신앙에 순종하고 따르게 하고 신앙에 반역하거나 속사람을 방해하지 못하게 해야 한다. 몸의 본성은 억제되지 않으면 그러기가 쉽기 때문이다. (LW 31:358-59)

  우리의 "속사람"은 하나님 앞에서 자유롭다. 그러나 우리는 이 세상에서 살아야 한다. 생계를 위해 일해야 한다. 관계를 맺는다. 또한 자신을 단련해야 한다. 세상에서 우리의 삶은 선행을 요구한다. 다시 말해, 우리에게는 소명이 있다.

  또한 우리가 보았듯이 소명의 열쇠와 선행의 열쇠는 이웃을 사랑하고 섬기는 것이다. 루터는 말한다. "사람은 이 죽을 육체 안에서 몸만 건사하려고 이기적으로 살지 않고 지구상의 모든 사람을 위해서도 산다. 아니, 그는 오직 다른 사람을 위해 살고 자신을 위해서는 살지 않는다." "이 목적을 위해 그는 더 성실하고 자유롭게 다른 사람을 섬기도록 자신의 몸을 굴복시킨다"(LW 31:364).

이웃을 섬기는 일은 자기 훈련과 자기부정의 행위를 수반하지만, 타인을 섬기는 이 일은 "자유롭게" 행해져야 한다. 우리의 하나님 관계와 이웃 관계, 곧 믿음의 영역과 선행의 영역 모두 자유를 특징으로 한다.

　루터는 이어 이웃 섬김이 어떠한 모습을 띨 것인지, 곧 그리스도가 그리스도인을 위해 무엇을 행하셨는지, 그리스도인이 이웃을 위해 무엇을 해야 하는지를 설명한다.

> 그리스도인은 비록 모든 행위로부터 자유롭지만 이 자유 가운데 자신을 비워야 하고, 종의 모습을 취해야 하고, 인간의 모습으로 만들어져야 하고, 인간의 형태로 발견돼야 하고, 이웃을 섬기고 도와야 하고, 하나님이 그리스도를 통해 자신을 대하셨고 여전히 대하시는 것을 보는 것처럼 이웃을 동일한 방식으로 대해야 한다. 그는 이를 자유롭게 해야 하며 신적인 승인만 바라봐야 한다. 그는 이렇게 생각해야 한다. "그러므로 나는 하나의 그리스도로서 나 자신을 이웃에게 주겠다. 그리스도께서 자신을 내게 주셨듯이." … 우리 이웃이 곤경에 처하고 우리에게 풍족한 것이 그에게 결핍된 것처럼, 우리도 하나님 앞에서 곤경에 처했고 그의 자비가 결핍되어 있었다. 그러므로 우리의 하늘 아버지께서 그리스도 안에서 자유롭게 우리를 도우러 오셨듯이 우리도 우리 몸과 몸의 행위를 통해 이웃을 자유롭게 도와야 하며, 각자 다른 사람에게 그리스도가 되어야 한다. 이렇게 우리는 서로 그리스도들이 되고 그리스도는 모든 이 안에 동일하신 분이 된다. 곧, 우리는 참으로 그리스도인들이 된다. (LW 31:366-68)

　루터는 《그리스도인의 자유》의 끝부분에서 그리스도인 삶의 양극성과 역설을 함께 묶는다.

> 그러므로 우리는 그리스도인이 자기 안에 살지 않고 그리스도 안과 그의 이웃 안에 산다고 결론 내린다. 그렇지 않다면 그는 그리스도인이 아니다. 그는 신앙을 통해 그리스도 안에 살며, 사랑을 통해 이웃 안에 산다. 그는 신앙에 의해 자신을 넘어 하나님 안으로 사로잡힌다. 그는 사랑에 의해 자신 아래 이웃 안으로 하강한다. 그러나 그는 항상 하나님 안과 그분의 사랑 안에 머문다. (LW 31:171)

이 부분과 논문 전체에 걸쳐 루터는 그리스도인 신앙의 양극성, 즉 영적인 것과 물질적인 것, 초월과 성육신, 상승과 하강, 믿음과 선행, 하나님 사랑과 이웃 사랑을 하나로 모은다. 그리스도인은 이들 영역 안에 동시에 살며, 복음은 양쪽에 영향을 미친다. "그는 항상 하나님 안과 그의 사랑 안에 머문다."

소명 안 성화

앞서 말했듯이 그리스도인의 삶은 소명 안에서 실천된다. 성화는 우선적으로 소명 안에서 일어난다. 루터의 논문 《그리스도인의 자유》는 심오하게 "소명적"이어서 세상 속 그리스도인의 삶, 이웃 사랑과 섬김, 소명 속 그리스도의 현존을 다룬다. 그러면 성화와 그 다양한 측면—죄 죽임, 선행, 회개, 신앙—은 어떻게 결혼, 부모 됨, 직장, 그 외 다른 소명 안에서 일어날까?

우리는 소명 안에서 이웃을 사랑하고 섬길 때 그 소명 안에 계시는 하나님과 협력한다. 이것은 건축 현장에서 창조주와 협력하는 건축 노동자에게 적용되고, 하나님 말씀을 선포하며 성령과 협력하는 목사에게 적용되며, 자신을 아내에게 내어 주며 그리스도의 교회 사랑을 닮으려는 남편에게 적용된다. 이 외에도 많다.

그러나 간혹 우리는 소명 안에서 하나님과 협력하지 않는다. 우리는 하나님이 우리의 다양한 소명 안에서 우리에게 인도하시는 이웃을 사랑하고 섬기는 대신 그 소명과 이웃을 자신을 섬기는 데 이용하려고 한다. 이것은 이웃에게 해를 끼치거나 이웃을 멸시하거나 소홀히 하는 것을 포함하는데, 이는 우리를 하나님과의 갈등 가운데로 이끈다. 즉, 우리는 죄를 짓는다. 하나님은 여전히 우리의 소명을 통해 일하실 수 있지만—죄 있는 건축 노동자를 통해 집이 필요한 가정을 위해 집을 지으시고, 죄 있는 목사를 수단으로 그의 말씀과 성례전을 전달하시며, 죄 있는 남편을 통해 가정을 보살피시는 식으로—우리가 하나님과 이웃을 지속적으로 도외시할 때 소명이 산산조각 날 수 있다. 물론 순간적인 실수일 때가 더 흔하다. 그렇더라도 이것은 회개와 죄 사함으로 다뤄져야 한다.

소명은 또한 육체를 죽임의 무대다. 건축 노동자는 공기를 맞추기 위해 기진맥진할 정도로 초과 근무를 해야 할 때가 있다. 목사는 믿음을 갖고서 일부 교인의 적개심, 교인들의 더딘 성장에 대한 좌절감, 영적인 공격을 이겨 내야 할 때가 있다. 남편은 성적 유혹과 싸워야 하며 아내를 위해 자신의 우선순위를 부정해야 할 때가 있다. 멜랑히톤이 말한 것을 상기하면, 그는 죄를 복종시키고 우리를 하나님께 향하도록 강제하는 죽임은 "하나님이 우리를 훈련하시는 십자가와 고난들을 통해서," 그리고 그리스도인이 "자발적 훈련"으로 스스로 행하는 고행 안에서 일어난다고 했다.[134] 다양한 소명 안에서 우리는 통제 불능의 "문제들"을 예상해야 한다. 우리는 또한 죄와 유혹을 다루면서 자제력을 발휘하고 명백한 행동을 취해야 할 필요도 예상해야 한다.

---

134) Apology of the Augsburg Confession, Article XV, paragraphs 45-46.

문제들은 자주 우리로 하여금 기도하게 만들기 때문에 성화를 이룰 수 있다. 우리 스스로 다룰 수 없는 대재앙은 우리가 절망감 속에 하나님을 의지하게 한다. 호주의 루터교 신학자 존 클리이니그^{John Kleinig}는 말한다. "이상하게도, 우리는 하나님 말씀의 신비한 능력, 말씀 안의 그리고 말씀을 통한 성령의 숨겨진 일을 시련 중에 가장 분명히 발견한다."[135] 클리이니그는 루터적인 사고로 유혹, 시련, 심지어 마귀의 직접적인 공격이 어떻게 우리의 성화에 기여하는지 설명한다.

> 마귀의 공격은 우리의 믿음을 강화하는 데 도움이 된다. 그 공격이 우리로 하여금 영적 삶의 유일한 기초인 하나님 말씀으로 돌아가게 하기 때문이다. 사탄과의 싸움과 어둠의 세력들과의 싸움에서 우리는 우리의 자원을 의지해서는 안 된다. 만일 우리가 우리 자신의 지혜와 힘을 의지한다면 실패할 것이다. 이런 상황에서 우리의 유일한 소망은 그리스도와 그의 말씀에만 있다. 우리의 영적 나약함은 우리로 하여금 성령의 능력과 "모든 지혜 중의 지혜인" 하나님 말씀의 지혜를 의지하게 한다. 우리는 시험 중에 묵상과 기도로 하나님으로부터 오는 도움을 찾는 법을 배운다. 우리는 십자가의 길에서 그리스도와 함께 걷는다. 우리는 십자가의 영성을 발견한다. 우리는 천상의 주님과의 찬란한 연합을 경험하지 못하지만 그의 고난과 고통에 참여한다. 주님과 함께 고난당할 때 우리는 그와 함께 십자가를 진다. 악한 자의 공격을 통해 우리는 자신에게서 나와 그리스도 안으로 더 깊이 들어간다.[136]

---

135) Kleinig, *Grace Upon Grace: Spirituality for Today* (St. Louis: Concordia, 2008), 21
136) Kleinig, *Grace Upon Grace*, 22.

이것은 번영의 신학이나 영광의 신학이 아니라 소명, 성화, 매일의 삶의 역경에 적용되는 십자가 신학이다.

오늘날 소명 교리가 많은 그리스도인에 의해 재발견되고 있지만 그들은 이를 흔히 오해한다. 근래 어떤 사람들은 소명을 자기 성취의 관점에서 논의한다. 이들은 하나님의 부르심이 사람에게 가장 큰 기쁨을 주는 것 또는 가장 활기찬 느낌을 주는 것과 관련 있다고 주장한다. 그렇다면 지루하고 만족스럽지 못한 일은 어떻게 되나? 어떤 사람들은 이런 것은 직업이지 소명은 아니라고 말한다. 이들은 장래성 없는 직업에 갇힌 사람은 하나님이 자신에게 진정 원하시는 일이 무엇인지 알기 위해 자신이 진정 열정을 느끼는 것을 찾아내야 한다고 말한다. 다른 한편으로, 어떤 사람들은 소명 교리가 특권층에게만 적용된다고 비판을 가한다.

물론 우리 중 어떤 사람들은 성취감을 주는 직업을 갖고 있다. 그들은 만족스럽고 기쁨을 주는 일에서 하나님이 주신 달란트를 사용할 기회를 얻는다. 그러나 많은 사람은 따분하고 지루한 일을 하면서 돈을 번다. 하지만 소명이 이웃에 의해 정의된다는 것을 기억하라. 세상의 눈에 불쾌하고 천한 일들이 실제로는 높은 지위의 사람들보다 이웃을 더 직접적인 방식으로 섬긴다. 쓰레기 수거인, 호텔 객실 청소원, 접시 닦는 사람들은 분명 프로 운동선수보다 더 실질적으로 그들의 이웃을 이롭게 한다. 그렇다, 육체노동자가 된다는 것은 소명—세상이 흔히 깔보는 일에 하나님이 내리신 존엄성과 가치를 부여하는 것—이다.

핵심은, 소명이 꼭 우리 자신의 성취를 위한 것은 아니라는 사실이다. 주된 목적은 이웃을 위한 것이지 우리를 위한 것이 아니다. 소명은 자기희생을 통해 우리의 성화에 기여하고, 자기 훈련을 가르치며, 선행의 계기를 만들어 주고, 우리의 믿음을 훈련한다. 어떤 소명은 그 자체가 고행이다. 그러나 하나님은 지극하신 은총과 후하심으로 우리가 세상에서 기쁨을 기대할 수 없는 상황에도 기쁨을 주신다. 일을 잘한 만족감이 있고, 성취감이 있으며, 같이 일하는 동료들과 교제하는 즐거움이 있다. 심지어 우리의 경제적 소명이 불만족스러울지라도 우리의 다른 더 중요한 소명들은 가장 풍부한 성취감과 기쁨을 제공하도록 설계되어 있다. 결혼 생활, 부모로서 자녀 양육하기, 교우들과 교제하기, 지역 사회에 참여하기, 그리스도인 사랑의 일반 명령 안에서 친교하고 활동하기 등이 있다.

경제적 소명에서 넘치는 경제적 축복을 누리는 사람조차 그들의 소명 안에서 힘든 일들을 만나기 마련인데, 이것은 그들의 성화에 기여한다. 이는 훌륭한 결혼 생활, 행복한 육아, 최고의 교회, 지역 사회, 친구 관계도 마찬가지다. 이 각각은 비록 정도 차이는 있더라도 우리 믿음을 훈련하는 시험이나 시련이나 기회를 가져다준다.

현대 루터교 신학자 로버트 베니Robert Benne는 모든 소명에는 특유의 유혹, 양심의 투쟁, 그리스도인 신앙과의 긴장의 지점이 있다고 주장한다. 그는 반기독교적 편견으로 가득 찬 직장에서 일하는 그리스도인 교수로서 자신의 소명을 설명한다. 유사하게, 그는 말한다.

> 그리스도인 사업가는 지성적인, 또한 도덕적인 기독교 자원을 모두 자신의 일에 쏟아 부어야한다. 그는 생산품과 생산 방식의 도덕적 질을 비판적으로 조사해야 한다. 그는 비즈니스를 움직이는 전제를 비판적으로 숙고해야 한다. 그리스도인 사회사업가는 현재 그 직종의 전제를 이루는 인간 동기와 치유의 다양한 이론을 기독교적 관점에서 비판적으로 조사해야 한다. 그리스도인 법률가는 법을 도덕성과 종교로부터 분리하려는 현대의 트렌드를 비판적으로 평가하고 자신의 법

률 활동에서 이 분리를 극복해야 한다.[137]

우리는 이 원칙을 다른 종류의 소명으로도 확대할 수 있다. 결혼은 신실함을 요구하는데, 남편과 아내는 실제적 간음이나 포르노 같은 소프트한 간음이나 "단순한" 희롱으로 이 신실함을 깰 수 있다. 결혼 생활에는 (건강한 부부관계조차) 그 나름 어려운 영역—성격 차이로 인한 갈등 등—이 있는데, 부부는 이를 잘 해결해야 한다. 육아 활동도 도전과 가슴앓이로 가득 차 있다. 최상의 교회에도 논쟁이 있고 상한 감정이 있다. 공동체에는 그 나름의 정치 문제가 있다. 우정에는 그 나름의 다툼과 어려움이 있다. 소명 안에 있는 이런 시험 요소는 분투, 자기부정, 사랑의 행위, 기도의 기회가 된다. 실패한 경우에라도 이 시험 요소는 회개, 죄 고백, 사죄의 기회가 된다. 그것들은 그 자체로 그리스도인의 성화와 영적 성장에 도움을 준다. 문제가 있다고 해서 소명이 무효가 되는 것은 아니라는 점을 주목하라. 오히려 문제들을 예상해야 한다. 그것들은 궁극적으로 우리의 선을 위해 작용한다. 소명은 절대로 떠나서는 안 되는가? 모든 것이 잘 안 풀리는 직업이라면, 새로운 직업을 찾지 않아야 할까? 하나님이 우리를 이 비참한 상황 가운데 놓으셨다면, 이 상황을 견뎌야 한다고 암시하는 것 같다. 그렇지 않은가? 만일 우리가 소명 안에 머물러야 한다면 고등학교 시절 아르바이트했던 패스트푸드점에서 아직도 일하고 있어야 할 것이다.

루터는 소명 안에 머물라고 사람들에게 권면하곤 했는데 이 때문에 그의 소명 교리가 비판받는다. 이와 대조적으로 칼빈은 더 나은 삶을 살 수 있다면 그렇게 하라고 촉구했다. 하지만 루터는 정적인 사회경제체제 하에서 글을 썼던 반면, 칼빈은 사회적 유동성의 시기, 역동적 근대 경제의 시작 시기(루터의 소명 교리가

---

[137] Robert Benne, *Ordinary Saints: An Introduction to the Christian Life* (Minneapolis: Fortress Press, 2003), 172.

이 둘에 기여했다)에 글을 썼다. 루터가 소명 안에 머물러 있으라고 말한 핵심은 사람이 가장 훌륭한 그리스도인이 되기 위해 수도원 서약을 할 필요가 없다는 것이었다. 물론 루터는 소명이 바뀔 수 있다는 것을 알았다. 즉, 하나님은 어떤 사람을 한동안 어떤 소명으로 부르시고 그다음에는 다른 소명으로 부르실 수 있다. 예를 들면 루터는 한때 독신이었다. 이후 그는 결혼의 소명을 받았다. 그의 부친은 농부 일을 했지만 나중에 광부가 되었고 그다음에는 제련소를 운영했다. 처음에는 농민이었다가 나중에 중산층으로 상승한 것이다.

현대인은 일평생 수많은 경제적 소명을 갖는다. 직장을 그만두는 일는 우리가 통제할 수 없는 상황들에 기인할 때가 많다. 공장이 문 닫는다. 회사가 파산한다. 회사에서 해고당한다. 실직은 시험이고 시련이지만, 다른 소명을 얻는 기회가 된다. 보통 다른 기회들이 나타나는데 이를 하나님의 손에서 오는 것으로 간주해도 무방할 것이다.

간혹 직장인은 떠날 때가 된 것을 안다. 분위기가 적대적이고 관계들이 원만하지 않고 하는 일이 감정적으로, 영적으로 기진맥진하게 만든다. 그러나 방금 말했듯이 이 문제들은 성화의 기회가 아닌가? 그렇다. 그리스도인으로서 우리는 자유롭다. 하나님 앞에서 우리 신분은 직장에서의 성취에 달려 있지 않다. 이 깨우침은 우리를 자유롭게 하며, 그래서 우리는 자신의 일을 너무 심각하게 받아들이지 않아도 된다.[138] 우리는 직장에 남아 선한 싸움을 싸울 자유가 있다. 우리는 떠날 자유도 있다. 직장의 문제로부터 도망치는 것이 반드시 죄짓는 것은 아니다. 그렇다고 성화하는 것도 아니다.

다른 종류의 소명도 바뀔 수 있다. 새로운 경제적 소명은 새로운 공동체와 새로운 교회로 부르심을 의미할 수 있다. 자신의 소명을 바꾸는 결정은 고통스럽고 세심한 숙고와 기도를 필요로 한다. 그러나 단 한 번의 결정이 우리 삶을 위

---

138) Benne, *Ordinary Saints*, 169-71.

한 하나님의 뜻을 대표하고, 마치 다른 결정들은 하나님의 뜻을 어기는 일인 양 생각해선 안 된다. 하나님의 축복으로 이끄는 길이 오직 하나뿐이고 다른 모든 길은 하나님이 부정하시는 것이 아니다. 하나님의 소명은 일상적인 수단—채용 제의, 투자 기회, (더 많은 수입을 필요로 하는 가정을 위해) 다른 소명을 고려하는 것—을 통해 오며, 어디로 가든 그곳이 하나님이 우리를 놓으신 곳으로 여겨야 한다.

그러나 우리가 달아나서는 안 되는 소명이 있다. 어떤 소명은 죽을 때까지 지속된다. 가정의 소명은 물론 시간이 지나면서 바뀌긴 하지만 영구적이며, 죽음이 우리를 나눌 때에야 끝난다. 사람은 자녀에게 언제나, 그들이 성장한 뒤에도, 아버지거나 어머니다. 결혼도 영구적인 연합으로서 남자와 여자가 하나의 유기체, "한 몸"이 된다(막 10:7-9). 그러나 오늘날에는 이혼이 만연하다. 그리스도인도 예외가 아니다. 갈등과 시험이 올 때 남편과 아내가 서로를 저버리지 않는 것이 가장 중요하다. 소명 교리를 이해하는 것은 부부로서 서로 사랑하고 섬기면서 문제를 극복하는 데 도움이 될 수 있다.

이 모든 것이 아주 평범하게, 심지어 비영성적으로 들릴 수 있다. 우리는 하나님이 우리가 직업, 가정생활, 그 밖의 매일의 소명에서 일상적으로 행하는 일보다 더 위대한 일을 기대하신다고 생각한다! 많은 사람이 믿듯이, 우리가 선행으로 영생을 얻는다면 그 선행은 그렇게 무한한 보상을 받을 만하도록 진정으로 범상치 않아야—수천의 생명을 구하고, 수천의 영혼을 구하고, 세상을 바꾸고—하기 때문이다. 그러나 성 바울이 말한 것처럼 "사람이 의롭다 하심을 얻는 것은 율법의 행위에 있지 않고 믿음으로 되는 줄 우리가 인정하노라"(롬 3:28). 선행은 *우리의 칭의와 "별개"*다. 중요하지 않다는 말이 아니라 별개의 범주에 있다는 말이다. 하나님은 우리를 믿음으로 부르신다. 그리고 우리를 일상적이고 물질적이고 구체적인 세상의 개별적이고 독특한 섬김의 영역들로 부르신다. 이 섬김의 과정에서 우리는 믿음을 실천하여 믿음이 더욱 강해지고, 거룩함 안에서 자라난다.

에이나르 빌링Einar Billing은 어떤 그리스도인들은 자신의 믿음을 위해 기꺼이 순교할 준비가 되어 있지만, 삶에서 일어나는 작고 성가신 일들은 참지 못한다고 관찰한다.

> 우리는 마치 순교를 고대하듯 자주 〔고난〕에 대해 허풍을 떤다. 그러면 하나님은 십중팔구 온갖 종류의 짜증스럽고 귀찮은 것들을 만날 곳에 우리를 놓으신다. 우리는 즉시 불평하기 시작하며, 비록 그것들이 매우 하찮아도 하나님이 바로 우리 능력을 시험하기 위해 보내신 순교의 요건임을 깨닫는 데 전적으로 실패한다.[139]

목사 중에는 "하나님 나라 건설"에 몰두한 나머지 아내와 자녀를 소홀히 하는—심지어 그들을 학대하며 그들에게 죄짓는—이들이 있다. 하나님은 아내와 자녀에게 주신 소명을 무시하는 사람의 대단한 성취에 감동받지 않으신다.

이와 달리, 우리가 다양한 소명의—직장, 가정, 교회, 마을 광장의—"작고" "하찮은" 요구들을 살피는 일은 심오한 방식으로 우리를 빚으며, 우리가 배우자, 자녀, 고객, 동료 그리스도인들을 어떻게 사랑할 수 있을지 가르쳐 준다.

그럼에도, 궁극적으로 우리의 성화는 하나님의 일이다. 하나님은 우리를 소명으로 부르실 뿐 아니라 그 소명 안에 계시며, 믿음과 사랑이 자라게 하는 경험을 통해 섭리적으로 우리를 인도하시고, 말씀과 성례전을 통해 성령을 주셔서 우리를 거룩하게 하신다.

현대는 지극히 세속화된 시대다. 경제, 정부, 문화, 매일의 삶이 하나님과 무관하게 흘러간다. 루터교 신앙은 하나님이 그 모든 세속성 가운데 있는 세상에 숨어 계신다고 가르친다. 다시 말해 하나님은 보이지 않지만 이 세속의 영역 안

---

139) Billing, *Our Calling*, 29.

에 현존하시며 그분의 전 창조물을 은밀히 돌보신다. 나아가 하나님은 믿음으로 의롭게 된 그분의 백성을 세속 세상에 보내셔서 그들의 믿음을 살아 내고 타인을 섬기게 하신다. 그리스도인은 일견 세속적인 가족, 일터, 정부, 문화의 기관들에 참여할 자유가 있으며, 그곳에서 자신의 영적 성장을 발견한다.

세속적인 것, 일상적인 것, 평범한 것, 물질적인 것, 이것들은 기독교의 많은 교파가 주장하듯 "영적인 것"의 반대가 아니다. 오히려 이것들은 우리 삶의 짜임새로서 하나님의 현존에 의해 변화되며 믿음에 의해 파악된다. 존 클라이니그는 설명한다.

> 우리는 영성 훈련을 통해 보통의, 일상의, 육체적인 삶보다 더 높은 차원으로 올라가지 않는다. 그러나 우리는 그리스도로부터 성령을 받으므로 사람과 일, 죄와 능욕, 불편과 비통함, 문제와 비극을 상대하면서 날마다 하나님의 현존 안에서 살아갈 수 있다. 우리는 지상의 삶에서 이탈함으로써 더 영적이 되도록 부름받지 않았다. 우리는 그저 행하도록 주어진 것을 행하고, 경험하도록 주어진 것을 경험하고, 즐기도록 주어진 것을 즐기면서 예수님을 의지하도록 부름받았다.[140]

---

140) Kleinig, *Grace Upon Grace*, 23.

토론을 위한 질문

1. 죄는 어떻게 사람을 노예로 만드는가? 복음은 어떻게 해방을 주는가? 루터의 다음 역설을 설명하라: "그리스도인은 더할 나위 없이 자유로운 만물의 주인이며, 아무에게도 예속되지 않는다. 그리스도인은 더할 나위 없이 충실한 만물의 종이며, 만인에게 예속된다"(LW 31:344).

2. 성화는 삶의 여정에서 하나님이 어떻게 우리를 거룩하게 하시는지와 믿음 안에서 우리가 성장하는 것과 관련 있다. 이것은 70세 된 신자가 새 개종자 또는 최근 세례받은 아이보다 더 경건할 수밖에 없음을 의미하는가?

3. 우리 삶의 시험과 소명 안에서의 투쟁은 어떻게 우리가 믿음 안에서 자라는 것을 돕고 우리의 성화에 기여할 수 있는가?

9장

결론

신호 대 잡음비signal-to-noise ratio는 신호의 힘을 배경 잡음의 힘에 비교한다. 신호—의미 있는 정보—가 귀에 들리려면 배경 잡음보다 더 커야 한다. 배경 잡음—원치 않는 신호들—은 의미 있는 정보의 전달과 수용을 지속적으로 방해한다. 공항에서 전화받는 것, 분주한 커피숍에서 대화하는 것, 차 안에서 아이들이 싸우는 소리를 듣는 것은 모두 신호 대 잡음비가 기능하지 않는 예다. 이 문제에 대한 두 가지 해결책이 있다. 배경 잡음을 죽이거나 신호의 힘을 강하게 하는 것이다.

오늘날 이 세상은 혼이 나갈 정도로 배경 잡음이 크다. 이 "배경 잡음"은 스피커와 스마트폰에서 나오는 실제 소리보다 훨씬 멀리 간다. 공기를 타고 흐르는 물리적 음파만 아니라 우리 문화 전반에, 그리고 우리의 마음 안으로 들어가는 사회적 "배경 잡음"도 엄청나다. 곧, 모더니티는 사회의 억제되지 않은 진보, 지속적 향상 및 궁극적 완전을 예고한다. 포스트모더니티가 모더니티의 해체를 추구할 때 철커덕 덜커덕 소리를 낸다. 포스트모더니티는 억제되지 않은 진보의 시끄러운 징 대신 상대주의, 문화적 구축물, 주관적 진리 주장의 요란한 꽹과리 소리로 세상을 가득 채운다. 시끄러운 징과 요란한 꽹과리처럼 모더니티와 포스트모더니티는 주의 산만한 데시벨로 점점 더 세상을 채운다. 그러나 또 다른 주변 소음이 있으니 바로 정치적 언쟁, 화려하고 속된 대중문화, 경제적 불확실성, 전 세계적 테러리즘의 긴장이다.

오늘날 교회는 이 배경 잡음 너머의 소리를 듣고, 또한 자신의 소리를 들려주려고 애쓴다. 오늘날 교회 안에는 무엇이 잡음이고 무엇이 신호인지 혼란이 상당하다. 교회는 낙심한 사람들에게 격려의 메시지 주는 것을 지지해야 하나? 교회는 포스트모던 세속주의자들과 합류해 해체된 진리의 먼지 구덩이에서 뒹굴어야 하나? 교회는 음악이 좋고 커피가 진하며 메시지가 만족스러운 곳이 되어야 하나? 교회는 권위주의적 도그마가 과거의 유물로 거부되고 모든 진리 주장이 동등하게 수용되며 메시지가 지적 호기심을 자극하는 곳이 되어야 하나? 어떤 교회는 소음 너머로 말하는 대신 오히려 소음을 더하고 가뜩이나 혼란스러운 데시벨을 증대시킨다. 그 결과 많은 교회가 시들어 가고 있다. 신호, 곧 그리스도 예수의 복음은 들리지 않는 반면 세상의 시끄러운 징 소리와 요란한 꽹과리 소리는 귀청이 떨어질 정도로 최고조에 이른다.

진정한 기독교 영성을 회복하는 길은 새 메시지를 만들어 내는 것을 의미하지 않는다. 우리 문화의 불협화음에 합류하는 것도 의미하지 않는다. 진정한 기독교를 회복하는 길은 신호의 명료함과 힘을 강화해 배경 잡음 너머로 메시지가 들리도록 하는 것을 의미한다.

루터교회

우리는 루터교 "주의," 루터교 "전통," 루터교 "신학," 루터교 "영성"을 논의했다. 그러나 루터 "교회"에 관해서도 할 말이 있다. 루터파 기독교는 하나의 비교파적 공동체에서 다른 비교파적 공동체로 옮겨질 수 있는 분리 가능한 종교 이념이 아니다. 루터교인의 믿음은 구체적인 교회 안에서 구현되어야 한다. 루터교적 관점은 루터교회에 속하지 않은 그리스도인 가운데서도, 어느 정도는, 발견된다. 그러나 순전한 루터주의는 서로 신학적으로 동의하는 그리스도인들로 구성된 믿음의 지역 공동체 안에서 실천되어야 한다. 루터교 신학은 항상 신앙고백적이며, 이것이 실현되기 위해서는 공동의 신앙고백이 있어야 한다. 게다가 루터교인은 특정한 방식으로 예배한다. 하나님 말씀이 선포되고 성례전이 집전되는 예배는 루터교 영성의 살아 있는 심장 박동이다.

정확한 숫자를 대기는 불가능하지만 전 세계에는 약 7,000-9,000만 명의 루터교인이 있다. 오순절교회, 성공회 다음으로 세 번째로 많은 숫자다.[141] 그러나 루터교회에는 다른 신학 전통들처럼 자유주의파와 보수주의파가 있다. 스칸디나비아 국가 및 독일에는 루터파 국가 교회가 있다. 이들 북유럽 국가들은 매우 세속화되었다. 교인 수는 매우 많지만 예배 참석률은 매우 낮다.

이들 나라에 사는 어떤 이들은 자신들의 세속주의가 루터주의 덕분이라고까지 말한다! 루터주의가 국가 심리에 끼친 영향에 관한 어느 덴마크 기사에는 의도치 않게 유머러스한 제목이 붙었다. "개신교는 우리를 완전히 혼란스럽게 했다." 이 글을 쓴 닐스 엡드루프 Niels Ebdrup 는 "루터파 개신교도들은 종교성과 무관

---

[141] 다음을 보라. Pew Research Center, "Global Christianity: A Report on the Size and Distribution of the World's Christian Population, December 2011," *Pew Research Center on Religion and Public Life*, http://www.pewforum.org/files/2011/12/Christianity-fullreport.web.pdf.

하다"고 단호히 주장한다. 그는 덴마크 학위 논문 《개신교의 자아The Protestant Self》의 저자 마티아스 묄 달스고르Matias Møl Dalsgaard를 계속해서 인용한다.

수 세기 동안 북유럽과 미국의 루터파 개신교는 우리 조상에게 하나님이 그들을 더 좋게 생각하시게 할 수 있는 것은 전혀 없다고 가르쳤다. 선한 행위도 그렇고 교회 헌금도 그렇고 하나님의 눈에 중요성이 있는 것으로 간주되지 않았다.

달스고르는 말한다: "개신교도들에게 삶은 있는 그대로 선할 수 있다. 하나님과 좋은 관계를 맺기 위해 특정한 '종교적' 방식으로 삶을 살아야 할 필요는 없다."

개신교도들은 하나님에 대한 의무로부터 자유롭다. 그들은 엄격한 규율에 따라 살 필요가 없다. 대신 그들은 상당히 막연한 임무를 부여받았다.

달스고르는 말한다: "개신교도들은 타인과 함께 일상적인 삶을 살라는 명령을 받았다. … 당신은 있는 자리에서, 능동적으로 당신 자신으로 있어야 한다. 당신은 자신이 누구인지 깊이 생각해서는 안 된다. 이것은 하나님이 우리에게 주신 임무다."[142]

우리가 보았듯이 소명 교리와 두 왕국 교리는 다른 종교들이 거의 하지 않는 방식으로 세속 영역을 *긍정한다*. 위 글에서 두 교리의 흔적이 분명하다. 우리는

---

142) Niels Edrup, "Protestantism Has Left Us Utterly Confused," *Science Nordic*, March 18, 2012, http://sciencenordic.com/protestantism-has-left-us-utterly-confused.

또한 경건주의에 대한 루터파의 반발("루터파 개신교도들은 종교성과 무관하다")과 "일상적인 것"을 찬미하고 소명을 "타인과 함께 일상을 같이 사는 것"으로 여기는 태도를 볼 수 있다. 그럼에도 이 관찰에는 마치 우리 행동이 하나님께는 어떤 차이도 없는 것 같은, 반율법적 요소가 있다. 더 넓게 말해 위의 두 글쓴이는 왼손의 하나님 왕국을 긍정하면서 오른손의 하나님 왕국을 부정한다. 그리스도, 복음, 말씀, 성례전 등과 같은 것은 언급할 가치도 없다. 세속 왕국은 긍정하면서 훨씬 더 중요하고 모든 것을 결정하는 영적 왕국은 사그라뜨리는 것은 엄청난 코미디 같은 오해다! 한편 우리는 비록 교회가 쇠락하고 있지만 루터주의가 문화 속에 얼마나 깊이 배어 있는지 알 수 있다.

오늘날 루터주의의 진정한 중심지는 그 근원지인 유럽 국가가 아니라 아프리카와 아시아에 있다. 유럽에는 대략 3,500만 명의 루터교인이 있으며, 이들은 주로 국가 교회 명부에 올라 있다. 아프리카에는 2,000만 명 이상이 있고, 아시아에는 1,000만 명 이상이 있다.[143] 가장 빠른 성장세를 보이는 곳은 인도이다. 아프리카인과 아시아인은 아마도 모더니즘의 방해를 받지 않고 초자연적인 것에 대한 의식이 있어서 서구가 잃어버린 루터교 성례전 중시주의의 진가를 아는 것인지 모르겠다. 미국에는 약 700만 명의 루터교인이 있다. 가장 큰 미국복음루터교회(Evangelical Lutheran Church of America)에 약 400만 명, 루터교미조리시노드(Lutheran Church-Missouri Synod. 공저자가 속한 교단)에 약 300만 명이 있고, 그 외에 위스콘신복음루터시노드(Wisconsin Evangelical Lutheran Synod)와 복음루터란시노드(Evangelical Lutheran Synod) 등의 군소 교단이 있다. 그러나 인도네시아에는 미국의 전 루터교인을 합친 만큼의 루터교인이 있다. 에티오피아에도 많은 루터교인이 있으며 탄자니아도 마찬가지이다.

---

143) The Lutheran World Federation, "The Lutheran World Federation 2013 Membership Figures," https://www.lutheranworld.org/sites/default/files/LWI-Statistics-2013-EN.pdf. 루터교세계연맹은 루터 교회들의 최대 연합체지만 전 세계에 두루 펴져 있는 보수적 교회들은 가입되어 있지 않다. 여기 나오는 통계들은 유용하긴 하지만 완전하지는 않다.

그러므로 루터교회는 전 세계적이고 다문화적인 의미에서 "보편catholic" 교회다. 그들을 "루터교인"으로 만드는 것이 《일치서Concordia》인데, 이것은 고대의 신조들, 로마 가톨릭 및 다른 개신교 운동에 맞서 루터교의 입장을 정의한 종교개혁 시기의 신앙고백서들, 오늘날까지도 신앙교육에 사용되는 루터의 대·소교리문답의 모음집이다. 자유주의적 루터교는 《일치서》를 그들의 뿌리가 되는 역사적 문서 정도로 고수한다. 어떤 이들은 교회가 신앙고백서들의 일부만 받아들여야 한다고 주장한다. 그러나 "신앙고백적 루터교인"은 성경 다음으로 제2의 권위로서 《일치서》 전부를 받아들인다. 루터교 신앙고백서들이 성경과 일치한다고 믿기 때문이다.

루터교의 권위는 루터가 아닌 것을 주목하라. 루터는 우리의 첫째 되고 가장 위대한 신학자이지만 그 외에도 많이 있다: 고전학자 필립 멜랑히톤, 위대한 조직신학자이며 교부학자인 마틴 켐니츠, 쇠렌 키르케고르, 하만, 월터 등 이 책에 언급된 다양한 인물들. 그러나 모든 신학자 중에서 루터가 가장 친밀하고 가장 목회적이며 가장 현실적이고 가장 유머 감각이 넘치는 사람이다. 루터는 자신의 글과 가르침에서 그리스도를 열정적으로 의지하고 하나님 말씀을 뛰어나게 해설한다. 그러나 대적자들에 대한 그의 논쟁적인 공격은 격렬하고 역겨울 수 있다. 그가 저지른 커다란 잘못은 말년의 정신적 쇠퇴기에 쓴 논문 《유대인과 그들의 거짓에 대하여》(1543년)이다. 루터는 경력 초기, 그의 신학이 형성되던 시기에 《예수 그리스도는 유대인으로 태어나셨다》(1523년)를 저술해 유대인 차별을 비난하고 그리스도인이 유대인을 친절히 대해야 한다고 권면했다. 그러나 그의 생애 후기 반유대적 발언들을 변명할 수 있는 것은 아무것도 없다. 사실상 모든 루터교회 교단들은 이 부분을 거부했다.[144] 루터는 항상 자신을 비

---

144) 다음을 보라. Uwe Siemon-Netto, *The Fabricated Luther: The Rise and Fall of the Shirer Myth* (St. Louis: Concordia, 1995).

참한 죄인으로, 오직 그리스도를 통한 하나님의 은총으로 구원받은 자로 알았으며, 그의 잘못에 대한 가장 혹독한 비판들에 분명 동의했을 것이다. (이 책의 또 다른 영웅인 하만은 유대인을 성경의 사람들이라고 변호했다.)

어떤 경우든 크고 중요한 기독교 전통이 한 개인의 이름으로 불리는 것은 부적합해 보일 수 있다. 사실 루터교회보다 더 나은 이름은 *복음교회Evangelical Church*다. 칼빈을 따르는 사람들이 칼빈파로 불릴 수 있지만 *개혁교회Reformed Church*라는 명칭을 선호하듯이 말이다. 종교개혁 당시 루터교인들은 루터교 신학의 모든 것이 복음에 집중한다는 점이 강조되면서 "복음주의자들Evangelicals"로 불렸다. 복음주의자라는 용어는 아직도 유럽에서는 이런 의미로 쓰이지만, 오늘날 영어권에서는 다른 어감을 내포하며 자주 복음주의 정치 또는 현대 복음주의를 떠올리게 한다.

아마 이런 종류의 루터교회에 가장 적합한 예는 세계에서 가장 큰 단일 루터교단인 에티오피아복음교회 메카네 예수스(EECMY)일 것이다. *메카네 예수스 Mekane Yesus*는 "예수의 장소"를 의미한다. 이 이름은 그리스도께서 물질세계 안, 교회 안에 계시다는 것과 예수께서 참으로 말씀과 성례전 안에 현존하신다는 루터교의 가르침을 강조한다. 이 교회의 신자는 2016년 현재 830만 명이며 세계 최대의 단일 교회인 스웨덴 교회를 추월 중이다.[145] 이 교회는 또한 성적, 도덕적 문제에 대해 루터교세계연맹(Lutheran World Federation) 내의 더 자유주의적인 교회들과 관계를 끊고 루터교미조리시노드(LCMS)와 같은 신앙고백적 루터교단들과 동맹한다.

일부 루터교단은 감독에 의해 통치되는 반면—어떤 이들은 사도전승을 주장하기도 한다—다른 교단들은 장로나 개교회에 의해 통치된다. 그러나 교회의

---

145) Matthew Block, "Ethiopian Lutherans Elect New President," *International Lutheran Council*, March 15, 2017, http://ilc-online.org/2017/03/15/ethiopian-lutherans-elect-new-president.

정치 체제는 지상의 왕국과 관련 있다. 지역 교회를 "예수의 장소"로 만드는 것은 말씀과 성례전, 하나님 말씀의 신실한 선포 및 세례와 성찬의 신실한 집행이다. 이것을 받으려면 교회 안으로 들어와야 한다.

주일 예배

전통적인 루터교회에 들어간다는 것은 현대 세계를 뒤로하는 것이다. 목사는 현대화되려고 하는 교회들처럼 몸에 꽉 끼는 청바지와 최신 유행의 플란넬 셔츠를 입고 있지 않을 것이다. 그 대신 그는 중세에서 온 듯한 사제처럼 흰색 가운과 색깔 있는 예복을 걸치고 있을 것이다. 제단은 스크린이 아니라 제대에 중심이 맞춰져 있을 것이다. 성가대석은 눈에 띄지 않을 것이다. 실내는 예술품들—스테인드글라스 창문, 상像, 배너—로 치장되어 있을 것이다.

예배가 시작될 때 다른 영역에 와 있다는 느낌이 더 강해질 것이다. 루터교 예배 의식은 어디서나 동일할 필요는 없다. 스타일이 조금 바뀔 수도 있다. 그러나 최신의 "컨템포러리" 예배조차도 의식—곧, 형식이 있고, 각본이 있고, 기승전결이 있는—을 갖추는 경향이 있다. 전통적이고 최종적인 루터교 예배 형태는 "신적 섬김Divine Service"이라고 불린다. 그 이유는 예배에서 우리가 하나님을 섬기는 게 아니라 하나님이 우리를 섬기시기 때문이다.

루터교 예배는 가톨릭 미사에서 유래했다. 그러나 성인에게 바치는 기도, 우리의 공적에 대한 암시, 기타 성경적으로 문제 있는 부분들은 제거되었다. 예배는 그리스도에게만 집중된다. 예배는 기원Invocation으로 시작한다. 위원회 모임을 시작할 때 드리는 것 같은 긴 기도가 아니라 삼위일체 하나님을 "부르는 것," 곧 우리가 예배하고 그 현존을 요청하는 분의 이름을 부름으로써 시작한

다: "성부와 성자와 성령의 이름으로." 이 구절은 세례의 문구이기도 하다("나는 너에게 성부와 성자와 성령의 이름으로 세례를 베푼다"). 이 기원에는 공중이나 가슴에 대고 그리는 십자 성호가 따른다. 십자 성호 역시 세례 의식의 일부다.

그런 다음 회중이 자신의 죄를 인정하는 죄 고백이 이어지고(가톨릭 의식에서처럼 목사에게 개인적으로 할 수도 있고 예배 순서 중에 공동으로 할 수도 있다), 목사가 죄를 사하는 사면이 뒤따른다. 실제로 그리스도께서 죄를 사하시지만, 그는 목사의 소명을 통해 그렇게 하신다(소명이 하나님이 인간을 통해 일하시는 것임을 기억하라). 여기서 목사는 선언한다: "이 고백에 근거하여, 나는, *소명받고* 안수받은 말씀의 종으로서, 내 직무의 권능으로, 여러분 모두에게 하나님의 은총을 선포하며, 우리 주 예수 그리스도의 명령을 따라 그를 대신하여 여러분의 모든 죄를 성부와 성자와 성령의 이름으로 사하노라"(*Lutheran Service Book*, 185. 저자의 강조). 여기 세례가 더 있다. 여기 소명이 있다. 여기 하나님 말씀이 있다. 여기 그리스도를 통한 하나님 은총의 복음이 있다. 예배당 제단 쪽에 흰옷을 입고 서있는 목사는 이 모든 것을 매우 생생하게 실체화한다.

그다음 고대로부터 내려오는 위대한 의식—입당송Introit(여는 시편), 기도송 Kyrie("주여 우리를 불쌍히 여기소서"), 영광송Gloria in Exelsis("하늘 높은 곳에는 하나님께 영광")—이 순서대로 진행된다. 일반적으로 이 순서는 찬트(산문을 노래하는 단순한 방식으로, 리듬이 불규칙적이고 길이가 다양하다)로 진행되며, 목사만 아니라 회중도 찬트를 부른다. 기도는 예배 의식에 고루 배치돼 있는데 그중에는 교회가 수 세기 동안 기도해 온 "오늘의 기도Collect"도 있다. 신조Creed를 암송한다. 그리고 성경의 구약과 사도 서간과 복음서를 봉독하는데, 본문은 성서일과Lectionary로 알려진 독서 주기에 따라 선택된 것이다. 루터가 도입한 것, 곧 회중 찬송들도 예배에 두루 배치돼 있다.

루터교 예배는 시대를 초월한다. 예배의 틀은 오래된 것으로서 고대 교회로

거슬러 올라간다. 반면 찬송은 중세와 17-21세기에 걸쳐 만들어졌다. 루터교 공동예배의 음악은 교회와 각 시대의 끊임없는 상호 작용을 보여 준다. 우리 시대의 노래*만이* 아니라 교회 역사의 모든 음악을 현재 순간에 부르는 것이 중요하다.

이 모든 것은 설교로 이어진다. 목사는 그날의 성경 본문 중 하나를 택해 설교하면서 율법과 복음을 전하고 회중이 죄를 깨닫게 하며 그리스도 안에서의 죄 사함을 확신시킨다. 그 다음은 봉헌영가Offertory이다. 봉헌하는 동안 특별한 음악을 연주하지 않고 시편 51편을 기초로 한 고대의 찬송을 부른다("내 안에 정한 마음을 창조하소서, 오 하나님"). 사실상 예배 의식의 모든 순서는 성경에 기초한다. 그러므로 의식의 모든 바탕은 다름 아닌 하나님 말씀이다.

이제 예배는 두 번째 절정에 오른다. 바로 성찬의식이다. 더 많은 고대의 찬송—감사송Preface(목사의 "주님께서 여러분과 함께하시기를 바랍니다"라는 인사로부터 회중의 "이것이 마땅하고 유익하나이다"까지의 기도), 상투스Sanctus("거룩, 거룩, 거룩"), 주기도("하늘에 계신 우리 아버지")—을 부른다. 그런 다음 목사가 성찬 제정의 말씀을 낭송하거나 간혹 노래로 부른다. 이제 회중은 그들 가운데 현존하시는 예수님을 하나님의 어린양Agnus Dei으로 맞이한다("세상 죄를 지고 가는 하나님의 어린양, 우리를 불쌍히 여기소서"). 회중은 그리스도의 몸과 피를 받고, 시므온의 노래Nunc Dimittis를 부른다("주여 이제는 주의 말씀대로 우리를 보내시옵소서"). 감사, 또 다른 오늘의 기도Collect, 인사말Salutation, 환호송Benedicamus("주님은 선하시니 그에게 감사드리세")이 이어진다. 마지막으로 축도는 축복과 함께 우리를 우리의 소명으로 돌려보낸다.

멋져 보이는가? 처음에는 그럴 수 있다. 예배는 우리에게 익숙한 편하고 격식 없는 행위와는 형언하기 어려울 만큼 *다르기* 때문이다. 그러나 우리가 구분한 시간과 패션에 대한 카테고리—무엇이 멋지고 무엇이 구식인지, 무엇이 시대와 발맞추며 무엇이 시대에 뒤떨어졌는지, 무엇이 최신 유행이거나 신앙체계인지—는 그리스도의 존전에 설 때 곧 아무것도 아님이 분명해진다. 우리의 현대 문화는 거룩함의 느낌을 상실했다. 거룩이라는 낱말은 한 레벨에서는 "떼어놓음"(거룩한 것을 "속된 것"이나 일상적인 것과 뚜렷이 구별하는)을 의미한다. 오늘날 많은 교회가 예배를 "매일의 삶"과 분간할 수 없도록 큰 노력을 기울인다. 그러나 대중음악과 목사의 새로운 옷차림과 콘서트장 같은 분위기는 예배를 "속되게" 만들 뿐이다. 반면 루터교 예배는 경외와 신비와 거룩의 아름다움을 창조한다.

옛것의 새로움

우리는 루터교에 대해 또한 루터교 예배에서 일어나는 것에 대해 대단한 주장을 하는 중이다. 그렇지만 외관상으로는 모든 것이 매우 약하고 평범해 보일 수 있다. 루터교 예배는 동시대 문화의 투쟁에 대해 명확하게 말을 하지만, 자주 대중적인 트렌드나 운동과 조화되지 않는다. 루터교 신앙고백은 변화무쌍한 문화 주변을 맴돌며 목적 없이 모양을 바꾸는 신학적 해파리와는 거리가 멀다. 루터교 신학은 최신의 "멋진" 것을 좇기보다 분명하면서도 일관된 율법과 복음의 메시지, 말씀과 성례전, 일상적으로 보이는 것 안의 하나님의 아름다운 숨어 계심을 지속적으로 선포한다.

당신이 만일 실제로 루터교회에 간다면 의식의 새로움—혹은 어쩌면 오래됨—이 일단 가라앉은 다음에는 예배가 매우 일상적이고 평범해 보일 것이다. 교회 안에 있는 사람들은 대부분 당신보다 훨씬 나이가 많을 수 있다. 예배하는 데 집중하지 못하게 하는 아기 울음소리가 들릴 수 있다(루터교회는 세례받은 아기들도 온전한 그리스도인이고, 성령께서는 나이 구분 없이 말씀을 통해 일하신다고 믿기 때문에 유아실을 크게 운영하지 않는다. 그들은 아이들을 "어린이예배"로 내쫓아 공동예배에 참석하지 못하게 하는 데 반대하는 경향이 있다). 간혹 제단이 너무 덥거나 외풍이 너무 강할지 모른다. 간혹 당신의 집중력이 들락날락할지 모른다. 그러나 염려 마시라. 당신은 올바른 자리에 있다. 하나님이 여기 숨어 계신다.

하나님은 말씀, 성례전, 목사의 소명, 우는 아이를 돌보는 부모의 소명 안에 숨어 계신다. 하나님은 영광 안이 아니라 그리스도께서 우리가 있는 곳에서 우리를 만나 주시기 위해 자신의 영광을 비우신 십자가 안에 숨어 계신다. 이 모든 것이 지극히 일상적이고 평범해서 당신이 주목하지 않으면 못 보고 넘어갈 수 있다. 놓치지 마시라. 하나님이 지역 교회의 말씀과 성례전 사역에 숨어 계시며 현존하시는 방식을 크게 기뻐하고 즐거워하시라.

다음 500년

21세기에 또 다른 종교개혁이 필요하다는 느낌이 커지고 있다. 개신교 종교개혁 500년이 지난 지금, 교회는 표류 중이고 혼란스러우며 기능 장애가 있는 것 같다. 현대의 많은 그리스도인이 세속주의, 포스트모더니즘, 문화 변화에 충분히 대비하지 못하게 한 미지근한 신학을 갖고 있다. 많은 그리스도인이 "교회에 속하지 않은" 사람들에게 다가가기 위해 변화를 모색할 필요가 있다고 주장하며 소음과 혼란을 증폭시킨다. 소위 전문가들에 따르면, 참으로 "영적이지만 종교적이지 않은" 사람들을 참여시키기 원한다면 우리는 교회보다는 커피숍을 닮아야 한다. 교회는 자신을 희석해야dilute 한다고 스스로 착각하고delude 있다. 분명 또 한 번의 종교개혁이 필요한 시점이다.

우리는 500년 전 종교개혁에 불붙인 동일한 신학이 21세기 교회에 개혁을 가져올 수 있다고 믿는다. 우리는 루터교 신학이 포스트모더니스트, 세속주의자, "영적이지만 종교적이지 않은" 사람들과 공명할 수 있는 기독교의 명백한 표현을 제공한다고 믿는다. 우리는 이 신앙고백이 불신자와 변아웃된 신자 모두를 붙잡을 수 있는 진정한 기독교 영성이라고 믿는다. 우리는 (자신을 어떤 종교와도 동일시하지 않는) "무소속자들nones"의 흐름을 되돌리기 위해서는 더 강한—더 약한 게 아니라!—메시지가 필요하다고 믿는다.

북아메리카의 미래가 유럽의 만연한 세속주의와 달라지려면 교회가 진정하고 견고한 기독교를 회복하고 되찾아야 한다. 기독교의 미래는 스타일을 조금 바꾸는 데 달려 있지 않다. 기독교는 앞으로 수년간 끊임없이 스타일을 어설프게 손보는 대신 가르침의 내용을 다뤄야 할 것이다. 교회의 다음 시대는 과거의 진정한 기독교를 회복하고 그것을 어떠한 미래가 오더라도 대담하게 적용해야 할 것이다. 루터교의 뚜렷한 통찰의 도움을 받을 때 기독교의 지속적인 타당성이 분명해질 수 있다. 그 통찰은 하나님의 가까이 계심, 의롭게 하는 십자가의 평화, 성례전 속 하나님의 신비로운 숨으심과 현존, 소명 안에서 발견되는 하나님의 뜻이다.

종교개혁 이후 500년이 지났다. 이제 교회의 중요성과 영향력과 정치적 권력은 쇠퇴한 상태다. 그러나 이 상황은 더 순수하고 신실한 교회를 위한 길을 열어 준다. 영광의 신학의 시대는 끝났다. 이제 교회는 십자가의 신학을 받들어야 한다.

토론을 위한 질문

1. 오늘날 어떤 교회들은 "초교파적"이어서 교인들이 다양한 신학을 얼마든지 수용하도록 허용한다. 이 책에 기술된 신앙의 가르침이—다만 얼마간이라도—이런 맥락에서 실천될 수 있을까? 여기 기술된 루터교 신학과 영성은 왜 뚜렷한 루터교회에 참여할 것을 요청하는가?

2. 어떤 루터교단의 지역 교회는 다른 교파 교회와 별반 다르지 않은 것처럼 보인다. 그 교회는 자신만의 역사, 전통, 문화적 연결점이 있을 것이다. 또한 그 교회는 자신만의 문제, 모순, 특성이 있을 것이다. 하나님은 이 같은 교회에 "숨어" 계실 수 있는가? 왜 그러한가? 아니면 왜 그렇지 않은가?

3. 이 책에 기술된 다양한 가르침은 루터교 예배에서 어떻게 구현되는가?

4. 루터파 기독교는 어떻게 새 종교개혁의 기폭제가 될 수 있을까?

진정한 기독교

루터교가 현대 사회에 던지는 제안

초 판 1 쇄 인쇄 / 2022년 1월 28일
초 판 1 쇄 발행 / 2022년 2월 05일

공 저 자 / 진 에드워드 비스 주니어(Gene Edward Veith, Jr.)
　　　　　트레버 서턴(A. Trevor Sutton)
옮 긴 이 / 엄 진 섭
발 행 인 / 김 은 섭
편 집 인 / 최 태 훈
발 행 소 / 도서출판 컨콜디아사
　　　　　(기독교한국루터회 총회 출판국)
　　　　　서울시 용산구 소월로2길 21-11 루터교센터
　　　　　(전화) 02-3789-7452, 7453 (팩스) 02-3789-7457
　　　　　등록 / 1959년 8월 11일(제3-45호)
　　　　　www.concordia.co.kr
책　　값 15,000원

ISBN 978-89-391-0161-6　03230

• 본 도서의 무단복제를 금하며, 잘못된 책은 구입처에서 바꾸어 드립니다.